ASSAF ZEEVI

LASS DAS LAND *erzählen*

Eine Reise durch das biblische Israel

Hänssler

6. Auflage 2026

Max-Eyth-Straße 41 · 71088 Holzgerlingen
haenssler.de

Lektorat: Rahel Dyck
Umschlaggestaltung: Grafikbüro Sonnhüter, www.grafikbuero-sonnhueter.com
Titelbild: © Shutterstock: Orlov Sergei, Evgeny Subbotsky
Autorenfoto: © Assaf Zeevi,
www.assafzeevi.com; E-Mail: info@assafzeevi.com
Satz: Kathrin Spiegelberg, www.spika-design.de
Druck und Bindung: Finidr s.r.o
Gedruckt in Tschechien
ISBN 978-3-7751-6075-9 · Bestell-Nr. 396.075

Inhalt

Mache dich auf,
und durchwandere das Land
seiner Länge nach
und seiner Breite nach!

1. Mose 13,17

Vorwort

Berühmt. Von keinem anderen Land kennen Menschen in aller Welt so viele Namen von Orten, Bergen, Bächen, Tälern und selbst Straßen wie von Israel. Spätestens im Alter von fünf Jahren wird so gut wie jedes Kind des Abendlandes die Ortsnamen Nazareth, Bethlehem und Jerusalem gehört haben. Mit 10 Jahren können die meisten mit dem See Genezareth etwas anfangen, mit 15 vielleicht auch mit dem Ölberg und dem Garten Gethsemane. Die Namen der Regionen Galiläa, Samarien und Judäa gehören zur Allgemeinbildung in den christlich geprägten Kulturen, wenn auch nicht jeder sie genau einordnen kann. Dabei gibt es nicht viele Länder dieser Größe, die überhaupt Beachtung finden. Warum ist das so? Die Erklärung ist einfach: Die Bibel hat das Land berühmt gemacht. Das Stückchen Land am südöstlichen Mittelmeer ist durch eine ganz besondere Verheißung zum Hauptschauplatz biblischer Geschichte geworden.

Soweit nichts Neues, für manche sogar selbstverständlich. Trotzdem möchte ich mit diesem Buch Neues erzählen, weil Israel viel mehr ist als eine Kulisse. Das Land ist Teil der biblischen Handlung. Dieses Buch wird dir neue Dimensionen eröffnen, die du bisher noch nicht kanntest. Mithilfe von Natur und Landschaft, Sprache, Kultur und Archäologie werden wir das Land besser verstehen lernen. Denn wer das Land der Bibel versteht, versteht auch die Bibel selbst besser.

Bei jeder Bibel, die du in deiner Sprache lesen kannst, handelt es sich um eine Übersetzung. Jeder, der schon mal etwas übersetzt hat, weiß, dass zur Übersetzung immer auch eine Prise Interpretation gehört. Würden wir jedes einzelne Wort direkt übersetzen, käme dabei kein zusammenhängender Text heraus. Ein Übersetzer muss nicht nur den Wortschatz beherrschen, sondern auch die Welt des Verfassers und des Lesers kennen. Manche unglückliche Übersetzung einer Bibelstelle kann unwichtig sein. Andere aber sind kritisch und sogar schädlich – solche werden wir korrigieren. Oft werden uns rabbinische Schriften helfen, eine aus der Bibel bekannte Diskussion in den damaligen Kontext zu stellen. Auch handfeste Beweise wie archäologische Funde werden uns dabei unterstützen, die Bibel besser zu verstehen. Sehr häufig werden uns solche Funde die Genauigkeit des biblischen Berichts bestätigen und diesen ergänzen. Was im Regelfall ein paar Worte eines Bibelverses sparsam beschreiben, wird so auf einmal ganz konkret, echt, glaubwürdig.

Wie oft hörte ich im Umfeld, in dem ich aufgewachsen bin: »Die Bibel ist kein Geschichtsbuch.« Dahinter steckt die Annahme, die als historisch dargestellten Geschehnisse in der Bibel seien Mythen. Mit »Mythen« sind in diesem Fall »Märchen« und »Unsinn« gemeint. Wer diese Einstellung vertritt, sagt: Die Israeliten waren nicht in Ägypten. Eine Wüstenwanderung gab es nicht, auch nicht die Landnahme. Das Davidische Reich war eine lokale Stammeserscheinung. Die Königreiche Israel und Juda sind zwar nicht ganz erfunden, aber übertrieben dargestellt. Viele biblische Einzelpersonen sind erfundene literarische Figuren, zumindest solange man sie nicht außerbiblisch nachweisen kann. Mir sagte mal ein katholischer Pfarrer vor seiner Kölner Gemeinde, man könne den Jerusalemer Tempel archäologisch nicht nachweisen. Aus Höflichkeit habe ich ihn nicht gefragt, ob er damit auch sagen möchte, dass die Besuche Jesu in diesem nicht nachgewiesenen Tempel ebenfalls nicht nachzuweisen seien und vielleicht sogar Jesus nur eine literarische Fiktion sei.

Hinter solchen Aussagen kann manchmal auch eine gewisse politische Motivation stecken. Denn wenn die Historizität der Bibel abgetan wird, wird auch Israels Entstehung als Nation zum Märchen erklärt. Viele Menschen hält ihr rationales Denken davon ab, an die Bibel und damit an die besondere Bedeutung Israels zu glauben: Jedes Volk erzählt einen Mythos über seine Entstehung, der Mythos der Juden ist eben die Bibel. Doch wenn man die Historizität der Bibel zum Märchen deklariert, dann hält man auch ihre Botschaft für unglaubwürdig. Wenn sowieso alles erfunden ist, was hat die Bibel dann für einen Wert?

Die Wahrheit der Bibel ist in ihrem Land verwurzelt, so wie ein Baum in der Erde. Wer Israel zu Fuß erlebt und den Forschungsstand kennt, sieht klar und deutlich, wie gut die Verfasser von großen Teilen der Bibel das Land kannten – jeden Berg, jeden Hügel, jede Schlucht, jede Straße und jedes Dorf.

Wer die biblischen Geschichten verstehen will, muss das Land verstehen lernen. Am besten geht das vor Ort. Deswegen werden wir in diesem Buch gemeinsam eine »gedankliche Reise« nach Israel machen, die uns dabei hilft, in das Land einzutauchen. Und solltest du doch einmal deinen Koffer packen und eine richtige Reise in Angriff nehmen, kann dir dieses Buch als Vor- oder Nachbereitung dienen, denn selbst wenn man im Land ist, braucht man Hilfe, um seinen Blick zu schärfen.

Bei unserer Reise hangeln wir uns chronologisch an den Ereignissen der Bibel entlang. Zunächst reisen wir 3 800 Jahre in die Vergangenheit, in das Zeitalter der Erzväter. Dann ziehen wir mit Mose durch die Wüste. Über Josuas Eroberungen wird uns das Land selbst erzählen. Wir werden in Geschichten aus der Richterzeit eintauchen, bevor wir in die ruhmreiche Zeit der Könige kommen. Unsere letzte Epoche wird die des Zweiten Tempels sein, an deren Ende Jesus wirkte. Zum Schluss werden wir unseren Blick auf die Gegenwart und in die Zukunft richten.

Wieso schreibe ich dieses Buch? Weil ich hoffe, dass andere davon profitieren können. Meine Biografie erklärt einiges. Ich bin mit diesem Land seit meinem ersten Atemzug verbunden. Israel ist meine Heimat. Ich wurde in eine israelisch-jüdische Familie geboren. Der jüdische Jahreskreis war für mich ab dem Kindergarten selbstverständliche Praxis. Hebräisch ist meine Muttersprache.

Die erste Wanderung, die ich bewusst miterlebt habe, war in En-Gedi. Ich war drei Jahre alt und hörte zusammen mit meinen beiden achtjährigen Schwestern meinem Vater zu, wie er uns eine Geschichte erzählte, die sich an diesem Ort zugetragen hatte – wie Saul hier auf Toilette musste, in eine Höhle ging und David Sauls Mantel abschnitt (1. Samuel 24) – und war bezaubert. Die Schönheit dieser tropischen Oase mit den vielen Wasserfällen hat mich so begeistert, dass ich mich geweigert habe, in der Kindertrage auf dem Rücken meines Vaters geschleppt zu werden. Ich wollte selbst laufen. Die Hitze war furchtbar, als wir die Felsenstufen zur Quelle hinabstiegen. Damals war das Geländer aus Eisen und wurde in der Sonne so heiß, dass man es nicht anfassen konnte. Immer wieder fragten mich meine Eltern, ob ich doch nicht wieder in die Trage wolle. An einer besonders steilen Stelle teilte ich meiner Mutter mit: »Mama, wenn ich groß bin, werde ich hier leben.« »Wo hier?«, fragte sie. »In En-Gedi«, gab ich die klare Antwort. »Aber das ist ein Naturreservat«, erklärte sie, »Hier darf man nicht leben. Nur Tiere dürfen das.« Ich dachte einen Moment nach und fasste einen Plan: »Dann werde ich mich hier verstecken.« »Und was wirst du essen?«, hakte sie nach. »Fische. Und trinken kann ich gleich aus den Wasserfällen. Und schlafen kann ich überall. Kleider braucht man in dieser Hitze gar keine. Vielleicht nur eine Unterhose«, antwortete ich überzeugt. Doch die Antwort meiner Mutter war eine bittere Enttäuschung. Sie sagte, es gebe im Reservat Mitarbeiter, die spätestens um 17 Uhr alle Besucher wegschicken. Sie würden mich schnell finden. Ich gab den ersten Plan auf, hatte aber gleich den nächsten: »Ich werde Reservatmitarbeiter.« »Das könnte funktionieren«, lenkte meine Mutter ein. Das machte mir ein wenig Hoffnung. Jahrelang blieb ich diesem Plan treu. Doch im Lauf der Zeit fiel mir auf, wie viele schöne Plätze es überall im Land gibt. Mit 14 kam mir dann die Idee, wie ich möglichst viele dieser Orte besuchen kann: »Ich werde Reiseleiter«. Außerdem hat mich ein Wanderreiseleiter auf einem mehrtägigen Schulausflug durch die Wüste Negev mit seinem Verständnis der Landschaft derart beeindruckt, dass er mir zum Vorbild wurde. Und so bin ich ein lizenzierter Reiseleiter geworden. Vorher habe ich in Deutschland Landschaftsarchitektur studiert, um den Erwartungen meiner Eltern gerecht zu werden. Darauf folgte die Reiseleiterausbildung an der Jerusalemer Zweigstelle der Universität Haifa in den Jahren 2006–2008. Unter den Dozenten und bei späteren Fortbildungen habe ich einige der wichtigsten Akteure in der Forschung kennengelernt, deren Wissen in dieses Buch miteinfließt. Seitdem habe ich mehr als 200 Gruppen durch das Land geführt und gelernt, welche Kenntnisse und Vorstellungen Reisende mitbringen. Meine Ehe mit einer deutschen Frau, unser Leben am Bodensee und meine Tätigkeit für den schweizerischen Reiseveranstalter Surprise Kultour AG mit dem Spezialgebiet biblische und christliche Reisen haben mir gezeigt, aus welchem Blickwinkel Menschen aus dem deutschsprachigen Kulturkreis auf die Bibel und ihr Land schauen. Mit diesen Voraussetzungen wage ich es, dieses Buch zu schreiben und dich auf eine Reise ins Land der Bibel mitzunehmen.

LERNE DAS LAND *kennen*

Was ist überhaupt Israel?

Israel ist ein schwammiger Begriff. Heutzutage meint man damit meistens den Staat, den es seit 1948 gibt. Israel ist aber auch ein Volk, eines der ältesten der Welt. Dieses Volk lebte bereits in einem eigenen Königreich auf dem Gebiet des heutigen Staates Israel. Wichtige Kapitel der Geschichte Israels und seines Landes sind in der Bibel verewigt, aber seine früheste schriftliche Erwähnung finden wir in einer außerbiblischen Quelle. Ein gewisser Pharao Merenptah präsentierte seinen Sieg über Israel im 13. Jh. v. Chr. Er war so stolz auf Israels Vernichtung, dass er sie auf einer Granittafel festhalten ließ.

Die heutige Fläche des Staates Israel ist so groß wie die Hälfte der Schweiz, das deutsche Bundesland Hessen oder Niederösterreich. Judäa, Samarien und die Golanhöhen sind in dieser Rechnung nicht enthalten und machen zusammen noch einmal 30 Prozent der Gesamtfläche aus. Im Laufe der Jahrtausende blieben die Landesgrenzen recht konstant. Im Westen war und ist das Mittelmeer. Im Norden erreichten sie meistens Galiläas höhere Lagen unweit der heutigen libanesischen Grenze. Im Osten war es eine Frage der Stärke. War Israel stark, kontrollierte es auch Gebiete östlich des Jordan. War es schwächer, bildete meistens der Jordan die Grenze. Die Geschichte der Südgrenze hat viel mit den klimatischen Bedingungen dort zu tun. Das Dreieck zwischen dem Mittel-, dem Toten und dem Roten Meer war immer eine fast menschenleere Wüste. Die Herrscher interessierten sich wenig für diese karge Landschaft. An der Südspitze dieser Wüste liegt das Rote Meer, das für Handelszwecke interessant sein kann. In Zeiten der Stärke unterhielt Jerusalem dort einen Hafen. Dafür musste es das gesamte Gebiet bis zum Roten Meer kontrollieren. So war es unter König Salomo und ist seit 1949 wieder der Fall.

Die besondere Geschichte dieses kleinen Landes begann mit Abraham. Ausgerechnet an diesen Ort schickte ihn Gott. Abrahams Nachkommen sollten dieses

Land bewohnen. Gott hatte mit ihnen zugunsten der gesamten Menschheit einiges vor. Er gab ihnen seinen Segen, seinen besonderen Schutz und zahlreiche Zeichen, aber auch Ge- und Verbote. Vor allem diese sorgten für die Andersartigkeit Israels im Vergleich zu vielen anderen Völkern der Antike. In dieser Kultur entwickelte sich eine eigenartige Denkweise, eine eigene geistliche Welt – die Welt, in der auch Jesus wirkte. Israel ist ein Land, ein Volk und ein Geist. Ein Geflecht. Manchmal ist unklar, wo die Grenzen zwischen Land, Volk und Geist verlaufen. Oft sind sie in ihrer Wechselbeziehung untrennbar.

Durchgangsland

Der Mönch Bargil Pixner lebte 33 Jahre in Israel und schrieb in seinem Buch: »Fünf Evangelien schildern das Leben Jesu; vier findest du in Büchern – eines in der Landschaft. Liest du dieses fünfte, eröffnet sich dir die Welt der vier.«[1] Das gilt für die gesamte Bibel. Die Landschaften der Bibel sind ein Teil von ihr. Wenn du sie verstehst, erklären sie dir vieles aus der biblischen Erzählung.

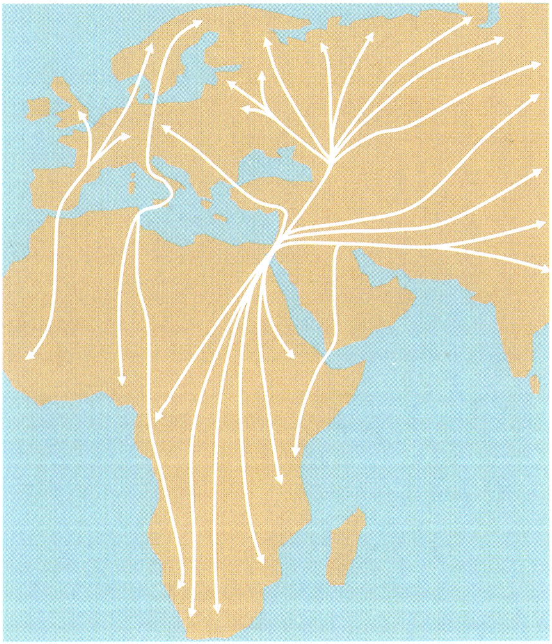

Ein Geheimnis des Landes verraten die Zugvögel. Wer in Westeuropa lebt, denkt intuitiv, die Zugvogelroute nach Afrika führe über Italien oder Gibraltar, aber die große Zugvogelmasse lebt viel weiter östlich, von Skandinavien bis Sibirien. Auf dem Weg nach Afrika umfliegen sie das Mittelmeer, aber auch die großen Wüsten in Asien. Trichterförmig treffen sich ihre Routen über Israel. Das kleine Land ist ein Flaschenhals zwischen Wüste und Meer. Weil weiter südlich das Rote Meer liegt, ist Israel auch die einzige Landbrücke zwischen den drei Kontinenten. Deshalb verläuft die weltweit dichteste Zugvogelstraße über Israel, mit 500 Millionen Zugvögeln zweimal im Jahr.

Bis zur Erfindung des Flugzeugs war diese Landbrücke für Menschen genauso relevant. Nehmen wir gleich ein Beispiel aus der Bibel: Abraham. Abraham stammt aus Ur in Chaldäa im heutigen Irak, 250 km vom Euphrat-Delta entfernt. Von dort geht er ins heutige Israel, damals Kanaan. Genau wie die Zugvögel macht auch Abraham einen Umweg von 1 000 km um die Wüste herum.

Weshalb wird Abraham ausgerechnet in das kleine Land Kanaan geschickt? Als Randgebiet zwischen den Hochzivilisationen im Zweistromland und am Nil war Kanaan nicht wirklich bedeutend. Und gerade dort soll ein Neuanfang gestartet und der Glaube an den einen Gott verkündet werden? Eine wichtige Botschaft an die gesamte Menschheit würden wir heute im Internet verbreiten. Vor dem Zeitalter des Internets wären wir dafür in die wichtigsten Weltmetropolen gereist, wie New York oder London. Das New York von damals lag am Nil, das damalige London am Euphrat. Kanaan war nur ein Gebiet dazwischen, das man durchqueren musste. Ach ja, da gab es noch ein Problem: Es zogen nicht nur Privatpersonen durch Kanaan, sondern auch Armeen. Warst du ein sumerischer König und wolltest Ägypten erobern, musstest du durch Kanaan. Warst du ein Pharao und wolltest Griechenland mit mehr als nur Kriegsschiffen angreifen, musstest du durch Kanaan. Warst du ein Römer und wolltest Nordafrika einnehmen, musstest du zwangsläufig erst Kanaan einnehmen. Wer in Kanaan saß, konnte Europa von Asien und Afrika abtrennen. Es war die A1 der antiken Welt, ohne Umleitungsalternativen. Dieses Fleckchen Erde hat seine Besitzer so häufig gewechselt wie kaum ein anderes der Welt.

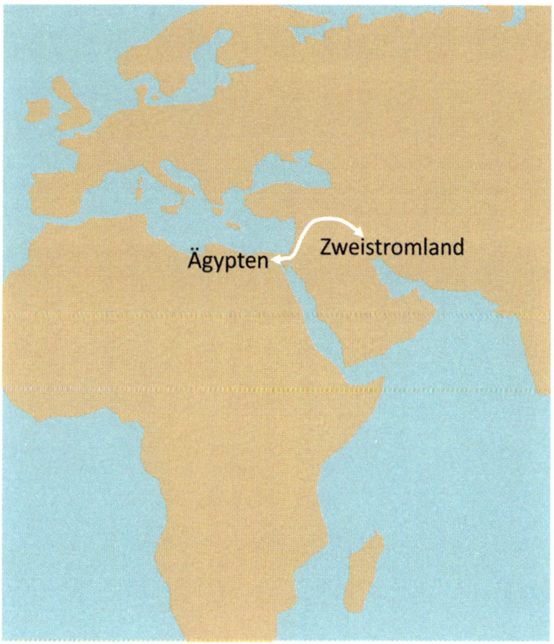

Aber genau da liegt die Erklärung für Abrahams Aussendung: Kanaan war das Durchgangsland schlechthin. Auch in friedlichen Zeiten verlor es nicht an Bedeutung, weil die interkontinentale Straße gut besucht blieb. Du kannst dir vorstellen, wie wichtig dieser Fernweg in einer Welt ohne Telekommunikation war! Und wie entscheidend für die Verbreitung von Nachrichten in einer Welt ohne Internet, Fernsehen, Radio oder Zeitungen. Was hier passierte, wurde schnell in alle Welt getragen.

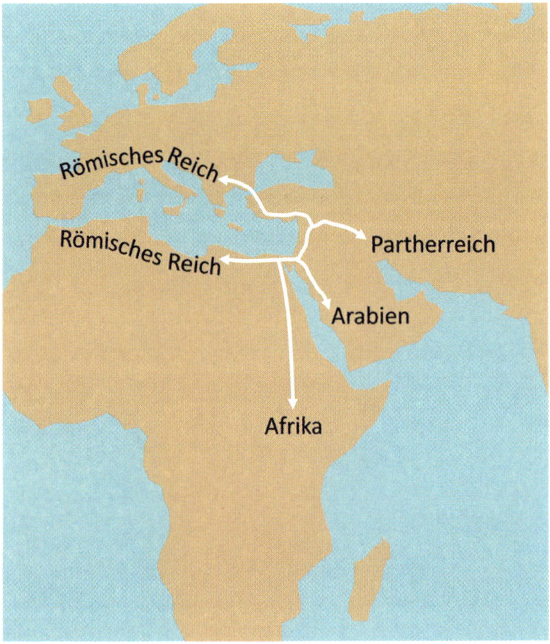

Zuletzt: Am Nil und im Zweistromland ging es den Menschen im Großen und Ganzen gut. Sie hatten weniger das Bedürfnis nach einem Neuanfang. Ganz anders ging es den Nomaden und Halbnomaden am Rande der Zivilisation, deren einziger Besitz ihre Zelte und Herden waren. Diese Menschen waren offen für Gottes Handeln. Genau dort siedelt Gott Abraham an. Ein präziser Startschuss.

Natur und Mensch im Überblick

Jede Kultur ist von der Landschaft geprägt, in der sie sich entwickelt. Daher ist es wichtig, dass wir uns einen Überblick über die Geografie des Landes verschaffen.

Israels heutiges Staatsgebiet (einschließlich der palästinensischen Autonomiegebiete) ist 400 km lang und rund 70 km breit. Dieses Gebiet ist in vier Streifen unterteilt.

DIE KÜSTENEBENE AM MITTELMEER

Ist dir schon aufgefallen, dass die israelische Küste auf Landkarten fast schnurgerade aussieht? Sie ist auch in Wirklichkeit so gerade, und zwar weil sie aus Sand besteht. Den Sand bringt der Nil aus Afrika. Im Mittelmeer angekommen, schwimmt der Sand in der Meeresströmung gegen den Uhrzeigersinn, bis ihn das ins Meer ragende Karmelgebirge stoppt. Dort beginnt die für Südeuropa typische Felsenküste. Zum Baden ist der Sandstrand traumhaft, für die Seefahrt ein Problem. Er bietet keine natürlichen Häfen.

So gab es im Land zwar immer Seefahrt, aber ein richtiges Seefahrervolk entwickelte sich hier nie.

Entlang der Küste erstreckt sich eine 20-30 km breite Ebene. Bis zu ihrer Trockenlegung in den 1920er-Jahren gab es hier mehrere Sümpfe. Dass sich zuvor keine dichte Besiedlung an der Küstenebene entwickelte, ist kein Zufall: Hier gab es Malariaplagegebiete. Doch nach der Trockenlegung entwickelte sich hier rasch der Ballungsraum Tel Aviv. Wenn man heute von Israels »Zentrum« spricht, meint man die Küstenebene, aber zur biblischen Zeit war sie eigentlich ein Randgebiet. Damals war die Bevölkerung der Küstenebene meistens nichtjüdisch.

DAS BERGVORLAND

Parallel zur Küstenebene liegt das Bergvorland, eine 10-15 km breite Kreidehügellandschaft bis 450 m ü. NN mit fruchtbaren Kleintälern. Auf den Hügeln wird heute wie auch früher Obst-, Wein- und Olivenanbau betrieben, in den Tälern Ackerbau. Die weiche Kreide ermöglichte die Anlage Tausender Höhlen und Höhlenwohnungen. Rebellen und Flüchtlinge fanden hier Zuflucht in Zeiten von Krieg und Widerstand. In dieser Übergangszone zwischen Ebene und Bergland begegneten sich in biblischen Zeiten häufig die jüdische und nichtjüdische Bevölkerung, meistens friedlich, aber nicht immer.

DAS BERGLAND UND SEINE REGIONEN

Weiter östlich beginnt das Bergland, ein langer Höhenzug aus Kalk, 30-35 km breit und bis 1200 m ü. NN hoch. Der lange Sattel bildet die Landeswasserscheide. Wenn hier Regentropfen fallen, müssen sie sich entscheiden, ob sie ins Mittel- oder lieber ins Tote Meer fließen möchten. Das Bergland unterteilt man in verschiedene Landschaften. Weil das Bergland auch das biblische Kernland ist, kennst du wahrscheinlich die Namen vieler seiner Landschaften.

Die nördlichsten 40 km bezeichnet man als Obergaliläa, eine bewaldete und felsige Großkuppe mit kaum fruchtbaren Böden. Obergaliläa ist schwer passierbar und war daher nie stark besiedelt. Ein Teil Obergaliläas liegt heute im Libanon. In biblischer Zeit war ganz Obergaliläa Teil Phöniziens, für Israeliten also im Ausland. Südlich davon liegt das 30 km lange Untergaliläa. Die Hügel sind hier schon viel kleiner (bis 600 m ü. NN). Zwischen ihnen gibt es fruchtbare Täler. Als bequemer Lebensraum war Untergaliläa immer dicht besiedelt. Wo du in den Evangelien »Galiläa« liest, ist also Untergaliläa gemeint. Der Name Galiläa kommt schon im Buch Josua vor (Josua 20,7) und die Unterscheidung zwischen Ober- und Untergaliläa kennen wir schon aus rabbinischen Diskussionen des 2. Jh. n. Chr. in der Mischna (Mischna Schevi'it 9,2).

Mischna

Die Mischna ist eine hebräische Ansammlung rabbinischer Diskussionen aus dem 1. und 2. Jh. n. Chr. Verfasst wurde sie um ca. 200 n. Chr. in Galiläa. Ihr Name bedeutet »Sekundäre«, sie steht nach der Tora und wird auch als »mündliche Tora« bezeichnet. Inhaltlich beschäftigt sich die Mischna vor allem mit der Auslegung von Geboten. Sie ist in sechs »Ordnungen« nach Lebensbereichen unterteilt, die wiederum aus mehreren Traktaten bestehen. In diesem Buch werden wir sie mehrfach als antike jüdische Quelle verwenden.[2]

Südlich von Galiläa wird der Höhenzug für 15 km durch die Jesreelebene, heb. *Jisra'el,* dt. »Gott wird säen«, unterbrochen. Der Name der Ebene ist nicht überraschend: Hier gibt es die fruchtbarsten Böden im ganzen Land. Vorausgesetzt, die Ebene wird entwässert, sonst entstehen auch hier Sümpfe. Jesus kannte diese Gegend gut, weil sie direkt unterhalb von Nazareth liegt. Schon viel früher war sie unter diesem Namen bekannt (Josua 17,16).

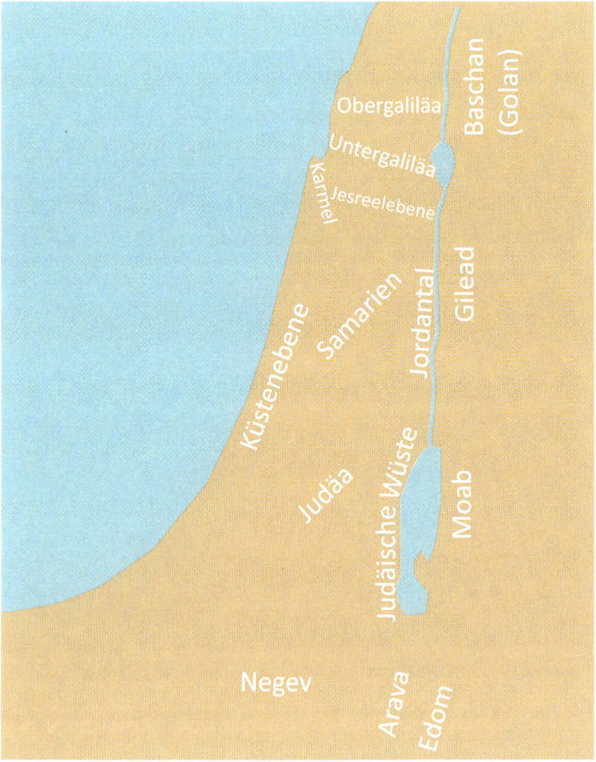

Durch die Jesreelebene kann man das Land von Ost nach West bequem durchqueren. Aber nicht komplett, denn vor der Küste ragt das Karmelgebirge empor. Für alpine Verhältnisse ist es mehr Witz als Gebirge, aber dieser kleine, schroffe und bewaldete Höhenzug versperrt den Weg. Hier musste jeder lang, der auf dem Landweg von Damaskus nach Ägypten, von Ägypten ins Zweistromland oder von Alexandria nach Rom wollte. Klar, dass die wenigen Passiermöglichkeiten am Karmel heiß begehrt waren. Vor allem der Zugang durch das schmale Tal Iron, das einen mehr oder weniger bequemen Weg durch den Karmel bietet, war immer wieder blutig umkämpft. An seinem Osteingang lag die »Schranke«. Um diesen Osteingang kämpften die Ägypter, Kanaaniter, Israeliten, Assyrer, Babylonier, Perser, Griechen, Makkabäer, Römer, Byzantiner, Araber,

Kreuzritter, Mamluken, Mongolen, Osmanen, Deutschen, Briten und Israelis. Wer die Geschichte des Landes kennt, verbindet diese Gegend mit Krieg. Keine Überraschung, dass laut der Offenbarung des Johannes hier die endzeitliche Entscheidungsschlacht stattfinden soll (Offenbarung 16,16). Hier liegt *Har Megiddo*, dt. »Berg Megiddo«, was in Fremdsprachen zu »Harmageddon« wurde. Megiddo war 4000 Jahre lang eine der wichtigsten Städte des Landes.

Südlich der Jesreelebene setzt sich das Gebirge fort und heißt in den kommenden 60 km Samarien. Im Königreich Israel hieß es »Gebirge Ephraim«. Zur Zeit Jesu lebten hier die Samariter. Samarien ist ein zerklüftetes Bergland bis 1000 m ü. NN. Die Täler sind fruchtbar, an den Hängen ist Terrassenlandwirtschaft mit vielen Oliven verbreitet. Viele Wasserquellen ermöglichten hier eine dichte Besiedlung.

20 km nördlich von Jerusalem endet Samarien. Hier beginnt Judäa, 75 km lang und ebenfalls bis 1000 m ü. NN. Judäa ist eine Art breite »Bergbühne« mit wenigen Tälern. Die Höhen sind für Wein-, Obst- und Olivenanbau geeignet. Im Osten und Süden regnet es zu wenig für Plantagen, aber für Weideland reicht es noch. Den Namen bekam die Region vom Stammesgebiet Juda, das hier lag. Später hieß das hiesige Königreich so und anschließend das gesamte Land. Die Bevölkerung Judäas nannte man nach ihrem Land, so entstand die Bezeichnung »Juden«.

Im zentralen Gebirge von Judäa, Samarien und Galiläa liegen die meisten wichtigen Orte der Bibel. Weil die Landschaften eine gute Lebensgrundlage für Menschen boten und recht dicht besiedelt waren, wurde hier in der Moderne kaum Land an jüdische Pioniere verkauft. Bis heute ist die Mehrheit der Bevölkerung in Judäa, Samarien und Galiläa arabisch.

DER NEGEV

Im Süden Judäas nehmen die Niederschläge stark ab, es beginnt die Wüste Negev. Der Wortstamm bedeutet »trocken«, in deutschen Bibeln als »Südland« übersetzt. Geologisch ähnelt die zentrale Wüste Negev den nördlicheren Bergregionen. Auch sie besteht aus einem Kalk- und Kreidegebirge. Die Trockenheit sorgt aber für eine völlig andere Landschaft, in der sich eine völlig andere Kultur als in den fruchtbaren Regionen entwickelte, das Nomadentum. Je weiter man sich Richtung Süden bewegt, desto weniger trifft man auf Menschen, heute ebenso wie früher.

DER GRABEN

Östlich des zentralen Gebirges erstreckt sich ein Graben. In diesem Graben liegen der Jordan, der See Genezareth, das Tote und das Rote Meer. Sein tiefster Punkt ist das Tote Meer, der gleichzeitig der tiefste Punkt der Erde ist. Die Tieflage sorgt für ein trocken-heißes Klima. Zwischen dem Toten und dem Roten Meer befindet sich das Tal *Arava*, dt. »Steppe«. Ab der Mitte des Jordantals (zwischen dem See Genezareth und dem Toten Meer) bis zum Roten Meer gibt es mit Ausnahme der Oasenstadt Jericho kaum historische Ortschaften. Die Böden und das Grundwasser sind salzhaltig, an Hängen gibt es keinen Mutterboden, weil ihn keine Wurzeln halten. Nur moderne Infrastrukturen ermöglichen hier heute das Leben.

JENSEITS DES JORDANS

Östlich des Grabens liegt ein langes Hochplateau. Dieses Gebiet liegt heute mehrheitlich in Jordanien. Je nach politischer Stärke gehörte das Hochplateau oder Teile davon dem antiken Israel. Markante Schluchten unterteilen es in verschiedene Regionen. Im Norden, im heute überwiegend von Israel kontrollierten Gebiet, liegt der Golan. Der biblische Name des Basalt-Hochplateaus ist Baschan.

Der Prophet Amos bezeichnet die Frauen der Oberschicht im antiken Israel als »Kühe Baschans« (Amos 4,1) – eine originelle Mischung von Kompliment und Beschimpfung unter Menschen, die die gute Rindfleischqualität der Golanhöhen kannten. Weiter südlich beginnt die Landschaft Gileads, ein mediterranes, fruchtbares Hochplateau. Das südlichere Moab ist trockeneres Weideland und das südlichste Edom ist eine richtige Wüste. Zur Zeit Jesu gehörte ein Gebiet unterhalb Gileads und Moabs zu Judäa und hieß Peräa. Jesus zog auch durch Peräa. Auf dem Hochplateau über Peräa lag damals das heidnische Zehn-Städte-Gebiet und weiter südlich das Königreich der Nabatäer.

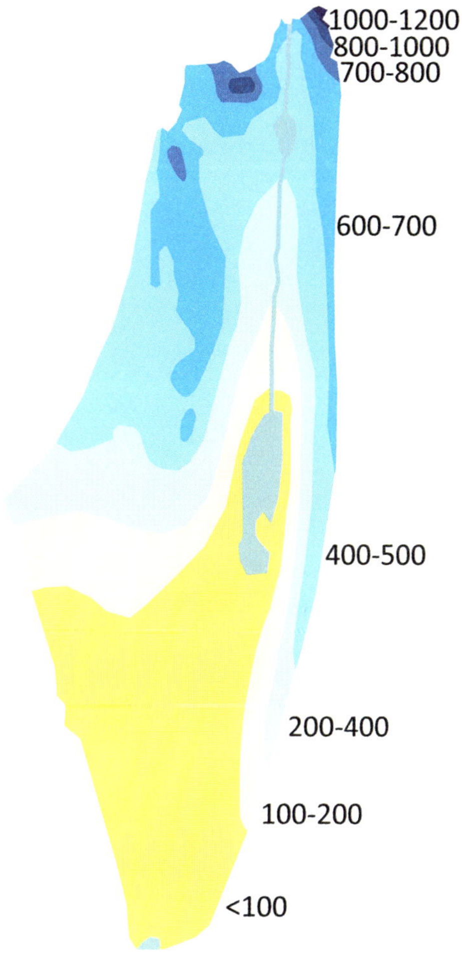

DAS KLIMA

Oft hört man, Israel habe kaum Wasser. Das stimmt so nicht. In Obergaliläa regnet es jährlich mehr als in Frankfurt oder Schaffhausen. Es kommt auf die Verteilung der Regenfälle an. Während es in Frankfurt und Schaffhausen in allen Monaten regnen kann, bleibt der Himmel in Israel zwischen Mai und Oktober verschlossen. Nur in den anderen Monaten können Kaltluftfronten Regen bringen. Dann gibt es fast immer Platzregen, wie bei Sommergewittern in Europa. Allerdings dringen die Kaltluftfronten nur selten in Is-

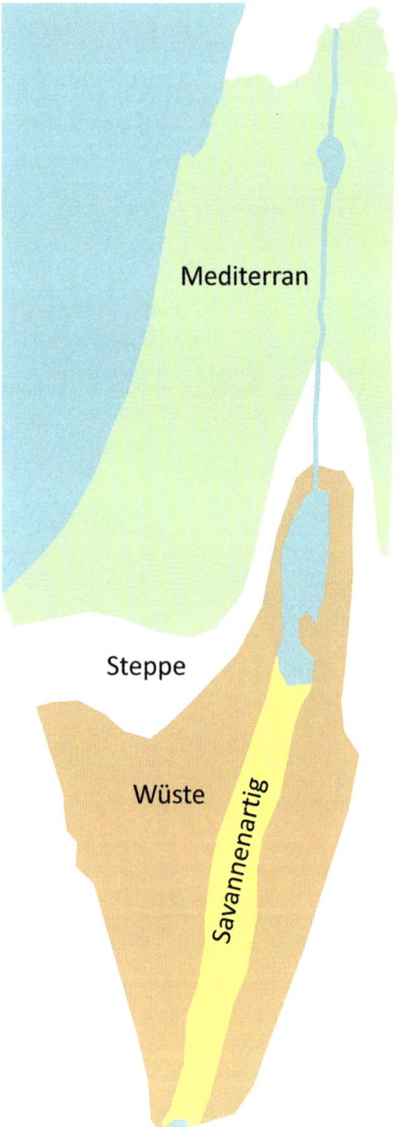

raels Süden ein. Deswegen ist dort eine Wüste.

Das kleine Land liegt im Schnittpunkt dreier Klimazonen: mediterran, Wüste und Steppe. An besonderen Stellen gibt es zudem noch Einflüsse aus den Tropen, der Savanne und dem Hochgebirge. Diese Lage sorgt für eine riesige Naturvielfalt. Insgesamt kommen in Israel 2600 Wildpflanzenarten vor. Im fast 13-fach größeren Deutschland sind es 3000.

Auch die Tierwelt ist von diesem Schnittpunkt geprägt. Neben Wölfen, Schakalen, Wildschweinen und Rehen leben hier auch Leoparden, Steinböcke, Gazellen, Stachelschweine, Klippschliefer und Hyänen. Die meisten dieser Tierarten werden auch in der Bibel erwähnt. Durch den starken menschlichen Einfluss sind viele Tierarten ausgestorben, zum Beispiel das Nilpferd. Zur Zeit Davids konnte man noch an einigen Flussmündungen mit einer Nilpferdbegegnung rechnen. Im Talmud wird der Löwe als »König der Tiere« (Bab. Talmud Hagiga 13,2) genannt.

Talmud

Der Talmud ist eine Ansammlung von rabbinischen Kommentaren zur Mischna. Sein Aufbau basiert auf der Mischna, wobei die Kommentare unsystematisch wechseln. Es entstanden zwei Talmude, einer im 4. Jh. n. Chr. in Galiläa und einer rund 100 Jahre später in Babylonien. Vieles ist in beiden Talmuden ähnlich, aber es gibt auch etliche Unterschiede. Der Talmud ist in aramäischer gemischt mit hebräischer Sprache geschrieben und bis heute die wichtigste rabbinische Grundlage. In diesem Buch werden wir ihn oft als Quelle nutzen. [3]

Diese Rabbiner kannten den Löwen nicht nur als National-Geographic-Shootingstar. Der letzte Löwe lebte im 14. Jh. n. Chr. im Land. Als Jesus am Jordan unterwegs war, musste er nicht nur nach Pharisäern Ausschau halten, sondern auch nach 70 kg schweren Persischen Leoparden.

Viele Wege führen nach Jerusalem

Aus der Geografie ergibt sich ein Wegenetz, das uns auch aus der Bibel bekannt ist. Im Großen und Ganzen ist es heute immer noch dasselbe wie damals.

Die *Via Maris*, in der Bibel »Straße am Meer« (Jesaja 8,23) oder auch »Weg durch das Land der Philister« (Exodus 13,17) genannt, war immer der wichtigste Fernweg im Land. Er verband Ägypten mit Syrien. An ihr entlang konnte man viele Sprachen hören. Im Norden verlief sie nah an Nazareth und Kapernaum vorbei. Ein Arm der Meeresstraße führte ins benachbarte Gebiet der Phönizier, die Sidonstraße.

Neben der Via Maris gab es einen zweiten internationalen Fernweg, die Königsstraße (4. Mose 20,17). Auch dieser verband Syrien mit Ägypten, jedoch über die Hochplateaus im heutigen Jordanien und den Sinai.

Der nationale Fernverkehr innerhalb des biblischen Kernlandes brauchte die beiden internationalen Straßen nicht. Für diesen gab es ein entwickeltes Wegenetz in Form einer »Wirbelsäule« mit »Rippen«. Dieses Muster ergibt sich aus der Topografie. Auf dem Gebirgssattel, fast immer auf der Wasserscheide, verlief die »Wirbelsäule«, die Bergstraße, und verband fast alle wichtigen Städte des Landes zu biblischer Zeit miteinander. Im Norden schloss sie sich an die Via Maris an, im Süden führte auch sie weiter nach Ägypten. Sie ist die wichtigste Straße in der gesamten biblischen Erzählung.

Leichter als die Frage, welche biblischen Personen auf der Bergstraße gelaufen sind, ist die Frage, wer es nicht tat. Von Abraham bis Jesus – alle waren hauptsächlich auf der Bergstraße unterwegs. Das werden wir an vielen Stellen in diesem Buch noch sehen.

Die »Rippen« waren Regionalstraßen, die an beiden Gebirgsseiten abwärtsführten. Im Süden mündete die Bergstraße in die Stätten-Straße (4. Mose 21,1), eine Querverbindung von Ägypten zur Königsstraße über Kadesch Barnea, Beerscheba, Arad und das Tote Meer. Falls in deiner Bibel ein anderer Name steht, ist es eine Frage der Übersetzung. Die Lachischstraße verband Südjudäa mit der Via Maris. Wer von Jerusalem zur Via Maris wollte, konnte sich entweder für den Beth-Horon- (1. Samuel 13,18) oder für den Ayalonsteig entscheiden. Nach Osten führte von Jerusalem der Adumimsteig. *Adumim* bedeutet »rot« und geht auf die rötlichen Farbtöne der Bitumenvorkommen in dieser Gegend zurück. Der Adumimsteig hieß auch Jerichoer Straße. Diesen Weg nahm Jesus für den Einzug in Jerusalem und auf ihn bezieht sich das Gleichnis vom Barmherzigen Samariter. Nach Jericho führte die Straße über den Jordan weiter bis zur Königsstraße in Rabbat Ammon, heute Amman. Der Afeksteig verband Sichem, die zentrale Stadt Samariens, mit der Via Maris und den Weg gegen Sonnenuntergang (5. Mose 11,30) mit der Königsstraße. Auf diesem Weg kam Abraham ins Land. Unsere Reise durch die Bibel beginnt auf seinen Spuren und führt über den gleichen Weg. Wir machen uns auf. Bist du bereit?

EINE REISE DURCH DIE *Bibel*

Auf den Spuren Abrahams, Isaaks und Jakobs

ABRAHAM UND SARA KOMMEN INS LAND

Nach der traditionellen jüdischen Chronologie (Seder Olam Rabba 1) wurde Abraham im Jahr 1948 nach der Weltschöpfung geboren, umgerechnet 1812 v. Chr. Sara ist zehn Jahre jünger.

Die jüdische Zeitrechnung

Die allgemeine jüdische Zeitrechnung ist anders als die christliche. Sie basiert auf Zeitangaben in der Bibel und beginnt im zurückgerechneten Jahr der Weltschöpfung. *Seder Olam Rabba*, dt. »Große Weltchronik«, ist die wichtigste Grundlage für die Datierung biblischer Ereignisse im Judentum.

Abraham und Sara lebten als Nomaden. Was hinterlässt schon jemand, der sein ganzes Leben im Zelt wohnt? Dennoch haben sie, wie die anderen biblischen Erzväter und -mütter auch, tiefe Spuren hinterlassen, die heute noch da sind. Sie sind nur nicht immer physisch vorhanden, sondern in unseren Herzen.

Für uns Juden sind sie nicht die »biblischen Erzväter«, sondern die eigenen Stammväter und -mütter. Juden nennen Abraham immer *Avraham Avinu*. Wie viele Kinder war auch ich in meinen ersten Lebensjahren sicher, *Avinu* sei Abrahams Nachname. *Avinu* heißt »unser Vater«. Sara bezeichnen wir auf gleiche Art als »unsere Mutter«. Die gleichen Bezeichnungen bekommen auch Isaak, Rebekka, Jakob, Lea und Rahel.

Beim Umzug nach Kanaan ist Abraham 75 Jahre alt, Sara ist 65. Sie sind kinderlos, aber nicht allein. Es begleiten sie Verwandte und Knechte, man könnte sagen eine mobile Wohngemeinschaft. Ihren Besitz nehmen sie mit, hauptsächlich Haushaltstiere der Region: Schafe, Ziegen, Kamele und Rinder. Ihre Häuser nehmen sie auch mit. Keine große Sache, es sind Zelte.

Lass uns in Abrahams Schuhe schlüpfen und ihn ins Land begleiten. An vielen Stellen lassen sich die Verse wie ein Reiseführer lesen. Wir starten in Haran (1. Mose 12) und wollen nach Sichem im Herzen Kanaans, wohin Gott uns führt. Wir nehmen die Königsstraße über Damaskus nach Süden. 60 km südlich der heutigen syrisch-jordanischen Grenze kommt die Abzweigung zum Jordan. Im Jordantal ist es trocken, heiß und baumfrei. Die Sonnenuntergangsstraße wird uns 35 km durch die Schlucht Tirza führen, 1 000 Höhenmeter bergauf haben wir vor uns.

Mit jedem Schritt wird die Landschaft mediterraner und grüner, die Luft kühler und klarer. Je höher wir kommen, desto mehr Dörfer gibt es, mit mehr Landwirtschaft. Links begleiten uns immer die Hänge des Berges Kabir. Der Bach fließt ganzjährig und schnell. Immer wieder kommen wir an Quellen vorbei, die den Bach speisen. An den Quellen haben Menschen Becken und Tränken gebaut. Auch in 3 800 Jahren werden Hirten ihre Herden noch zu diesen Wasserstellen bringen. Das Tal ist fruchtbar. In Tieflagen werden Datteln angebaut, weiter oben sind es Feigen, Oliven und vor allem Granatäpfel. In 1 900 Jahren werden Rabbiner die

Granatäpfel und Nüsse aus diesem Tal als Beispiel für besonders kostbare Waren nennen, die nicht nach Gewicht, sondern einzeln verkauft werden (Mischna' Orla 3,8). In den Dörfern werden neben Lebensmitteln Geschirr, Gefäße, Werkzeuge und Stoffe angeboten. Sobald wir oben sind, öffnet sich ein Tal, dahinter erheben sich zwei runde Berge, Ebal und Garizim. Unten, wo sie sich fast berühren, liegt Sichem, unser Ziel.

Die Ortsangabe ist sehr genau: »... bis zur Stätte von Sichem, bis zur Terebinthe More« (1. Mose 12,6). Im hebräischen Text ist die Terebinthe eine Eiche. Sichems ältesten Teil nennen die Araber Tel Balata, wahrscheinlich abgeleitet von *Balut*, dt. »Eiche«.

Tel

Tel ist der archäologische Begriff für einen antiken Ansiedlungshügel. Das Wort bedeutet auf Hebräisch und Arabisch so etwas wie »Ruinenhügel«. Normalerweise besteht ein Tel aus mehreren Schichten, wobei die oberen neueren Datums sind als die unteren. Diese Siedlungsform entstand dadurch, dass Menschen Städte nach ihrer Zerstörung auf den Trümmern wiederaufbauten. Bis zum 4. Jh. v. Chr. war das die typische Stadtform. Rund 200 Tels gibt es heute in Israel.

Hier stand früher wohl ein bekannter, heiliger Baum direkt an der Stadt. Heilige Bäume gibt es in der einheimisch-arabischen Kultur auch heute noch, fast immer sind es Eichen oder Terebinthen. An diesem Baum informiert Gott Abraham, dass er am Ziel angekommen ist (1. Mose 12,7). Hier baut Abraham seinen ersten

Altar im verheißenen Land. 45 km südlich an der Bergstraße schlägt er sein Zelt zwischen Bethel und Ai auf (Genesis 12,8). Man geht davon aus, dass Bethel in dem heutigen palästinensischen Dorf Beitin und Ai am Dorfrand von Deir Dibwan liegt.

Auf der 2 km langen Strecke zwischen den Orten liegt ein Hügel, 860 m ü. NN, oben felsig, unten mit Oliven bepflanzt. Hier weht meistens der Wind und selbst im Hochsommer braucht man hier abends manchmal eine Strickjacke und Socken. Im Winter kann hier Schnee fallen und es ist nie besonders gemütlich. Aber man kann weite Teile des Landes sehen: im Westen das Mittelmeer, im Osten den Jordangraben und das Gebirge Moab, im Norden die Hügel Samariens und mit Glück den Hermon, im Süden die Höhen Judäas. Abraham hat sich einen Hügel am Nabel des Landes als Zeltplatz ausgesucht, baut einen Altar und ruft den Namen Gottes aus. Er verkündet Gott an dieser Stelle, wo er viel vom Land sieht und wo ihn viele Bewohner des Landes sehen können.

Anschließend geht es auf der Bergstraße weiter Richtung Süden. Die Landschaft bleibt ähnlich – Olivenhaine und Weinberge in Terrassen, undurchdringliche mediterrane Buschwälder mit immergrünen Eichen. Nach 20 km kommt er an Jerusalem vorbei. Der Bibeltext geht nicht darauf ein, aber wir wissen, dass die Stadt schon existierte. Abraham ahnt noch nicht, dass er unweit von hier seinen künftigen Sohn wird opfern wollen. Noch 8 km und er kommt an Bethlehem vorbei, ohne sich vorstellen zu können, dass dort 730 Jahre später der wichtigste König des Volkes, das aus seinem Samen entstehen wird, geboren werden wird. Aus den Hochlagen kann er das Tote Meer in der Wüste unten sehen. 25 km weiter südlich kommt er in Hebron an. Hebrons zweiter Name erzählt etwas über die Landschaft, *Alonei Mamre*, dt. »Mamre-Eichen«. Heute umgeben viele Weinberge die Stadt, ursprünglich gab es hier einen Taboreichenwald mit großen Abständen zwischen den Bäumen. Taboreichen sind den Korkeichen, die du vielleicht eher aus Südeuropa kennst, sehr ähnlich.

Südlich von Hebron verändert sich die Landschaft. Es gibt immer weniger Bäume und immer mehr Felsen. Die Landschaft wird gelblich und trocken. Quellen gibt es praktisch keine mehr, dafür mehr Zisternen, die das Leben hier ermöglichen. Statt in Dörfern leben hier viele als Nomaden. Bis heute leben in diesem Gebiet Menschen in Höhlenwohnungen mit kleinen, steinigen Äckern davor. 25 km hinter Hebron fällt das Gelände steil ab. Es öffnet sich ein weiter Blick auf die Beerscheba-Ebene in der Wüste. Vor dem Abstieg bleiben Abraham und Sara bestimmt kurz stehen und müssen die Augen mit der Hand abschirmen, um von der Sonne im Süden nicht geblendet zu werden. Am Nachmittag weht der Westwind und bringt Haare und Kopfbedeckungen in Bewegung. 17 km vor ihnen liegt Beerscheba, das zu einer ihrer zentralen Wohnstätten werden wird. Von dort führt der Weg weiter nach Ägypten. Wegen einer Hungersnot werden sie bald selbst auf diesem Weg reisen.

Die Durchquerung des Negev und des Sinai auf dem Weg zum Nil ist logistisch eine echte Herausforderung. Heiß, kaum Bäume, kaum Menschen und das Schlimmste – kaum Wasser. Man ist auf Hilfe angewiesen. Von Beerscheba bis zum Nil sind es 420 km, für die man ohne Pausentage gute zwei Wochen braucht. Aber wenn die Alternative das Verhungern ist, lohnt sich der Aufwand.

Für Abraham und Sara hat es sich mehr als gelohnt. Vor Ägypten waren sie reich, nach Ägypten sehr reich (Genesis 13,2). Und gleich beginnen die Wohlstandsprobleme. Abraham und sein Neffe Lot entscheiden sich für eine Trennung. Die Entscheidung fällen sie auf dem Hügel zwischen Bethel und Ai, wo sie schon einmal lagerten und einen Überblick über Kanaan hatten. 30 km südöstlich und 1 250 m tiefer sieht Lot den Jordankreis mit den Städten Jericho und Sodom.

Dort will Lot hin. Warum? In der Senke tritt Grundwasser durch geologische Risse auf und sorgt ganzjährig für sprudelnde Quellen. Diese Quellen schaffen Oasen, eine von ihnen ist Jericho. Bis heute nutzen hier Menschen das Wasser und bauen Datteln, Bananen, Papayas, Zitrusfrüchte, Melonen und Auberginen an. Wärme und Wasser zusammen schaffen paradiesische Zustände.

Der Jordankreis und Sodom

Der »Jordankreis«, in Bibelübersetzungen mit »Ebene«, »Land«, »Umgegend« oder »Landschaft« wiedergegeben, ist der letzte Abschnitt des Jordantals vor der Mündung ins Tote Meer. Hier öffnet sich der Jordangraben kreisförmig von sonst 10 auf 25 km. Mutmaßungen darüber, dass Sodom am südlichen Toten Meer gelegen haben könnte, sind nicht überzeugend. Zum einen wird der Jordankreis in der Bibel immer in Verbindung mit Jericho oder dem Jordan erwähnt. Am südlichen Toten Meer fließt der Jordan nicht. Außerdem hätte Lot von Bethel aus das südliche Tote Meer nicht sehen können, den Jordankreis schon. Die Forschung vermutet Sodom in Tel el-Hammam, 12 km östlich des Jordan, gegenüber von Jericho. Der Tel ist 5- bis 10-fach größer als andere aus der gleichen Epoche. An dieser Stelle existierte eine Stadt bis zu ihrem abrupten Ende durch außergewöhnlich hohe Temperaturen wie auf der Sonne, stellten Archäologen fest. Sie vermuten eine Meteoritenexplosion in der Luft über dem Gebiet. Das würde den biblischen Bericht über Sodoms Ende unterstützen.

Und Abraham? Er geht drei Tage auf der Bergstraße zurück Richtung Süden, unter Hebrons Eichen. Mit diesem Ort fühlt er sich besonders verbunden – hier wird er auch Sara begraben. Wieder baut er einen Altar. Die Bibel berichtet nun über einen Krieg zwischen mehreren Königen.

König

Unser Königsbild stammt aus dem Mittelalter Europas – ein König, der über ein ganzes Königreich regiert, wie England, Schweden oder Dänemark. Wenn wir uns einen biblischen König vorstellen, haben wir meistens David und Salomo im Sinn. Zwischen Abraham und David liegen 730 Jahre. Sie lebten in sehr unterschiedlichen Gesellschaften. Falls du noch nie vom Königreich »Zebojim«, »Bela« oder »Adama« aus der Geschichte Abrahams gehört hast, kannst mit gutem Gewissen und ohne zu googeln weiterlesen. Es waren nur Städte. Etwas größere Königreiche und sogar Imperien gab es damals schon, aber ein König war im 18. Jh. v. Chr. nicht viel mehr als ein Bürgermeister eines ausgewachsenen Dorfes, eine Art Stammesführer. Klein, aber oho, denn damit wurde er den Göttern gleichgestellt. Er hatte eine eigene Streitmacht und konnte über Krieg und Frieden, Leben und Tod entscheiden und keiner hat ihn gebremst. Er hatte mehr Macht als ein Regierungschef in einer heutigen Demokratie.

Nachdem Lot im Krieg entführt wird, kommt ihm Abraham zu Hilfe, der inzwischen genug Männer um sich hat. Sie jagen den Königen nach bis Dan.

Die antike Stadt ist uns heute noch bekannt. Durch mehrfaches Glück ist das Stadttor erhalten geblieben. Es ist das älteste vollständige Stadttor aus dieser Zeit, das jemals gefunden wurde. Falls Abraham in die Stadt ging, lief auch er durch dieses Tor. 15,45 m lang, 13,50 m breit und 7 m hoch mit einem Bogen in der Mitte, gibt uns dieses Tor eine Vorstellung über die Baufähigkeiten in Kanaan zu Erzväterzeiten. Bis das Tor 1979 gefunden wurde, nahmen die Wissenschaftler an, die Menschheit hätte zu der Zeit noch keine Bögen gebaut.

Zu diesem Zeitpunkt hat Gott etwas Besonderes mit Abraham vor. Er schließt einen Bund mit ihm (Genesis 15). Die jüdische Tradition lokalisiert den Ort des Bundesschlusses am Berg Btarim, dem westlichen Auslauf des Hermon. *Btarim* bedeutet »Fleischstücke«, aber der Berg bekam diesen Namen durch die traditionelle Lokalisierung und nicht umgekehrt. Überliefert ist diese Tradition erst seit dem 16. Jh. n. Chr., sie kann aber auch deutlich älter sein. Auch die Araber kennen sie und nennen den Ort *Maschhad a-Teir*, dt. »Zeugnis des Vogels« oder auch *Makam Ibrahim el-Khalil*, dt. »der heilige Ort Abrahams des Geliebten«. Wegen der Heiligkeit des Ortes blieb hier eine große Eiche erhalten. Heute ist sie zwischen 600 und 1 000 Jahre alt und mit über 5 m Stammumfang die größte Eiche in Israel. Die jüdische Tradition bringt jährlich Pilger hierher. Sie ziehen aus Safed in Galiläa zum Berg, um das Torakapitel über den Bundesschluss Gottes mit Abraham zu lesen, die *Parascha*.

Parascha

Die Tora, das heißt die fünf Bücher Mose, unterteilen Juden in 54 Abschnitte. Jeder Abschnitt ist eine Parascha und wird einer Kalenderwoche zugeteilt, sodass die gesamte Tora im Jahresrhythmus gelesen wird. Normale hebräische Jahre haben 50,5 Wochen. Manchmal gibt es Schaltjahre mit vier Wochen mehr, darum 54 Abschnitte. Der Abschnitt über Abrahams Bund beginnt in 1. Mose 12,1, endet mit 1. Mose 17,27 und wird immer in der dritten hebräischen Kalenderwoche gelesen, d. h. im September/Oktober.

Der genaue Standort dieses Berges wird in der Bibel nicht genannt, aber vermutlich liegt er eher in der Gegend von Hebron. Abraham zieht danach wieder in die heutige israelisch-ägyptische Grenzregion.

HAGAR UND ISMAEL

Die Kinderlosigkeit beschäftigt das Paar immer noch sehr. Die Lösung liegt auf der Hand und hat sogar einen Namen: Hagar, Abrahams Magd. Mit ihr zeugt er ein Kind. Die Schwangerschaft sorgt für Spannungen und Hagar flieht. Wenn du die Gegend ihrer Flucht kennst, wird dir das ganze Ausmaß der Geschichte bewusst. In der Wüste ähnelt eine Flucht eher einem Selbstmord. Wie viele Kilometer kann man hier fliehen? Wenn du nicht sterben willst, solltest du zu einer Wasserquelle gehen. Das macht Hagar, und ein Engel findet sie an der Quelle auf dem Wege nach Schur (Genesis 16,7). Wir wissen nicht, wo Schur ist, aber die Schurstraße ist bekannt: 14 km südwestlich von der israelisch-ägyptischen Grenze bei Ezuz liegt Quseme, eine größere Oasensiedlung. Die Straße zwischen Quseme und dem 70 km westlicheren Al-Hasna ist der Hauptweg von Beerscheba nach Ägypten und heißt *Darab a-Schur* auf Arabisch, dt. »Schur-Straße«.

Hagar wird gesegnet und soll ihren Sohn *Jischma'el* nennen, in den Übersetzungen »Ismael«. Der Name bedeutet »Gott wird hören«. Er wird ein »Wildesel von Mensch« sein (Genesis 16,12), was bis heute eine hebräische Redewendung für einen praktisch unzähmbaren Menschen ist. Ismael ist laut arabischer und jüdischer Auffassung Stammvater der Araber. Im Koran ist Mohammed sein Nachfahre. Der Brunnen, an dem Hagar gesegnet wurde, wird von nun an *Lachai Roi* genannt, was übersetzt etwa »Zum Leben sieht er mich« bedeutet. Forscher vermuten, dass es nicht nur um einen Brunnen geht, sondern dass es eine Nomadenortschaft mit dem Namen Beer-Lachai-Roi gab, ähnlich wie Beerscheba. *Beer* heißt »Brunnen«. Beduinen nennen einen bestimmten Brunnen bei der heutigen Stadt Jerucham *Bir a-Rahma*, dt. »Gnadenbrunnen«, und erzählen Hagars Geschichte dort. Dieses Gebiet liegt an der östlichen Fortsetzung der Schurstraße.

Wie bei Nomaden üblich hat auch Abraham seine Zelte immer wieder an denselben Lagerstätten aufgeschlagen. Zu Beer-Lachai-Roi hatte die Familie einen engen Bezug. Später wurde diese Lagerstätte in Issaks Hände gegeben.

NEUE NAMEN

So wie Abraham und Sara machen wir an dieser Stelle eine Pause, denn für die nächsten 13 Jahre sollte es in ihrem Leben etwas ruhiger werden. Bestimmt schauten beide Ismael beim Großwerden zu, jeder aus seiner Perspektive. Zur Vereinfachung haben wir Abraham und Sara von Anfang an bei den Namen genannt, unter denen sie bekannt sind, aber bis jetzt hießen sie eigentlich Abram und Sarai. Denn erst jetzt teilt ihnen Gott eine kleine Namensänderung mit. Es ist der Buchstabe ה, der in ihre Namen rutscht.

Gottes Name

Die häufigste rabbinische Auslegung lautet, dass das neue ה , dt. »H«, in Abrahams und Saras Namen ein Stück von Gottes ausdrücklichem Namen JHWH ist. Den ausdrücklichen Namen meiden Juden aus Ehrfurcht vor dem Verbot, ihn zu Nichtigem auszusprechen (2. Mose 20,7). ה ist der wichtigste Buchstabe in Gottes Namen. Aus dem Wortstamm bildet man die Worte *haja*, dt. »war«, *howe*, dt. »gegenwärtig« und *jihije*, dt. »wird«. Rabbiner deuteten den Namen als »der Immer-Seiende«, »der war, ist und sein wird« oder »der Ewige«. Weil Gott seinen ausdrücklichen Namen den Erzvätern nicht verraten hat, sondern erst

400 Jahre später Mose und Israel bekannt gab, gilt die Umbenennung Abrahams und Saras als sein erster Hinweis darauf, wer er ist.

EIN ZEICHEN, DAS WEHTUT – DIE BESCHNEIDUNG

Mit dem neuen Namen kommt ein neuer Bund. Gott verspricht seine unbefristete Verpflichtung Abrahams Nachkommen gegenüber und erklärt Kanaan zum ewigen Besitz der künftigen Nation. Diese Nation wird durch den versprochenen Sohn entstehen, *Jizchak*, in den Übersetzungen »Isaak«. Der Wortstamm bedeutet »lachen«. Doch wer zuletzt lacht, lacht am besten: Abraham und Sara werden im Alter von hundert Jahren noch Eltern. Gott hat sein Versprechen wahr gemacht. Das sichtbare Zeichen dafür ist der Beschneidungsbund. Bei diesem Gebot warnt Gott: Wer nicht beschnitten ist, ist kein Teil des Volkes. Deswegen gilt die Beschneidung in der rabbinischen Begriffswelt als »Bundesgebot«. Sie war das erste Gebot, das für Abrahams Nachkommen gelten sollte. In Israel gibt es schon Juden, die ihre Kinder nicht beschneiden lassen, 2 Prozent waren es 2017. Sehr wenige, wenn man bedenkt, dass sich nur rund 20 Prozent der israelischen Juden im selben Jahr als »religiös« definiert haben. Man sagt, die Beschneidung sei das härteste Gebot; zugleich wird es von den meisten Juden befolgt. Das Zugehörigkeitsgefühl bewegt wohl mehr als der Glaube.

Wann wird beschnitten? Am achten Lebenstag. Immer? Ja, außer wenn es medizinische Gründe für eine Verschiebung gibt. Wenn es gerade ein Sabbat ist, muss man abwägen, ob die Beschneidung zu einer Sabbatentweihung führen würde, z. B. wenn Gäste mit dem Auto fahren müssten oder wenn es zu erwarten ist, dass Gäste fotografieren könnten. Beides ist religiösen Juden am Sabbat verboten. Mit solchen Fragen beschäftigen sich Rabbiner seit Jahrtausenden. Bei

Muslimen gibt es keinen festen Zeitpunkt, die Beschneidung muss nur spätestens bis zum Alter von 13 Jahren erfolgen. Was sollte diese Verhaltensweise anderes sein als tiefe Spuren der Erzväter?

ZWISCHEN DER WÜSTE UND DEN BERGEN – ABRAHAMS LEBENSRAUM

Zurück zu Abraham und Sara, die ihr »junges« Familienglück genießen. In dieser Zeit lebt die Familie zwischen Kadesch und Schur (Genesis 20,1), irgendwo im Sinai, nicht weit vom Negev. Wie können wir uns ihr Zuhause vorstellen? In dieser Gegend schlagen Nomaden ihre Zelte innerhalb der Regenbachbetten auf, wo sich so viel Staub ansammelt, dass der Boden weich genug ist. Der Kampf gegen

den Staub ist verloren, aber überall sonst ist es sehr steinig und voller scharfer Kanten. Die Welt ist hier gelb und braun.

Den einzigen Schatten gibt es unter Akazien und anderen mannshohen Sträuchern in Regenbachbetten. Kamele fühlen sich wie im Schlaraffenland, wenn sie deren fruchtbare Blätter genießen. Auch nachts hört man sie ohne Unterbrechung kauen. Im Zelt brennt immer eine kleine Glut. So spart man sich die Mühe, das Feuer neu zu entfachen. Ein leichter Rauchgeruch begleitet das Leben.

Welch ein ruhiges, entschleunigtes Leben! Doch der Schein trügt: Abraham und Sara verwickeln sich in eine unglückliche Affäre, als sie sich nach einem Umzug nach Gerar als Bruder und Schwester ausgeben (Genesis 20). Die einstige Stadt Gerar lag vermutlich im heutigen Tel Haror, zwischen Beerscheba und Gaza. Die Archäologie belegt hier eine entwickelte sesshafte Kultur, aber Nomaden gab es sicher auch. Nachdem das Problem mit Gerars König Abimelech geklärt ist, dürfen Abraham und Sara unbefristet bleiben. Kein Wunder, dass sie es tun – das Land ist fruchtbar.

Im Raum zwischen Gerar und Beerscheba wächst ihr Sohn Isaak auf. Wir befinden uns im Jahr 2048 nach der Weltschöpfung bzw. 1712 v. Chr. Abraham ist 100 Jahre alt, Sara 90, Ismael 14.

Stillen und Abstillen

Wie alt war Isaak, als er abgestillt wurde? Uns kommen 6-12 Monate in den Sinn, aber vor der Industrialisierung wurde länger gestillt. Interessant ist der Blick auf den Islam, weil er viele Vorschriften aus der Wüstenkultur übernahm. Dort sind außer Mägden alle verheirateten Frauen zum Stillen verpflichtet. Empfohlen wird es bis zum Alter von zwei Jahren. In der Bibel finden wir keine Verpflichtung dieser Art, aber das jüdische Werk Baraita (1.-2. Jh. n. Chr.) verrät: »Ein Baby wird gestillt und läuft bis zum Alter von 24 Monaten« (Ktovot 59,2). Ein früheres Abstillen galt bei den Juden als Gefahr. Rabbiner erlaubten Stillenden Verhütungsmittel: »Drei Frauen [dürfen] verhüten – Kleine, Schwangere und Stillende […]. Stillende, damit sie nicht abstillt und ihr Kind stirbt« (Bab. Talmud Jebamoth 12,2). Wahrscheinlich war Isaak zwei Jahre alt, als er abgestillt wurde.

Während der Stillzeit von Isaak hätte Sara eigentlich genug Zeit gehabt, um sich an die neue Situation mit zwei Söhnen zu gewöhnen, aber etwas bringt sie aus der Fassung. Sie sieht den Sohn Hagars »scherzen« (Genesis 21,9). Ismael ist mit 16 Jahren kein Kind mehr. Worüber »scherzt« er? Hat er Sorgen um sein Erstgeburtsrecht? In seiner Welt bekamen Erstgeborene das Doppelte vom Erbe ihrer Brüder. Fühlt er sich als Sohn einer Magd weniger geliebt? Hat ihm seine Mutter erzählt, wie sie schwanger floh und dem Tod nahe kam? Sein Verhältnis zum Kleinkind Isaak ist jedenfalls vorbelastet. So etwas durchblicken die beiden Mütter sicher, zwischen ihnen ist die Spannung noch größer. Nur so können wir

Saras extreme Reaktion verstehen. Sie verlangt Hagars und Ismaels Vertreibung, die den Tod bedeuten kann. Abraham folgt ihnen und gibt ihnen einen Schlauch Wasser (Genesis 21,14). Was genau ist ein Schlauch? Noch vor zwei Generationen konnte man bei Beduinen »Schläuche« sehen. Sie sehen aus wie »auf links gedrehte Ziegen« und dienen der Lagerung und dem Transport von Flüssigkeiten. Die Menschen damals hatten keine Flaschen oder Getränkedosen, und Krüge waren für unterwegs nicht gerade praktisch. Durch Gottes Schutz überleben Hagar und Ismael. Heim kehren sie aber nicht mehr, sondern ziehen in die Wüste Paran, die manche Forscher in der heutigen israelisch-ägyptischen Grenzregion und andere in der mittleren Arava vermuten. Hagar gibt Ismael eine Ägypterin zur Frau, sie bekommen später 12 Söhne und zwei Töchter.

Nur 30 km liegen zwischen Gerar und Beerscheba, aber am Rande der Wüste ist diese Entfernung entscheidend. Je weiter südlich, desto weniger Niederschläge. Wir begleiten die Familie Richtung Süden, an den Ort, an dem heute die Wüstenstadt Beerscheba liegt. Hier lebten sie in der Zeit zwischen Isaaks Geburt und Ismaels Vertreibung. Warum und wann sie wo genau waren, wissen wir nicht. Lernte Isaak bei Gerar krabbeln, dürfen wir uns eine im Winter sattgrüne Landschaft mit vielen Blumen vorstellen. Im Frühjahr gibt es jede Menge Bienen und Schmetterlinge. Weitläufige Teppiche von roten Anemonen, rotem Hahnenfuß und Mohn ziehen sie an. Ab Ende April vertrocknet die Landschaft. Die dornigen und kratzigen Pflanzen sind dann braun und gelb. War die Familie näher an Beerscheba, so war die Vegetation eher niedrig und dünn. Ein krabbelndes Baby hat hier mehr Spaß am Staub als bei Gerar, seine Mutter weniger. Drinnen im Zelt hatten sie sicher Teppiche, wahrscheinlich aus Palmwurzel-Sisal oder aus Wolle. Später wurden sie durch robustere Kunststoffteppiche ersetzt, die billiger zu importieren waren. Im Winter luden Schafsfelle zum Kuscheln ein.

Mitten in dieser Idylle kommt Gerars König Abimelech zu Abraham. Er hat erkannt, dass Gott mit Abraham ist, und möchte einen Bund mit ihm schließen. Abraham nutzt die Gelegenheit, seine Rechte über einen Brunnen, den er selbst gegraben hat, von König Abimelech anerkennen zu lassen. Den Brunnen hatten Abimelechs Knechte Abraham mit Gewalt weggenommen. Abraham und

Abimelech schließen an diesem Brunnen einen Bund. Dabei schenkt Abraham Abimelech sieben Lämmer. So bekam die Stadt, die sich heute zum viertgrößten Ballungsraum Israels entwickelt hat, ihren Namen, Beerscheba. *Beer* heißt »Brunnen«, *scheva* bedeutet »sieben«, aber es ist auch der Wortstamm von »Schwur«. Am Ende pflanzt Abraham eine Tamariske. Wer heute zu den Ausgrabungen Beerschebas kommt, sieht mehrere Tamarisken, die sicher keine 100 Jahre alt sind, aber der 69 m tiefe Brunnen ist einer der älteren in Israel. Zur genauen Datierung gibt es verschiedene Aussagen. Die älteste Schicht im Areal ist über 5 000 Jahre alt. Wenn der Brunnen zu den ältesten Bauten im Areal gehört oder zumindest sein Fundament, war er schon über 1 000 Jahre alt, als Abraham einen Brunnen in dieser Gegend grub.

ISAAKS OPFERUNG

Abraham und Sara ziehen das fruchtbare Gebiet der Wüste vor und kehren wieder in die Gegend von Gerar zurück.. Hier stellt Gott Abraham vor eine Herausforderung, die in die Geschichte eingehen wird. Er fordert ihn heraus, seinen geliebten Sohn Isaak zu töten. Unvorstellbar! So lange hatte Abraham auf seinen Sohn gewartet und nun soll er ihn umbringen?

Die Opferungsgeschichte kennst du wahrscheinlich gut. Meistens stellen wir uns dabei Isaak im Grundschulalter vor, aber wie alt war er tatsächlich? Rabbiner sind sich uneinig und streiten seit ein paar Jahrtausenden. Sara bekam Isaak mit 90 und wurde 127. Weil das Kapitel mit Saras Tod direkt auf die Opferung folgt, gingen die meisten davon aus, dass Sara kurz nach der Opferung starb und errechneten Isaaks Alter bei der Opferung auf 37. Einer der größten jüdischen Bibelexegeten überhaupt, Rabbi Maimonides (12. Jh. n. Chr.), schätzt Isaak auf Kindesalter. Sein Zeitgenosse Rabbi Abraham Iben Esra sagt, Isaak könne nicht jünger als 13 gewesen sein, weil er das Opferungsbrennholz allein getragen hat.

Wo sollte Isaak geopfert werden? In der Bibel steht »im Land Morija«. Im Chronikbuch wird von Salomos Tempelbau auf dem »Berg Morija« berichtet. Die

Opferung spielt also auf dem Tempelberg. So früh tritt er auf der Bühne der Bibel auf.

Machen wir uns gedanklich mit Abraham und Isaak auf den Weg. Wir brechen im nördlichen Negev auf und haben 90 km vor uns, für die wir 3-4 Tage brauchen. Erst müssen wir nach Hebron, das wir schon die ganze Zeit sehen können, weil es bis zu 700 m höher vor unseren Augen liegt, dann geht es über die Bergstraße. Am dritten Tag sehen wir das Land Morija in der Ferne. Hier lassen wir die Knechte und den Esel warten. Die biblische Beschreibung besteht den Realitätstest: Vom Aussichtsturm der heutigen Ortschaft Neve Daniel auf genau 1 000 m ü. NN sieht man bis Jerusalem, wo das Land Morija ist.

Im letzten Moment stoppt Gott die Opferung, die sich als Glaubensprüfung herausstellt. Abraham darf nun den Hirsch (in den meisten deutschen Bibeln als Widder übersetzt) opfern, der überraschend auftaucht. Gott teilt der Menschheit an diesem Berg im Land Morija eine wichtige Botschaft mit: Er möchte kein Kindesopfer, sondern ein Tieropfer. Es kann kein Zufall sein, dass diese Botschaft am selben Ort gegeben wird, an dem Gott 700 Jahre später eine Opferstätte für sich bauen lässt, den Tempel. Gut 1 000 Jahre lang werden Gott hier Opfer gebracht werden. 600 m vom Tempelberg entfernt, an den Ausläufern derselben Anhöhe, wird am Ende dieser 1 000 Jahre Jesus am Kreuz sterben. Gleichzeitig wird der Vorhang im Tempel zerreißen. Damit wird Gott erneut eine wichtige Botschaft zum Thema Opfer senden, wieder an diesem Ort: Er braucht keine Opfertiere und keinen physisch erbauten Tempel mehr. Aber nicht so schnell. Noch sind wird bei Abraham und Isaak. Immer der Reihenfolge nach ...

SARAS TOD UND DIE HÖHLE MACHPELA

Nachdem die Familie im heißen Beerscheba gewohnt hat, zieht sie wieder in die kühle Bergluft Hebrons. Für Sara wird das der letzte Umzug sein, bevor sie stirbt. Vor 38 Jahren lachte sie hier, als sie ihre Schwangerschaft für einen Witz hielt. Ihr Tod trifft Abraham unvorbereitet, obwohl sie alt wurde. Wenn ein Erzvater oder eine Erzmutter einen guten Alterstod stirbt, steht das im Bibeltext. Bei Sara ist das nicht der Fall. Abraham muss sofort für ein Grab sorgen. Wir sind im Nahen Osten, hier müssen die Toten noch am selben Tag unter die Erde. Als Fremder besitzt Abraham noch kein Grundstück im Land.

Für volles Geld

Abraham hätte die Höhle gratis bekommen können. Obwohl er weiß, dass seine Nachkommen das Land sowieso erhalten werden, besteht er darauf, sie zu bezahlen.

Über drei Orte im Land berichtet uns die Bibel, dass sie »für Geld« gekauft wurden, zwei davon »für volles Geld«: die Machpelahöhle, der Tempelberg und Josephs Grab. 2300 Jahre nach dem Kauf der Machpelahöhle werden Rabbiner schreiben: »… die drei Orte, die die Nationen Israel nicht abstreiten können: die Machpelahöhle und der Tempel und Josephs Grab« (Bereschit Rabba 79,7).

Gerade diese Orte werden Israel heute sehr wohl abgestritten, vielleicht gerade weil sie Israels langjährige Beziehung zum Land symbolisieren. Juden machen auf die Bezahlung aufmerksam, die sie aus ihrer Perspektive zu rechtmäßigen Erben macht. Die Machpelahöhle kostete 400 Schekel – Silberschekel, nicht israelische Schekel. Schekel war eine Gewichtseinheit, umgerechnet 11,34 g. Das wären nach heutigen Silberpreisen rund 2300 €.

Die Einheimischen bieten ihm eines ihrer Gräber an, aber er hat eine konkretere Vorstellung. Abraham will die Höhle *Machpela*, dt. »Zweifachhöhle« und bekommt sie. Wir besuchen sie bis heute. Als ich zum ersten Mal dort war, habe ich die Höhle mehr gesucht als besucht. Man sieht keine Höhle mehr, sondern Herodes' Monumentalbau aus dem 1. Jh. n. Chr. Meine Enttäuschung verschwand, als ich verstand, dass ich wirklich am richtigen Ort war. Unter dem Bau gibt es eine Höhle mit zwei Räumen – eben eine zweifache Höhle, die für Besucher heute unzugänglich ist. In ihr befinden sich Gebeine vieler Toten, sie wurde sicher lange als Grab benutzt. Auch ihre Lage passt zur biblischen Angabe »am Ende eines Feldes«. Das Gebäude steht am felsigen Hang direkt am Rand einer 200 x 100 m großen Ebene mit tiefer Erde. Das Feld lag »vor Mamre, das ist Hebron« (Genesis 23,19). *Vor* heißt östlich. 500 m östlich des Tels liegt die Höhle. Im Gebäude beten viele Juden und Muslime vor riesigen sargförmigen Grabdarstellungen mit den Inschriften Abraham, Isaak, Jakob, Sara, Rebekka und Lea. Hebrons arabischer Name ist *El-Khalil* im Gedenken an Abraham, der auf Arabisch *Khalil Allah*, dt. »Gottes Geliebter« genannt wird. Die Erzväter und -mütter sind im Land allgegenwärtig, vor allem in den Herzen der Menschen.

Die biblische Bestattung

Das einfache Volk wurde in allen Epochen erdbestattet, Reiche haben sich Grabhöhlen in Felsen einhauen lassen. Mit diesen ist Israel übersät. Die Öffnung ist immer klein, sonst wäre der verschließende Stein zu groß. Wäre das Grab offen, hätten sich Hyänen an den Leichen und Räuber an Wertsachen bedient. In den Höhlen konnte man knapp stehen. Die Leichen wurden in Tücher gewickelt und auf Steinbänke in der Höhle gelegt. Manchmal sieht man Kuhlen für den

Kopf. Nach einem Jahr öffnete man die Höhle wieder, dann waren nur noch Knochen übrig. Diese sammelte man in einer Nische im Boden der Höhle, Generation für Generation. Deshalb »sterben« Menschen in der Bibel nicht nur, sondern werden »zu den Vätern versammelt«, wie es heißt.

EINE FRAU FÜR ISAAK

Nach Saras Tod will sich Abraham um die letzte Baustelle seines Lebens kümmern. Isaak braucht eine Frau (Genesis 24). Aus der Verwandtschaft soll sie sein. Ein kleines Problem – die Verwandtschaft lebt im Ausland, in Aram-Naharajim. Wo das liegt? Aram war das gesamte Gebiet der aramäischen Stämme, heute in Syrien und der Südtürkei. Weil es groß war, wurden Teilgebiete unterschieden, z. B. Aram-Damaskus rund um Damaskus. *Naharajim* bedeutet »zwei Flüsse«, gemeint sind der Euphrat und der Tigris. Haran, langjähriger Wohnort Abrahams vor Kanaan, liegt inmitten dieser Region. Abraham beauftragt einen Knecht, der die Strecke zurücklegt. Wir begleiten ihn natürlich.

Ohne Pausen braucht man mit einem Kamel 33 Tage pro Strecke. Zum Glück hat er ein Kamel dabei. Zehn Stück, genauer gesagt. Auch wenn er vielleicht keine Pausen braucht, die Kamele brauchen sie. 5–6 Wochen ist er wohl unterwegs. Falls du schon mal in den Genuss gekommen bist, ein Kamel durch die Wüste zu führen, weißt du, dass das nicht nur einfach ist. Zehn Kamele sind schon eine Nummer. Und sie sind mit allerlei Gut (Genesis 24,10) beladen, müssen also auch noch gegen Raubüberfälle verteidigt werden. Heute wird ein Kamel in Israel für zwischen 6000 und 16000 NIS verkauft. Im Durchschnitt sind das umgerechnet 3000 € pro Kamel. Abraham schickt eine Karawane im Wert von 30000 € zur Verwandtschaft. Das macht Eindruck.

Wenn wir schon über Kamele sprechen – in jeder Reisegruppe beginnt eine Grundsatzdiskussion, sobald Kamele in der Wüste zu sehen sind: Kamel oder Dromedar? Das habe ich mehrere Hundert Male im Bus mitbekommen. Spätestens sobald man auf Kamele steigt, kommt dann auch der Begriff »Trampeltier« ins Gespräch. Zoologisch gesehen sind sowohl die einhöckrigen als auch die zweihöckrigen Wüstentiere Kamele. Sie sind einfach zwei Arten von derselben Gattung. Wir in Israel und in den umliegenden arabischen Ländern nennen alle Arten nur *Gamal* (auf Hebräisch und im Beduinendialekt) und *Dschamal* (auf Hocharabisch). Die Höcker zählen wir nicht, unsere Kamele haben eh nur einen. Die anderen leben in China und der Mongolei. Wenn man einem Beduinen erzählt, es gebe Kamele mit zwei Höckern, bekommt er gleich noch tiefere Stirnfalten und fragt: »Wo?« Über die Frage, welche Kamele zur Zeit der biblischen Erzväter in der Region genutzt wurden, streiten die Forscher noch.

Angekommen in (vermutlich) Haran, weiß Abrahams Knecht, wo er junge Frauen antreffen kann. Bis heute sind Frauen in der orientalischen Kultur kaum unbegleitet unterwegs. Junge Männer findet man in Scharen, Gruppen junger Frauen eher nicht. Frauen bleiben meist zu Hause und selbst dort waren sie bis vor zwei Generationen durch Holz- oder Steingitter an Fenstern und am Balkon fast unsichtbar. Wasserholen war aber Frauenarbeit und in manchen Teilen Afrikas ist es das heute noch. Zum Brunnen gehen Frauen auch allein.

So trifft der Knecht Rebekka am Brunnen. Sie bietet dem fremden Mann Wasser an. Das wäre für jede Frau angebracht gewesen. Aber sie bietet zusätzlich an, auch für seine Kamele Wasser zu schöpfen. Ein Kamel trinkt gut 100 l am Stück, große und durstige Kamele 150 l. Wenn jedes der zehn Kamele durchschnittlich 125 l trinkt, muss sie 1 250 l schöpfen – gut 100 Eimer voll. Das Mädchen ist nicht nur vorbildlich erzogen, sie ist auch kerngesund. Die Bibel beschreibt sie als »hübsche« Frau.

Biblische Schönheitsideale

Wie die biblischen Namen andeuten, hielten die Menschen damals eher etwas von kräftigen, fülligen Frauen. Rebekkas Name ist abgeleitet von *Marbek*, dt. »gemästetes Kalb«. Rebekkas Schwiegertöchter hießen Lea und Rahel. Lea bedeutet »Wildkuh«, Rahel »Schaf«. Dieses Schönheitsideal bestätigen archäologische Funde in Israel und den Nachbarländern. Die frühsten Frauendarstellungen im Nahen Osten wurden am Karmel und am Jordan gefunden, einige stammen aus den Jahren zwischen 1900 und 1750 v. Chr., der Erzväterzeit. Dünn sind sie alle nicht.

Bei dem Goldschmuck für Rebekka, einem Ring und Armbändern, verpassen die meisten Übersetzungen, dass es sich um einen Nasenring handelt. Einen halben Schekel wiegt ihr Nasenring, zehn Schekel ihre Armbänder – das macht 119,07 g, die heute je nach Karat zwischen 1 800 und 4 700 € kosten würden. Dass sie in eine reiche Familie einheiraten könnte, versteht sie spätestens jetzt.

Rebekka wird nicht direkt nach ihrem Heiratswillen gefragt. Ihr Vater und ihr Bruder übernehmen die Entscheidung. Unvorstellbar in unserer westlichen Gesellschaft im 21. Jahrhundert, aber unter Beduinen ist es auch heute noch so. Die Eltern oder der ältere Bruder entscheiden über die Partnerwahl. Obwohl Beduinenmädchen und -jungen heute viel mehr Begegnungsmöglichkeiten als den Brunnen haben, trifft immernoch der Vater die letzte Entscheidung.

Rebekka wird zwar gefragt, ob sie sich noch ein paar Tage lang von ihrer Familie verabschieden möchte, aber sie ist bereit, gleich zu gehen. Wie alt ist sie? Ohne klare Angabe in der Bibel errechneten Rabbiner ihr Alter durch die Kombination mehrerer Jahresangaben anderer Personen in ihrem Leben auf 14 (Seder

Olam Rabba 1–2). Die größte Reise in ihrem bisher recht kurzen Leben ist ein One-Way-Ticket ins Unbekannte. In den 4–5 Wochen unterwegs kommt sie von der Steppe ihrer Heimat ins fruchtbare Gebiet der Golanhöhen und Gileads im heutigen Nordjordanien. Vermutlich überqueren sie das Jordantal auf der Höhe von Sichem, wo es am bequemsten ist, und über die mit Olivenhainen und Steineichenwäldern übersäten Hügel Samariens und Judäas kommen sie schließlich in die Wüste Negev. Rebekkas Reise führt sie bei Weitem nicht nur durch langweiliges menschenleeres Land. Auf dieser Strecke sieht sie die große weite Welt. Sie reist durch die Großstadt Aleppo, hört auf dem internationalen Markt von Hama verschiedene Sprachen, bewundert die Bewässerungssysteme von Damaskus und sieht vielleicht den schneebedeckten Berg Hermon im Hintergrund. In Sichem sieht sie eine auffällig hohe Tempelanlage. Als sie an Hebron vorbeikommen, erzählt ihr der Knecht bestimmt, wer neulich dort begraben wurde. Eine Schwiegermutter wird Rebekka nicht haben. Ihren vielleicht 23 Jahre älteren Mann trifft sie in der Wohnstätte der Familie, Beer-Lachai-Roi. Ihr Mann ist noch in die Trauer um seine Mutter versunken. Er nimmt sie symbolträchtig in dasselbe Zelt, in dem seine Mutter vor nicht allzu langer Zeit starb, und gewinnt sie lieb. Solche Eheverkupplungen innerhalb der Großverwandtschaft sind unter Beduinen bis heute geläufig. Immer ziehen die Frauen zur Familie des Mannes. Diese Regel sorgt für klare Finanzverhältnisse. Töchter sind eine Entlastung, sobald sie ausziehen. Für sie und ihre Kinder müssen der Mann und seine Familie sorgen.

Das Paar ist besonders. Isaak ist der einzige Erzvater, der im Laufe seines Lebens Kanaan nie verlassen wird. Rebekka wird 50 Mal in 1. Mose erwähnt, häufiger als jede andere Erzmutter. Über ihr Leben wird am ausführlichsten berichtet. 20 Jahre bleibt sie unfruchtbar. Wenn die rabbinische Rechnung stimmt, wird sie mit 34 Jahren Mutter, und zwar gleich zweifach – von Jakob und Esau.

Jakobs und Esaus Namen

Der Wortstamm des Namens Esau, heb. eigentlich *Essaw*, bedeutet »fertiggestellt«. Jüdische Exegeten wie Jonathan aus Galiläa im 1. Jh. oder Raschi aus Europa im 12. Jh. führten den Namen Esaus auf seine Behaarung zurück. Er kam »fertig« auf die Welt, mit vielen Haaren auf dem Kopf wie ein Erwachsener. Sein Zwillingsbruder bekam den Namen *Ja'akow*, in Übersetzungen »Jakob«, bei dem die Bibel den Namen mit seiner Steißgeburt verbindet. Der Wortstamm bedeutet »Ferse«. Esau wird später auch Edom genannt. Die erste Erklärung geht auf das hebräische Wort für »rot« zurück, *Adom*, als Esau von »dem Roten da« (Genesis 25,30) essen möchte. E und A werden im Hebräischen gleich geschrieben. Die zweite Erklärung bezieht sich auf die Gegend Edom in Südwestjordanien, wo sich Esau niederlassen wird. Dort ist das Granit- und Sandsteingebirge rötlich.

ABRAHAMS LEBENSABEND UND DIE POLYGAMIE

Was ist in der Zwischenzeit aus Abraham geworden? An seinem Lebensabend nimmt er sich eine neue Frau im fruchtbaren Alter, d.h. vielleicht 12–14 Jahre alt. Ein alter Mann und ein minderjähriges Mädchen lässt uns gleich Alarm schlagen, aber in der Beduinengesellschaft im Negev war diese Praxis bis zum Verbot durch den Staat Israel im Jahr 1959 noch weit verbreitet. Sobald ein Mädchen schwanger werden konnte, war es heiratsfähig, und die Heirat war im Interesse der Eltern. Männer haben sich immer gerne weitere Frauen genommen, wenn die fruchtbaren Jahre ihrer bisherigen Frau vorbei waren. Bis heute gilt unter Beduinen: Bis zu vier Frauen kann ein Mann nehmen, solange er sie und ihre Kinder ernähren kann. Dieses Gesetz ist im islamischen Recht verankert, seine Wurzeln sind aber viel älter als der Islam und ergeben sich durch die Lebensumstände in der Wüste. Das Gesetz des Staates Israel verbietet Polygamie, aber wenn man einen Beduinen fragt, wie viele Frauen er hat, lautet die Antwort nicht selten: »Eine im Ausweis, die anderen im Zelt.«

Irgendwann ist auch Abrahams Leben vorbei. Als er im Alter von 175 Jahren stirbt, wird er neben seiner Frau Sara in der Machpelahöhle begraben. Zur Beerdigung treffen sich die verfeindeten Halbbrüder Isaak und Ismael wieder. Isaak kommt aus Beer-Lachai-Roi und Ismael aus den noch südlicheren Wüstenregionen hinauf nach Hebron.

ISAAK ZIEHT NACH GERAR

Was machen Isaak und Rebekka in der Zwischenzeit? Eine Dürre führt sie zurück nach Gerar. Heute definiert man in Israel eine Dürre als ein Jahr mit weniger als 80 Prozent der durchschnittlichen Regenmenge. Im Gebiet von Beer-Lachai-Roi regnet es 100–150 mm im Jahr und es reicht schon, wenn es 2–3 Regentage weniger als sonst gibt, um auf 80 Prozent zu kommen. Heute wäre das nur ein kleines Problem. Aber noch vor wenigen Jahren, bevor riesige Meerwasserentsalzungsanlagen in Israel gebaut wurden, hätte man gleich Maßnahmen treffen müssen. Und vor der Erfindung der elektrischen Pumpe bedeutete Dürre sofort Not.

Was konnten Menschen unternehmen? Dorthin gehen, wo es mehr geregnet hat. Genau das machen Isaak und Rebekka. Sie ziehen mit ihren Zwillingen und der mobilen Gemeinschaft 50 km Richtung Mittelmeer nach Gerar. Ihr goldenes Ticket ist das versprochene Bleiberecht, das Isaaks Vater dort bekam. Die Geschichte Abrahams und Saras in Gerar wiederholt sich: Isaak stellt Rebekka als seine Schwester vor, weil er Angst hat, von Einheimischen erschlagen zu werden. Sie ist nämlich besonders hübsch und kann ihm deswegen weggenommen werden. Dieses Mal versteht König Abimelech die Situation schneller als damals bei Abraham und Sara, erkennt das Eskalationspotenzial zwischen der reichen Großfamilie und den Einheimischen und fordert Isaak auf, etwas weiter weg zu ziehen. So lassen sie sich am Ufer des Bachs Gerar nieder. Isaak fängt an, Ackerbau zu betreiben. Er setzt alte Brunnen seines Vaters wieder instand. Heute kann man am Regenbach Gerar einige antike Brunnen aus dem 4.-6. Jh. n. Chr. finden. Sie sehen wie große Steiniglus aus. Diese Brunnenart war auch zu Isaaks Zeit üblich, weil sich die Wassertechnik im Laufe der Jahrhunderte kaum veränderte. Im ersten Moment kommt man nicht auf die Idee, dass es Brunnen sind. Gebaut wurden sie in die Erde, aber diese Erde ist lange weggeschwemmt. In diesem Lössgebiet aus Saharastaub ist der Boden alles andere als stabil. Die Brunnen wurden unweit des Baches gebaut, aber nach jedem Platzregen veränderte sich sein Verlauf.

Isaak findet Wasser, aber nicht irgendeins, sondern einen Brunnen lebendigen Wassers (Genesis 26,19).

Brunnen lebendigen Wassers

Bei der Unterscheidung zwischen einem Brunnen lebendigen Wassers und anderen Brunnen ist die Frage entscheidend, wie das Wasser in den Brunnen kommt. Die meisten Brunnen im Land sind Zisternen. Zisternen werden vom Regenwasser gefüllt. Bis zur Erschließung Jerusalems mit Wasserleitungen nach dem Ersten Weltkrieg waren Hunderte Zisternen in der Stadt in Gebrauch. Ein Brunnen lebendigen Wassers wird von einer Quelle oder vom Grundwasser gespeist und ist nicht direkt vom Regen abhängig. Die Unterscheidung ist für ein paar Reinheitsgebote wichtig, wie z. B. in 3. Mose 15,13. 1 000 Jahre nach Isaak nutzte der Prophet Jeremia den Unterscheid zwischen beiden Brunnenarten als Metapher (Jeremia 2,13). 650 Jahre nach Jeremia verwendete auch Jesus die Unterscheidung der Brunnenarten bei seinem Gespräch mit der samaritanischen Frau an Jakobs Brunnen (Johannes 4,10).

Isaaks Brunnen sorgt für Spannungen und die Familie entscheidet sich nun, die Region komplett zu verlassen. Wohin? Beerscheba. Konsequent bleibt die Familie im Umkreis von 35–50 km im Nordwestnegev, einem überschaubaren Areal. Das ergibt Sinn, weil diese Region am Wüstenrand liegt und die Existenz für Nomaden gesichert ist. Wieso gehen sie nicht gleich in ein fruchtbares Gebiet wie Judäa, Samarien oder Galiläa? Als Fremdlinge ist das nicht so einfach. Dort ist alles schon bewohnt und bewirtschaftet.

Ein weiteres Familiendrama naht. Jakobs Betrug an seinem Vater, bei dem er den Segen stiehlt, den sein Bruder Esau als Erstgeborener bekommen sollte, setzt dem relativ ruhigen Leben in Beerscheba ein Ende. Aus Angst vor seinem Zwillingsbruder flieht er zur Verwandtschaft nach Haran. Die Strecke kennen wir schon von Abrahams Reise nach Kanaan, von der Reise seines Knechtes, um eine Frau für Isaak zu holen, und von Rebekkas Reise ins Land. Jakob folgt der Bergstraße. In Hebron besucht er vielleicht noch die Grabstätte seiner Großeltern. 5–6 Tage nach Aufbruch legt er sich im Freien schlafen und träumt seinen berühmten Traum von der Leiter (Genesis 28,10-22), in Bethel, wo sein Großvater auf das Land blickte. Oberhalb des heutigen Bethel kann man eine schöne Anhöhe besuchen, die »Stätte des Traums Jakobs« genannt wird. Ob Jakob wirklich hier träumte, ist nicht beweisbar, aber eine Kultstätte hat es hier schon seit der kanaanäischen Zeit gegeben, belegen archäologische Funde. Der Geograph und

Historiker Prof. Zeev Vilnay schreibt, der Ort sei im israelitischen Reich als Ort des Altars Abrahams und des Traums Jakobs verehrt worden. Auch landschaftlich ist es sehr schön, auf der Anhöhe zu stehen, in die Weite zu blicken und zu wissen: Sehr viel anders war das Gelände nicht, an dem Jakob seinen Traum hatte. Steinig ist es. Zwischen den Felsen wachsen dornige Pflanzen, aber nicht überall. Eine gute Gelegenheit, einen Mittagsschlaf einzuschieben.

HOCHZEITEN UND KAMELE

Jakobs außerplanmäßige Heirat mit der falschen Cousine in Haran ist eine bekannte Geschichte. Sein Onkel Laban legt ihn herein und gibt ihm seine ältere Tochter Lea, obwohl er ihm die jüngere Tochter Rahel versprochen hat. Wie kann es sein, dass Jakob das erst nach der Hochzeit feststellt?

Seitdem ich auf einer Beduinenhochzeit war, habe ich eine Vermutung. Im Herbst 2000 machten wir – meine künftige Frau, ihre Schwester, ihr künftiger Mann und ich – im ägyptischen Sinai einen Strandurlaub. Ein beduinischer Taxifahrer lud uns spontan zu einer Hochzeit ein. Wer da heiratete, wusste er nicht so genau. Was er wusste, war, dass es Kamele geben würde. Dass wir das Brautpaar nicht kannten, hat uns nicht abgeschreckt. Wir wollten uns diese Gelegenheit nicht entgehen lassen. Erst recht nicht, wenn es Kamele geben würde. Wir kamen und sahen – nichts. Zum ersten Mal habe ich den hebräischen Ausdruck *Choschech mizrajim*, dt. »Ägyptenfinsternis«, am richtigen Ort verwendet. Ursprung des Ausdrucks ist Mose neunte Plage, aber daran denkt kein Mensch mehr, so wie man bei »stockdunkel« nicht an einen Stock denkt. Auf engem Raum quetschten sich Tausende von Menschen. Die Menschmenge war nicht zu überhören. Sie saßen auf dem Boden in Gruppen, standen und liefen ohne ein erkennbares System im Staub. Unsere Gastgeber wollten uns trennen, Frauen zu Frauen, Männer zu Männern. Wie wir einander jemals wiederfinden sollten, war uns nicht klar, also blieben wir hartnäckig zusammen. Auf unsere Frage, wo das Hochzeitspaar wäre, lautete die Antwort: »Hier irgendwo«. Die meisten schienen das Brautpaar genauso wenig zu kennen wie wir. Darauf kommt es bei einem Stammesfest auch nicht an. Auf meine Frage, wo die Kamele wären, nahmen ein paar Männer uns zu einem kleinen Lagerfeuer mit, wo ein Haufen Kinder hüpften. Sie kicherten und hatten viel Spaß. Als jemand eine Taschenlampe anschaltete, wünschten wir uns direkt die Finsternis zurück. Die Kamele waren auch dort. Waren. Sie lagen geschächtet auf dem Boden, ihre Innereien dienten als warmes Trampolin. Die weißen Kleider der Kinder waren, wie auch ihre Hände, Füße und Gesichter, blutrot. Wir wurden gleich zum Sitzplatz am Feuer gebeten, dort würden wir Fleisch bekommen. Zum ersten Mal in meinem Leben war ich heilfroh, dass Kamele nicht koscher sind. Diese Ausrede haben die muslimischen Beduinen mit Respekt akzeptiert. Dass drei von uns keine Juden waren, mussten sie nicht wissen. Stattdessen brachten sie uns Ziegenfleischsuppe in Einwegbechern. Ziegen sind koscher. Schade. Jahre später hat mich ein beduinischer Freund aufgeklärt: Männer und Frauen sind bei Hochzeitsfesten getrennt, die Braut ist bis zum Schluss unter Frauen, der Bräutigam unter Männern. In vielen Fällen sehen sie einander erst in der letzten Nacht im Paarzelt (Beduinenhochzeiten dauern eine Woche). Und wenn es bei Jakob und Lea ähnlich dunkel war, konnte er sie im Zelt auch ohne Schleier nicht sehen.

Innerhalb von sieben Jahren bekommt Jakob elf Söhne und eine Tochter. Im Kopf haben wir meistens seine zwei Ehefrauen Lea und Rahel als Mütter der Nation, aber vier der Söhne bekam Jakob von zwei Mägden. Nach 20 Jahren bei der Verwandtschaft gibt es Streit. Jakob flieht. Wohin? Für ihn nach Hause, nach Kanaan. Für seine Frauen und Kinder ins Ausland, sie sind alle in Haran geboren und aufgewachsen. Das jüngste Kind ist Josef, sechs Jahre alt. Jakobs Onkel und Schwiegervater Laban jagt ihnen nach und holt sie in Gilead ein, im heutigen Nordjordanien.

JAKOB ZURÜCK IM LAND

Laban und Jakob klären die Sache in *Mahanajim*, dt. »zwei Lager«. Mahanajim wird häufig mit dem westlicheren der beiden Tels Tulul a-Dhahab identifiziert,

12 km östlich vom Jordan gegenüber von Sichem, direkt in der Jabbokschlucht. Kein Wunder, dass Jakob hier vorbeizieht. Hier führte ein Hauptweg von der Königsstraße nach Samarien. Die Gegend ist malerisch schön. Der Fluss Jabbok, für europäische Verhältnisse ein Bach, sieht hier so kurvig aus, als würde er direkt einer Kinderzeichnung entspringen. Der zweite Hügel wird mit dem Ort identifiziert, an dem Jakob anschließend mit Gott gekämpft hat, Pnuel. Hier bekam Jakob seinen neuen Namen, Israel (Genesis 32,29). Am Kapitelanfang haben wir uns gefragt, welche sichtbaren Spuren Nomaden hinterlassen. In Pnuel wurden Holzkohlen aus der Erzväterzeit gefunden. Ist das nicht faszinierend?

Bei Pnuel versöhnen sich Esau und Jakob nach 20 Jahren Funkstille. Jakob darf seine Heimat wieder betreten. Er lagert vor der Jordanfurt und baut Hütten, weshalb der Ort Sukkot genannt wird (Genesis 33,17). *Sukkot* bedeutet »Laubhütten«. Diese konnten einfach aufgebaut und genauso schnell wieder abgebaut werden. Noch heute wird im Herbst das jüdische Laubhüttenfest »Sukkot« gefeiert.

Sukkot und Pnuel waren Nachbarorte. Das bestätigt ein Vers aus einer 400 Jahre späteren Geschichte (Richter 8,17). 8 km von Pnuel am Jabbok entlang kommt man nach Deir Alla', das mit Sukkot identifiziert wird. Die Identifizierung bestätigt der Talmud mit einer Diskussion aus dem 2. Jh.: »… und Sukkot-Tarala …« (Bab. Talmud Shebiith 9,2). Aus dem hebräisch-aramäischen Tarala wurde im Arabischen Deir Alla'.

Wie einst sein Großvater geht auch Jakob die Sonnenuntergangsstraße vom Jordan hinauf nach Sichem und baut einen Altar. Im Gegensatz zu Abraham kauft Jakob ein Grundstück und bleibt dort wohnen. Der Verkäufer ist Sichems Herrscher Chamor, was »Esel« bedeutet (damals war diese Bezeichnung wohl keine Beleidigung). Das Feld kostet Jakob 100 *Ksita*, was wahrscheinlich »Schafe« bedeutet. Nach heutigen israelischen Preisen wären das umgerechnet 30 000 bis 35 000 €.

Die Grundstücksgröße kennen wir nicht, aber die Lage schon, und zwar ziemlich genau bis heute. Östlich von Sichems Tel liegt ein fruchtbares Tal, das ungefähr 3 km lang ist. Unterhalb des ausgegrabenen Stadttores befindet sich am Talbeginn Josephs Grab. Hier halten wir kurz inne und werfen einen Blick in die

Zukunft. Josef ist gerade sechs Jahre alt, aber wir müssen zu seinem Begräbnis springen, um die Bedeutung dieses Ortes zu verstehen. In der Bibel wird berichtet, dass Josef im Feld seines Vaters begraben wurde (Josua 24,32). Josefs Grab wird hier schon lange verehrt. Der älteste bekannte Bericht einer Pilgerreise ins Heilige Land stammt aus dem Jahr 333 n. Chr. Dort beschreibt ein Reisender aus Bordeaux den Ort »*Sechim* [Sichem]. Dort ist ein Monumentum gelegen, wo Joseph beigesetzt ist auf dem Gut, das ihm sein Vater gegeben hat.«[4] Kirchenvater Eusebius beschreibt »Sychem [...] Jakobs Stadt, die heute zerstört ist, und man zeigt den Ort am Rande von Neapolis, dort ist auch Josefs Grab zu sehen«[5]. Sichem hieß im 4. Jahrhundert »Neapolis«. Der spätere und bis heute verwendete arabische Stadtname »Nablus« ist die Anpassung von »Neapolis« ins Arabische.

Jakobs Tage in Sichem werden spannender als er es sich vorgestellt hat. Nach einem gewaltsamen Streit mit Sichems Bevölkerung (Genesis 34) macht er sich wieder auf den Weg. Und wieder folgt er den Spuren seines Großvaters und geht nach Bethel. Hier hat er vor über 20 Jahren seinen berühmten Traum gehabt. Jetzt stirbt hier Debora, Rebekkas Amme. Sie wird unter einer Eiche begraben. Auf Bethels Anhöhe wächst auch heute eine majestätische Eiche. Diese Aleppo-Eiche ist »nur« rund 1 000 Jahre alt, gibt aber eine Vorstellung, wie markant ein solcher »Punkt« in der Landschaft sein kann, eine sichtbare Koordinate. Hier in Bethel wiederholt Gott sein Versprechen, das Land den Nachkommen Jakobs zu geben (Genesis 35,12).

Die Familie zieht weiter nach Süden. Rahel hat lange auf ihre erste Schwangerschaft gewartet. Jetzt ist sie zum zweiten Mal schwanger. Südlich von Bethel bringt sie Benjamin zur Welt. Er ist der letzte von 12 Söhnen, die später für die 12 Stämme Israels stehen werden. Die Geburt wird sie bekanntlich nicht überleben. Jakob begräbt seine geliebte Frau und richtet über ihrem Grab einen Gedenkstein auf (Genesis 35,20). Das sogenannte »Grab Rahels« liegt im Norden Bethlehems, fast in Jerusalem. Das Gebäude stammt aus dem 17. Jh. n. Chr., aber aus dem Neuen Testament lernen wir, dass man Rahel schon zur Zeit Jesu mit Bethlehem in Verbindung brachte. Vermutlich gedachte man ihrer schon damals an einer Grabstätte in Bethlehem. Sonst hätte Matthäus im Kindermord zu Bethlehem nicht die Erfüllung der Prophetie Jeremias über Rahels Weinen (Jeremia 31,15) gesehen (Matthäus 2,17-18). Eine genaue Betrachtung der Ortsangaben an mehreren Bibelstellen »verschiebt« Rahels Grab aber weiter nach Norden. Rahel starb »am Weg nach Efrata, das ist Bethlehem« (Genesis 35,19). Mit dem »Weg« ist die 30 km Strecke der Bergstraße zwischen Bethel und Bethlehem gemeint. Laut Jeremia sollten wir bei Rama suchen (Jeremia 31,15), heute das palästinensische A-Ram in Jerusalems Norden. Unterhalb des Ortes befinden sich Überreste eines Monumentengrabes aus dem Zeitalter der Erzväter, *Kubur Bane Israil* auf Arabisch, dt. »Gräber der Söhne Israels«. Der Prophet Samuel kannte das »Grab Rahels, an der Grenze von Benjamin« (1. Samuel 10,2). Der hebräische Ausdruck »an der Grenze« bedeutet »innerhalb«. Bethlehem liegt im Stammesgebiet Juda, Rama und das Monumentengrab liegen im Stammesgebiet Benjamin. Benjamin ist Jakobs einziger Sohn, der im Land geboren ist. Wie symbolisch: Benjamins Nachkommen werden seinen Geburtsort erben.

Zum traditionellen Grab Rahels in Bethlehem kommen Massen frommer Juden. Viele von ihnen nehmen eine weite Anreise in Kauf und wollen dort beten, oft wegen eines Lebenspartner- oder Kinderwunsches. Ihre Biografie macht Rahel zum Inbegriff einer auf einen Lebenspartner und auf ein Kind wartenden Frau. Die jüdische Tradition nimmt an, dass Rahel am 11. Cheschvan (Oktober/November) starb. An diesem Tag findet jährlich ein Fest an »Rahels Grab« in Bethlehem mit 100000 Besuchern statt. Rahels Spuren prägen das Leben in Israel auch heute noch.

JOSEF

Nach weiteren 2-3 Tagen Fußweg kommt Jakob endlich an sein Ziel. Er will nach Hebron zu seinem Vater. Rabbi Tuvia Ben Elieser (11. Jh. in Mazedonien) errechnet: 91 Jahre alt war Jakob, als Josef geboren wurde, sechs weitere Jahre arbeitete er als Hirte, zwei Jahre war er unterwegs, so war er 99 Jahre alt, als er zu seinem Vater Isaak kam. Folglich war Isaak 159 Jahre alt, als Jakob aus Paddan

Aram kam. Isaak lebte danach noch 21 Jahre. Wenn Josef mit 17 verkauft wurde, starb Isaak vier Jahre nach Josefs Verkauf (Lekach Tov, Bereschit 35). Jakob begräbt ihn, wie schon Abraham und Sara, in der Machpelahöhle. Auch er möchte eines Tages dort begraben werden. Nun lässt er sich in Hebron nieder.

Josef wächst also in Hebron auf. Mit 17 Jahren kennt er die Bergstraße schon so gut, dass er allein zu seinen Brüdern nach Sichem geschickt werden kann, 100 km entfernt.

Begleiten wir Josef auf sein Abenteuer. Am dritten Tag kommt er am Grab seiner Mutter vorbei. Sicher schmerzt die Erinnerung noch immer. Auf dem Weg lauern Gefahren. Weiter nördlich führt die Straße durch das 100 m schmale Wadi Harramiyya. Der heutige arabische Name bedeutet »Räuberschlucht« und veranschaulicht das Risiko im 8 km langen bewaldeten Abschnitt ohne Fluchtmöglichkeiten. Gefährlich waren für Josef nicht nur Menschen. Im dichten Wald lebten auch Löwen und Bären. Doch er schafft es sicher nach Sichem – und findet seine Brüder nicht. Vier Tage umsonst gelaufen? So schnell gibt er nicht auf. Er geht zum Feld der Familie. Dass er eines Tages auf demselben Feld begraben und zu einer »lebenden Spur« im Leben des jüdischen Volkes noch Jahrtausende später werden wird, kann er nicht ahnen. Auf dem Feld begegnet er einem Mann, den er nach seinen Brüdern fragt. Ihm muss Josef nicht erklären, wer seine Brüder sind. Lange genug lebte die Familie in Sichem, dass der Mann Josef erkennt. Und das Grundstück besitzen sie ja nach wie vor. Der Mann weiß, dass die Brüder nach Dotan gehen wollten, und zeigt Josef wohl mit einer Handbewegung den richtigen Weg. Es gibt nämlich zwei.

Dotan war eine wichtige kanaanäische Stadt an der Bergstraße, 28 km nördlich von Sichem. Der Name Dotan ist im Mund der einheimischen Araber unverändert geblieben. Zur Zeit Josefs war die Stadt schon 1 600 Jahre alt und 4 ha groß. Josef läuft einen weiteren ungeplanten Tag. Wo kann er die Brüder am besten antreffen? Früher oder später würden sie schon eine Wasserstelle aufsuchen müssen. Direkt unterhalb des Tels befinden sich drei Zisternen. Eine davon wurde im 17. Jh. n. Chr. auf 20 m vertieft und erreicht seitdem das Grundwasser. Später wurde in einem kleinen Häuschen neben ihr eine Viehkraftpumpe gebaut, die im

20. Jh. von den Briten durch eine Motorpumpe ersetzt wurde. Die zwei anderen Zisternen sind unverändert geblieben. An diesen Zisternen versteht man den Ablauf der biblischen Geschichte sofort. Von hier aus haben wir freie Sicht auf den Weg, der aus Sichem kommt.

ZISTERNEN VON DOTAN

Josefs Brüder sind gerade an den Zisternen, als Josef aus Sichem kommt. Sie sehen ihn aus der Ferne, wie man auch heute jeden Passanten aus 800 m Entfernung sehen kann. Sein gestreiftes Kleid macht ihn noch sichtbarer. Was machen die Brüder an den Zisternen? Hier haben sie ihre Herde wohl nicht weiden lassen, die direkte Umgebung ist voller Äcker und Haine und die Landbesitzer wären wohl kaum damit einverstanden gewesen. Doch zweimal am Tag muss das Vieh von den umliegenden Hügeln zum Wasser gebracht werden, frühmorgens und am Nachmittag. Wenn Josef am Morgen in Sichem losging, kommt er am Nachmittag an, wahrscheinlich zur zweiten Tränkzeit. Neben den Zisternen steht auch heute noch ein verlassenes Trink- und Waschbecken für Schafe. Die Anlage ist heute aus Beton, aber vielleicht ersetzt sie eine ältere.

Versetzen wir uns kurz in die Lage der Brüder, während Josef näher kommt. Sie sind zwischen 18 und 24 Jahre alt. Warum sind sie alle so wütend auf ihn? Es geht nicht nur darum, dass Josef vom Vater mehr geliebt wird. Letztendlich geht es ums Geld: Josef ist fast der Jüngste und sein Vater behandelt ihn, als wäre er der Älteste. Älteste erben doppelt. Ein Blick in die Zukunft verrät uns, dass Josef später tatsächlich das Doppelte erben wird. Jeder Bruder wird Stammesvater von einem Stamm Israels werden, er von zwei, Ephraim und Manasse.

Die Brüder stehen sicher vor mehreren Zisternen, weil sie planen, Josef erst zu ermorden und seine Leiche dann in eine der Zisternen zu werfen (Genesis 37,20). Steht man direkt vor den drei Zisternen, versteht man warum. Im Radius von 2 km gibt es neun Zisternen. Sechs liegen vereinzelt, nur hier liegen drei beieinander.

Ruben schlägt vor, Josef »in diese Zisterne, die in der Wüste ist« zu werfen (Genesis 37,22). Wüste? Die Gegend hier ist typisch mediterran, die nächste Wüste ist 100 km entfernt. Doch diesmal ist die Übersetzung korrekt. Auch im Hebräischen heißt es »Wüste«. Etliche Rabbiner kamen zu der Überzeugung, dass der Begriff Wüste in diesem Vers »trocken« bedeuten soll. Wahrscheinlich ist hier also nicht die Wüste, sondern eine Zisterne gemeint, die gerade leer war. In diese warfen die Brüder Josef also hinein.

Wer die Geschichte kennt, weiß auch: Josef wird nicht ewig dort bleiben, sondern von vorbeiziehenden Händlern gerettet werden. Wenn wir Dotans Lage an der Bergstraße kennen, überrascht uns das Vorbeiziehen der Händler-Karawane nicht. Ihre Route vom Gilead nach Ägypten passt genau. Irgendwo bei Beit Shean überquerten sie den Jordan. Die Brüder verkaufen den verhassten kleinen Bruder als Sklaven. Die Geschäftsleute zahlen 20 Silberschekel, einen damals angemessenen Preis für einen Sklaven.[6]

JAKOBS TOD UND DIE SCHIV'A

Die Geschichte geht weiter, wie wir sie kennen: Josef wird als Sklave nach Ägypten gebracht. Über Umwege wird er hier später als Pharaos rechte Hand herrschen. Nach einer dramatischen Wiedervereinigung mit seinen Brüdern lässt Josef seinen Vater zu sich nach Ägypten holen. Jakobs Weg, wahrscheinlich aus Hebron, führt über Beerscheba. Ausgerechnet hier, betont die Bibel, opferte Jakob dem Gott seines Vaters Isaak Schlachtopfer (Genesis 46,1). Jakob weiß sicher, dass sein Vater hier aufwuchs. Vielleicht musste er hier besonders an ihn denken und wollte Gott für den Bund mit seiner Familie danken. Fünf bis sieben Tage später kommt Jakob am Nil an, 17 Jahre später stirbt er dort. Als letzten Wunsch bittet er Josef darum, ihn im Familiengrab zu begraben. Nach Jakobs Einbalsamierung nach ägyptischer Art überführt ihn Josef mit den Brüdern und einer königlich-ägyptischen Begleitung nach Hebron. Dieses Mal wählen sie nicht die Kurzstrecke über Beerscheba. Der Text gibt Goren-Atad als Station an. *Goren* bedeutet »Tenne«, *Atad* ist eine Strauchart. Wo dieser Ort genau lag, wissen wir nicht, doch auf jeden Fall jenseits des Jordan (Genesis 50,10), vielleicht gar nicht so weit von Jericho. Wieso entscheidet sich Josef für diese Route hinter dem Toten Meer, obwohl sie die Strecke um mehr als die Hälfte verlängert? Rabbiner schlugen unterschiedliche Argumente vor. Etliche nahmen an, Josef wollte Ärger mit mächtigen kanaanäischen Königen in Südjudäa und im nördlichen Negev vermeiden. An der Tenne hielten sie eine siebentägige Trauerfeier ab. Sieben heißt auf Hebräisch *Schiv'a*. Bis heute werden jüdische Trauerfeiern als *Schiv'a* bezeichnet.

Mit Jakobs Tod endet unsere Reise auf den Spuren der Erzväter. Für die Erzväter hieß das Land, das ihnen verheißen wurde, »Kanaan« und dessen Bevölkerung »Kanaaniter«. Aber wer waren eigentlich die Kanaaniter?

Wer waren die Kanaaniter?

Die Sonderrolle des Landes beginnt mit Abrahams Ankunft vor über 3750 Jahren. Damals hieß es *Knaan*, dt. »Kanaan«. Was verstehen wir unter Kanaan? Kanaan ist eine Bezeichnung für den Landstreifen am östlichen Mittelmeer zwischen Gaza und Ugarit im heutigen Syrien. Der Wortstamm bedeutete »Purpur«. Dieses Gebiet war bekannt als Zentrum der Purpurherstellung. Wenn damals von einem »Volk« die Rede war, meinte man die Bevölkerung einer Stadt oder besser gesagt eines ausgewachsenen Dorfes. Es gab kein vereintes kanaanäisches Volk. Eine kanaanäische Stadt bestand aus ein paar Dutzend Häusern, oft ummauert, meistens auf einer Fläche von 6–20 ha. Die größte Stadt des Landes war zur Zeit Abrahams Hazor mit fast 80 ha – viel größer als alle anderen damaligen Städte, aber viel kleiner als ein durchschnittliches modernes Dorf. Dörfer waren noch kleiner, für unsere Begriffeeher wie kleine Weiler. In den weniger fruchtbaren Gebieten und zwischen Siedlungen standen Nomadenzelte.

Zusammenfassend kann man sagen: Die Kanaaniter waren eine Hochkultur. Ihre ausgegrabenen Städte und Festungen zeigen es. Sie pflegten eine strukturierte Religionspraxis mit Priestern und Schriftgelehrten. Theologische Grundlage war eine verzweigte Mythologie, die den Glauben an den Vatergott El einschloss. El heiratete Aschera, Göttin der Erde. Zusammen bekamen sie Baal (Regen- und Sturmgott), Astarte (Liebes- und Schönheitsgöttin), Anat (Kriegs- und Jagdgöttin), Jam (Meeresgott), Mot (Todesgott) und weitere Götterkinder. Nach einem dramatischen Machtkampf konnte Baal die Vorherrschaft erringen. Der Machtkampf involvierte viele Naturgewalten und bot so eine Erklärung für Naturphänomene, die die Menschen nicht verstanden. Der Götterdienst enthielt Brand- und Trankopfer am Altar, also Fleisch und Wein. Konkrete Verbote in der Bibel für Israel lassen uns einiges über die Religion der Kanaaniter schlussfolgern. In der Hoffnung auf gute Ernte hatten Baalspriester und manchmal ganze Volksmassen Geschlechtsverkehr mit Ascherapriesterinnen. Das sollte den Regen auf den Feldern symbolisieren. Diese Praxis verbot Gott Israel ausdrücklich (5. Mose 23,18). Im Hebräischen wird hier nicht das gewöhnliche Wort für Hure verwendet, sondern *Kdescha*, eine abgeleitete Bezeichnung vom Wortstamm »heilig«. Gemeint ist der heilige Geschlechtsverkehr. Manchmal ließen sich auch Israeliten vom Kult beeinflussen, beispielsweise indem sie Bäume pflanzten, um der Fruchtbarkeitsgöttin Aschera zu huldigen. Deshalb war es Israel verboten, Bäume im Tempel zu pflanzen (5. Mose 16,21). Weil die Ascherabildnisse aus Holz waren, sind heute keine mehr zu finden. Gott gebot Israel sogar deren Verbrennung (5. Mose 12,3). In Arad fand man in kanaanäischen Häusern einen größeren, in den Boden eingelassenen Stein, der keine statische Funktion hatte. Einige Forscher glauben, das sei einer der Gedenksteine, die den Israeliten explizit verboten wurden (3. Mose 26,1; 5. Mose 16,22). Solche Säulen sollten die Israeliten zerschlagen (5. Mose 7,5). Faszinierend, wie jahrtausendealte Verbote und Gebote heute noch im Gelände sichtbar sind!

Gibt es noch weitere sichtbare Spuren der Kanaaniter? Ja, allerdings! Zeugnisse der Kanaaniter finden wir in den frühsten Schichten von rund 200 Tels im ganzen Land. Einige dieser Tels kommen schon in den Erzvätergeschichten vor. Ein paar von ihnen sind bis heute bewohnt, wie Sichem und Hebron, von anderen sind nur Trümmerhaufen geblieben. Viele Kanaaniterstädte kommen in der Bibel erst später vor, aber die Archäologie zeigt, dass es sie bereits zur Erzväterzeit gab, wie Akko, Jerusalem, Megiddo, Geser, Jaffa, Lachisch oder Jericho. Vor Ort kannst du dich an kanaanäische Mauerwerke anlehnen, in kanaanäischen Zisternen und Quellanlagen planschen und auf kanaanäischem Straßenpflaster laufen. Und das noch nach knapp 4000 Jahren – was für ein Privileg! Archäologen finden immer wieder Geschirr und Schmuck aus den Überresten kanaanäischer Städte, die du heute in einigen Museen selbst bestaunen kannst. Solche greifbaren Eindrücke helfen dabei, diese längst vergangene Zeit besser zu verstehen.

Bei seiner Ankunft in Kanaan fand Abraham viele Dörfer und einige Städte vor. Für seine Verhältnisse war das Gebiet vermutlich dicht besiedelt. Vier bis fünf Jahrhunderte nach den Erzvätern führten die Israeliten Eroberungskriege gegen die Kanaaniter, die nach und nach von der Bühne der Menschheitsgeschichte und der biblischen Erzählung abtraten. Damit verlor der Name Kanaan an Aktualität und wurde irgendwann nur noch im Rückblick gebraucht.

EXKURS:

Zwischen Sesshaftigkeit und Nomadentum

Die Lage der Region zwischen Wüste und Meer sorgte für eine enge Nachbarschaft von Sesshaften und Nomaden. Die einen lebten vom Acker- und Obstbau, die anderen von Viehzucht. Meistens vertrug sich die Nachbarschaft – bis die Ressourcen knapp wurden. Dürre zwingt Nomaden dazu, ihre Herden auf Äcker zu führen, was für Bauern natürlich eine Katastrophe ist. Eine solche Situation löste sogar schon mehr als einmal einen Krieg aus (Richter 6-7). Spannungen zwischen Sesshaften und Nomaden blieb Teil des Lebens im Land bis zum Ersten Weltkrieg. Erst dann haben die neuen Herrscher des Landes den Ackerüberfällen ein Ende gesetzt.

Die alte Feindschaft ist teilweise bis heute spürbar. Obwohl Beduinen seit zwei Generationen sesshaft geworden sind und oft gar kein Vieh mehr besitzen, begegnen ihnen die Bewohner benachbarter arabischer Dörfer mit Misstrauen. Dabei leben sie selbst auch nicht mehr vom Ackerbau. Vor wenigen Jahren nahm mich ein Bekannter aus einem arabischen Dorf in Untergaliläa in seinem Auto mit. Unterwegs erzählte er mir unaufgefordert, wer die größten Feinde seines Dorfes sind: die inzwischen sesshaft gewordenen Beduinen im Nachbardorf. »Wenn Jugendliche von dort durch unser Dorf fahren wollen, lassen wir sie auf keinen Fall durch. Wir verprügeln sie, bis sie lernen, unser Dorf nicht zu betreten. Wir betreten ihr Dorf ja auch nicht einfach so«, erzählte er. »Warum mögt ihr sie so wenig?«, habe ich gefragt. »Es war schon immer so«, lautete seine Antwort.

Obwohl Nomadentum und Sesshaftigkeit Gegensätze sind, schließt die eine Lebensweise die andere nicht aus. Bis vor drei, vier Generationen kam es immer wieder vor, dass Nomaden über längere Zeit an derselben Stelle blieben und lebten wie Sesshafte. Auch umgekehrt konnte es vorkommen, dass Sesshafte für gewisse Zeiten zu Nomaden wurden, meistens aus der Not. So war es auch bei Abraham, als er seine Heimat Ur verlassen hat.

Unter dem sesshaften Leben zu jener Zeit können wir uns etwas vorstellen. Klar war das Leben in einem Dorf zur biblischen Zeit in Israel anders als in einer europäischen Stadt heute, aber trotzdem ist unser Blickwinkel auf das Leben ähnlich. Das nomadische Leben hingegen ist uns vermutlich recht fremd. Am meisten können wir von Beduinen darüber lernen. Davon leben heute noch ca. 300 000 in Israel.

Wüste und Weiden

Das häufigste hebräische Wort für Wüste ist *Midbar*. Im Buch Micha wird derselbe Wortstamm für »Weide« verwendet (Micha 2,12). Aus europäischer Perspektive sind Wüste und Weide Gegensätze, während sie im biblischen Land ursprünglich Synonyme waren. Wie kann das sein? Der Unterschied liegt in der Denkweise. Im biblischen Land wurde die Wüste nach dem benannt, was in ihr gerade noch möglich war. Während Acker- und Plantagenbau in der Wüste fast ausgeschlossen ist, bleibt das Weiden möglich. In vielen Teilen der israelischen Wüsten konnten Menschen trotz der kargen Landschaft von Viehzucht leben. Sie mussten nur oft von Stelle zu Stelle wandern und ihre Tiere mussten über viele Monate mit trockenen Pflanzen auskommen.

Das Wort »Beduine« kommt vom arabischen *Badia*, dt. »Wüste«. Vor zwei bis drei Generationen waren sie in Israel noch Vollnomaden und lebten nur in Zelten. Im Winter ist ihr Zelt schwarz und aus Ziegenfell. Ziegenhaare haben eine Fettschicht, die den Stoff wasserdicht macht. Im Sommer ist die Hitzebeständigkeit wichtiger, darum ist das Sommerzelt beige und aus Kamelhaaren. Kamelhaare haben innen viele Hohlräume und isolieren perfekt. Das Zelt nennen die Beduinen *Bet a Scha' ar*, dt. Haar-Haus. Ihre Haupteinnahmequelle war jahrtausendelang die Viehzucht und sie waren ständig auf der Suche nach Weidegrün. So blieb die Mobilität den Beduinen wichtiger als ihr Behausungskomfort.

In sesshaften Kulturen unterscheidet man Arme und Reiche nach ihrem materiellen Besitz, der sich oft durch ihr Haus oder die Eigentumswohnung zeigt. Bei Beduinen ist das anders: Sie wohnen alle in den gleichen Zelten, dafür haben

sie andere Statussymbole. Zum Beispiel ihr Transportmittel. Ein Kamel kommt einem Mercedes gleich, ein Pferd ist mit einem VW vergleichbar und ein Esel mit einem Fiat. Allgemein werden Tiere bei Beduinen als Kapitalanlagen angesehen: je mehr Vieh, desto reicher sein Besitzer. So wird Abrahams Reichtum beschrieben (Genesis 24,35). Wenn ein Negev-Beduine Bargeld oder andere Waren brauchte, ging er zum Wochenmarkt in die nächstgelegene Stadt Beerscheba. Sein Zahlungsmittel lief auf vier Beinen mit. Die meisten Beduinenfrauen besitzen Goldschmuck. Es ist ihre Mitgift und ihr einziges Gut. In den Erzvätergeschichten haben wir mit Rebekka ein Beispiel dafür gesehen: Abrahams Knecht schenkte ihr Schmuck, als er sie im Auftrag Isaaks umwarb, und sie verstand sehr schnell, worum es ging (Genesis 24,22). Im Scheidungsfall garantiert das Gold die weitere Existenz der Beduinenfrau.

Beduinen sind für ihre Gastfreundschaft bekannt. In ihrem Zelt ist jeder willkommen. Ein Gast bekommt sofort, ohne gefragt zu werden, Kaffee oder Tee und anschließend frisch gebackenes Fladenbrot mit Butterjoghurt angeboten. Wenn er bleibt, wird Fleisch serviert. Da Beduinen sich nicht einfach am Kühlschrank bedienen können, muss dafür ein Lamm oder sogar ein Rind geschlachtet werden. Eine Anmeldung des Besuches ist dafür nicht nötig, dreimal vor dem Zelt husten reicht aus. Spaß beiseite: Woher kommt diese Gastfreundschaft? In der Wüste ist jedes Zelt ein Hotel, Restaurant, Lazarett und eine Polizeistation. Wenn Menschen in der Wüste einander nicht helfen, überleben sie nicht.

Falls du eine besonders günstige Reise durch den Negev machen möchtest, huste immer vor der Ostseite eines Beduinenzeltes. Dort ist immer der Eingang. Innen ist jedes Zelt mit einer Stoffwand in zwei Bereiche geteilt. Der große Teil liegt im Norden und ist tagsüber für Gäste reserviert. Gäste sind immer Männer. Frauen kommen nur im Ausnahmefall mit. Sobald ein Gast kommt, verschwinden alle Frauen in den Südteil und kommen nur zum Servieren oder Abräumen. Im Südteil befindet sich die Küche, Gäste dürfen sie nicht betreten. Nachts schlafen alle grundsätzlich im Nordteil.

Lass uns mal eine bekannte Geschichte über Abraham mit dem Hintergrundwissen über Beduinenbräuche lesen. Es geht um die Geschichte, in der Sara, die bis dahin keine Kinder bekommen konnte, von drei Engeln des Herrn die Nachricht bekommt, dass sie Mutter werden wird: »Und der HERR erschien ihm bei den Terebinthen von Mamre, als er bei der Hitze des Tages am Eingang des Zeltes saß« (Genesis 18,1). An welcher Zeltseite sitzt er? Korrekt, wahrscheinlich im Osten. Es ist 15 Uhr, der Osten liegt schon im Schatten. Sobald Abraham die fremden Männer sieht, »lief er ihnen vom Eingang des Zeltes entgegen und verneigte sich zur Erde« (Genesis 18,2). Dann bettelt er sie fast an, in sein Zelt zu kommen, und sagt Sara gleich: »Nimm schnell drei Maß Mehl, Weizengrieß, knete und mache Kuchen« (Genesis 18,6). Bitte keine Schwarzwälder Torte vorstellen, eher ein einfaches Fladenbrot. Wir ahnen, was jetzt kommt: Er lässt ein Kalb schlachten. Die Männer fragen: »Wo ist deine Frau Sara?« Natürlich ist sie im Zelt. Als die Männer Saras Schwangerschaft ankündigen, lacht sie, weil sie alles hört. Logisch, denn die Zeltwände sind aus Stoff.

Was ist so schlimm an ihrer bisherigen Kinderlosigkeit? Kinder haben in dieser Kultur eine andere Bedeutung als in unserer Gesellschaft. Vor allem Söhne, weil die Töchter nach der Hochzeit die Familie verlassen und zur Familie ihres Mannes gehören. Die Söhne waren die Renten-, Kranken- und Pflegeversicherung und bei Bedarf eine eigene Armee. Viele Söhne bedeuten eine starke Familie. Keine Söhne hingegen eine bedrohliche Misere.

Auf den Spuren von Mose: Die Wüstenwanderung unter der Lupe

Wenn wir an den Auszug aus Ägypten denken, hat jeder eine ungefähre Vorstellung, worum es dabei geht. Nachdem ein neuer Pharao die Nachkommen der Söhne Jakobs zu Sklaven gemacht hat, führt Mose sie aus Ägypten und schleppt das murrende Volk 40 Jahre lang durch die Wüste, bis sie ins Gelobte Land kommen. Aber Moment, nicht so schnell. 40 Jahre sind eine lange Zeit und die Route und die Ereignisse unterwegs sind auf jeden Fall einen genaueren Blick wert.

Es ist gar nicht so einfach, die Route des Volkes Israel nachzuvollziehen, denn eine Wanderung hinterlässt keine Spuren. In den fast menschenleeren Wüsten bleiben kaum Ortsnamen erhalten. Lokalisierungen sind also viel schwerer als in Siedlungsgebieten. Und trotzdem können wir eine relativ konkrete Vorstellung von der Wüstenwanderung gewinnen, wenn wir die biblischen Angaben achtsam lesen und mit der Landschaft verbinden. Vielleicht hältst du die 40 Jahre, die das Volk Israel in der Wüste ver-

bringt, für vergeudete Jahre. Doch der Auszug aus Ägypten war so prägend für die weitere Entwicklung Israels, dass wir bewusst auf sein Erbe schauen sollten. Begeben wir uns zusammen zum Ausgangspunkt, an dem die Reise begann …

Wann war der Auszug aus Ägypten?

Auf diese Frage gibt es in der rabbinischen Tradition zwei Antworten. Ankerpunkt ist immer die Angabe zu Salomos Tempelbau im Jahr 480 nach dem Auszug: »im vierten Jahr der Regierung Salomos über Israel« (1. Könige 6,1). Und wann regierte König Salomo? Seder Olam Rabba datiert sein erstes Jahr auf 2924 nach der Weltschöpfung und damit den Auszug aus Ägypten auf 2448, sprich 1312 v. Chr. Seltener findet man die Rechnung auf Basis der nacheinander gezählten Richterjahre. Nach dieser war der Auszug um 1550 v. Chr. Die Forschung datiert Salomo auf die erste Hälfte des 10. Jh. v. Chr. Dann hätte der Auszug aus Ägypten um ca. 1450 v. Chr. stattgefunden.

Die Wüstenwanderung beginnt am nördlichen Nil und endet am Jordan. Klar ist, dass die Route durch die Wüsten Sinai, Negev, Edom und Moab führt, heute in Ägypten, Israel und Jordanien. Wie schon bei Jakobs Beerdigungsreise umgingen die Israeliten Judäa und das Tote Meer. Die Begründung für den Umweg steht in der Bibel: »Damit es das Volk nicht gereut, wenn sie Kampf vor sich sehen, und sie nicht nach Ägypten zurückkehren« (2. Mose 13,17). Sie vermeiden den direkten Weg über Gaza, weil dieses Gebiet besiedelt ist. Die internationale Fernstraße an der Küste (Via Maris) ist durch Befestigungssysteme gut abgesichert. Dort müssen sie mit Krieg rechnen. In der Wüste nicht.

Die Route durch die Wüste ist insgesamt rund 800 km lang. Wenn man täglich nur 8 km laufen würde, wäre man nach 100 Tagen am Jordan. Auch wenn man nur einmal pro Woche 8 km laufen würde, wäre man nach weniger als zwei Jahren angekommen. Wieso brauchten die Israeliten 40 Jahre? Das werden wir uns in diesem Kapitel genauer anschauen.

Am 15. Nissan (März/April) verlassen die Israeliten Ramses. Ramses war Ägyptens Hauptstadt und ist heute die bescheidene antike Stätte Per-Ramses im Nildelta, 100 km von Kairo entfernt. Am nächsten Tag erreichen sie Sukkot. Die Bedeutung dieses Ortsnamens, »Laubhütten«, kennen wir schon von Jakobs Reise zurück nach Kanaan, aber dieses Mal ist ein anderer Ort gemeint. »Laubhüttendörfer« gab es logischerweise viele. Dieses Sukkot liegt vielleicht im Gebiet des heutigen Ismailia am Ufer des Timsahsees, der heute in den Suezkanal integriert ist. Die Entfernung von knapp 60 km wäre zu viel für einen Wandertag, aber wenn man auf der Flucht ist und nicht nur tagsüber wandert, an der Grenze des Machbaren. Zwei Tage später sind sie »in Etam am Rande der Wüste« (2. Mose 13,20), einem ägyptischen Grenzort. Aber wo ist Ägypten zu Ende? Je nach Epoche waren die Ägypter auch im Sinai und sogar im Negev präsent. Im Timna-Tal bei Eilat steht bis heute ein ägyptischer Tempel für die Göttin Hathor aus den Tagen des Pharao Sethos I. (14.–13. Jh. v. Chr.). Das könnte der Pharao des Auszugs sein. Gewohnt hat dort kein Ägypter außer Kupferminenarbeitern. Der Sinai war eine Art Pufferzone zwischen Ägypten und Kanaan. Immer sehr dünn besiedelt, war er nicht eindeutig einem bestimmten Reich zuzuordnen. Etam wird am Ufer des Bittersees vermutet, 27 km südlich von Ismailia, heute ebenfalls am Suezkanal. Ab hier werden die Israeliten tagsüber von der Wolkensäule und nachts von der Feuersäule geführt (2. Mose 13,21). Sie gehen nach Süden. Eine Woche nach dem Aufbruch gemäß rabbinischer Auslegung öffnet sich das Meer bei Pi-HaHirot. Wo das genau liegt, wissen wir nicht. Allgemein geht die jüdische Tradition vom nordwestlichen Zipfel des Roten Meers aus. Im Altägyptischen bedeutet *Pi* »Haus« und *Wachira* »Obelisk«. Vielleicht wurden dort Obelisken hergestellt. Die

Breite des Roten Meeres variiert in dieser Region zwischen 10 und 30 km. An dieser Stelle tut Gott eines der größten Wunder in der Bibel. Auf der Flucht vor den Ägyptern durchquert das Volk Israel das Meer. Konkrete Spuren des Durchzuges durch das Meer hinterlassen die Verse 2. Mose 15,1-18. Dieser Text hat bei Juden den bekannten Namen *Schirat HaJam*, dt. »Gesang des Meeres«. Dieses Gedicht Moses ist einer der wichtigeren Texte in der jüdischen Liturgie und gehört zum Morgengebet. Zur Zeit des Zweiten Tempels sangen Leviten diese Verse, während sie das Brandopfer am Sabbatnachmittag darbrachten, erzählt uns der Talmud (Bab. Talmud Rosch Haschana 31,1). Am 7. Pessachtag wird der Text auch heute in Synagogen vorgelesen, in Tel Aviv und in Eilat besonders festlich am Strand.

Nach dem Durchzug erreichen die Israeliten Mara, wo sie das Wasser nicht trinken können, »denn es war sehr bitter« (2. Mose 15,23). *Mara* heißt »bitter«. Vermutet wird die Gegend südöstlich der Stadt Suez. Heute liegen hier die Bitterseen, aber entstanden sind sie erst 3 200 Jahre später durch den Bau des Suezkanals. Die nächsten Lagerplätze können wir nicht lokalisieren und müssen damit leben, dass sie irgendwo im südlichen und zentralen Sinai liegen. Nach genau einem Monat erreicht das Volk die Wüste Sin. Wieder wissen wir nicht, welcher Teil Sinais gemeint ist. Ab jetzt werden sie mit Wachteln und Manna versorgt, nachdem sie den Fleischtöpfen in Ägypten hinterherweinten (2. Mose 16).

Zwei Monate und zwei Tage nach dem Aufbruch erreichen sie gemäß der Auslegung Refidim, das am häufigsten mit Wahat Fayran in Verbindung gebracht wird, Sinais größter Oase. Bisher haben die Israeliten 400 km zurückgelegt. Dafür bräuchte man drei Wochen. Dass sie neun Wochen brauchten, zeigt, dass sie gelegentlich gerastet haben. In Refidim kommt es zum Streit. Das Volk hat Durst und hinterfragt Moses Idee, sie aus Ägypten herauszuführen. Auch er hat die Nase voll. Wie von Gott angewiesen, schlägt auf einen Felsen und holt auf wundersame Weise Wasser heraus (2. Mose 17,6). Man kann verstehen, warum das Volk wütend ist: Je weiter sie laufen, desto rauer wird die Landschaft im Granitgebirge ohne Bewuchs. Die einzigen Bäume sind hier wenige Akazien in Regenbächen, die fast nie auch nur einen Tropfen Wasser führen. Ohne Wasser ist jeder weitere Schritt eine Qual!

Das Volk ist also am Ende seiner Kräfte und ausgerechnet zu diesem Zeitpunkt werden sie überfallen. In Refidim findet der erste Krieg der Israeliten statt, gegen die Amalekiter. Dieses uns nur aus der Bibel bekannte Volk lebte im Sinai, im Negev und in Edom. Ihre Angriffe, ausgerechnet gegen die Schwächsten am Ende der erschöpften, wandernden Menschenmenge auf ihrer Flucht waren so gemein, dass die Erinnerung daran in ein Gebot gefasst wurde (5. Mose 25,17). »Amalek« wurde zum Inbegriff des Feindes Israels in allen Epochen. Heute steht dieser Vers meistens in Zusammenhang mit der Erinnerung an den Holocaust, Amalek ist inzwischen eine indirekte Bezeichnung für Nazi-Deutschland geworden. Banner, Aufkleber und Briefmarken zitieren den Vers und gebieten die Erinnerung.

DER BERG SINAI

Was erhielt Mose auf dem Berg Sinai eigentlich? Die »Worte Gottes«, die er hörte, sind viel mehr als nur die Zehn Gebote und erstrecken sich über mehrere Bibelkapitel. Die rabbinische Tradition besagt, dass die ganze Tora am Berg Sinai geschrieben wurde: »Moses erhielt die Tora vom Sinai und übergab sie Josua; Josua den Ältesten; die Ältesten den Propheten und die Propheten den Männern der Großen Versammlung« (Mischna Avot 1,1). Spätere Auslegungen waren der Meinung, dass nicht alle fünf Bücher der Tora durch Mose geschrieben wurden, sondern nur Teile, die bestimmte Gebote enthalten, insbesondere Opfer-, Reinheits- und Festtagsgebote. Diese Teile werden fast 900 Jahre später bei Nehemia ausdrücklich als »Tora des Mose« genannt (Nehemia 8,1). Mose schrieb jedenfalls ein Buch (5. Mose 31,24). Als ich zum ersten Mal gehört habe, dass die Tora im Deutschen als »Gesetz« bezeichnet wird, war ich frustriert. Diese Übersetzung kommt jedoch nicht nur in der deutschen Sprache vor. So übersetzten schon Juden der Antike das Wort ins Griechische. Dabei beinhaltet die Tora so viel mehr als nur Gesetze. Der hebräische Wortstamm bedeutet »Weisung« und wird für »Kunde« und »Lehre« verwendet. Wenn man über »die« Tora spricht, meint man immer die fünf Bücher Mose.

Zu den prominentesten Orten der Wüstenwanderung gehört der Berg Sinai, auch als Horeb bekannt. Hier spricht Gott zu Mose und übergibt ihm die Zehn Gebote. Obwohl die göttliche Offenbarung am Berg Sinai eines der dramatischsten Ereignisse der Bibel ist, gibt die Bibel keine so genaue Auskunft über die Lage des Ortes. Forscher ziehen verschiede Orte in Betracht. Für viele ist der sogenannte »Moseberg« an der Südspitze des Sinais der richtige. Kaiser Justinian I. ließ dort um 527 ein Kloster bauen und machte den Berg berühmt. Aber das belegt noch nichts. Mindestens vier andere Berge wurden von Forschern vorgeschlagen. Auf einen möchte ich genauer eingehen, weil er umfassend erforscht ist: der Berg Karkom. Prof. Emmanuel Anatis Veröffentlichungen sorgten für ein erhöhtes Interesse und brachten Besucher zu dem bis dahin eher unbekannten Berg, 10 km östlich der israelisch-ägyptischen Grenze. Der kleine Tafelberg sieht aus wie ein

Tisch und ist nur 300 m höher als seine Umgebung. Trotzdem kann er aus größeren Entfernungen leicht gesehen werden. Ich konnte ihn sogar vom 70 km entfernten Edom in Jordanien aus erkennen. Seine Sichtbarkeit machte ihn zu einem bekannten Ort unter den Wüstenbewohnern. Die Beduinen nennen ihn *Dschabal 'Idid*, dt. »Berg der Feste«, weil er Treffpunkt für Großveranstaltungen war. Erst durch die Entstehung moderner Staatsgrenzen wurde er für die Beduinen aus dem Sinai und Jordanien unzugänglich und verlor an Bedeutung. Dass sich hier viele Menschen aufhielten, zeigen die nicht weniger als 44 000 Felsenmalereien.

Es gibt spannende Verbindungen der Felsenmalereien zu biblischen Inhalten. Neben Naturmotiven, Bogenschützen oder Menschen in betender Haltung sind auch Tiere wie Schlangen oder Skorpione erkennbar. So beschreibt auch die Bibel in 5. Mose 8,15 »feurige Schlangen und Skorpione«. Ein wiederkehrendes Motiv der Felsenmalereien ist ein Stab, vielleicht im Zusammenhang mit Moses Stab, der zur Schlange wurde (2. Mose 7,15).

Die Felsenmalereien sind in die Patina (man könnte sie als Felsenrost beschreiben) eingeritzt. Man kann sie auf die Zeit zwischen dem 4. Jahrtausend v. Chr. bis zum 1. Jh. n. Chr datieren. Auf dem Berg selbst gibt es kaum Gebäuderuinen, er war nie fest besiedelt. Nomadische Besucher haben hier gemalt, weil es eine Pilgerstätte war. Vielleicht nahm das Volk Israel die Heiligkeit des Ortes durch seine viel ältere Tradition leichter an, sagt Anati. Wenn der Berg wirklich Horeb ist, stammen sicher manche Felsenmalereien von den Israeliten selbst.

Zwei Zeichnungen bekamen mehr Aufmerksamkeit als alle anderen. Eine stellt einen siebenarmigen Leuchter dar, heb. *Menora*. Gott befahl Mose, einen solchen anzufertigen (2. Mose 25,31-32). Die Menora, die der Stiftshüttenbaumeister Bezalel schmiedete (Exodus 31,2-8), diente als einzige Lichtquelle im Heiligtum. Für den späteren Tempel ließ König Salomo zehn solcher Leuchter herstellen (1. Könige 7,49). Auch im Zweiten Tempel stand eine Menora. Sie wurde zum jüdischen Symbol schlechthin, Jahrtausende vor dem Davidstern. Am Titusbogen, der Roms Sieg über die Juden verewigt, sieht man sie als Kriegsbeute dargestellt. Manche gehen davon aus, dass sie sich bis heute in den verschlossenen Katakomben des Vatikans befindet. Vielleicht könnte man den Papst mal fragen. Die Menora vom Berg Karkom ist jedenfalls eine der ersten.

Die zweite besondere Zeichnung ist ein Rechteck, unterteilt in zehn kleine Kästchen. Oben gibt es zwei Bogenhälften. Laut Anati könnte das eine Darstellung der Gesetzestafeln sein. Die zehn Rechtecke sollen die Zehn Gebote symbolisieren.

Tanach und Stufen der Heiligkeit

Christen verwenden den Begriff »Bibel« für die Kombination des »Alten Testaments« und des »Neuen Testaments«. Juden ist das Neue Testament im Regelfall fremd. Für sie ist die Bibel nur das Alte Testament, wobei sie diese Bezeichnung nicht kennen. Auf Hebräisch sagen wir *Tanach*. Dieser Begriff ist ein Akronym dreier hebräischer Worte: T für Tora, N für Propheten, CH für Schriften. Diese dreiteilige Gliederung war auch für Jesus eine Selbstverständlichkeit (Lukas 24,44). Er spricht von Psalmen anstatt Schriften, aber das überrascht nicht. Die Psalmen sind der erste und der Hauptteil der Schriften. Die rabbinische Tradition unterscheidet drei Stufen der Heiligkeit. Die Tora ist am heiligsten, weil sie nach traditionellem jüdischen Verständnis von Gott durch Mose geschrieben wurde. Ihr folgen die Propheten als göttlich vermittelte Menschenwerke, gefolgt von den Schriften, die von Menschen in der Inspiration des Heiligen Geistes geschrieben wurden.

LEVITEN UND PRIESTER

Weitere elfeinhalb Monate bleiben die Kinder Israels am Berg Sinai. In dieser Zeit bauen sie die Stiftshütte, einen mobilen Tempel, und führen die Sonderfunktion des Stammes Levi ein. Dieser Stamm wurde in zwei Gruppen unterteilt: Aarons Nachkommen und alle anderen. Aaron wurde Israels erster Priester. Die Priester sind für den Gottesdienst zuständig. Sie bekamen materielle Privilegien, wie z. B. die Versorgung mit Speisen, wurden aber auch strengen Einschränkungen unterstellt. In Kontakt mit Toten dürfen sie nur kommen, wenn es ihre Blutsverwandten sind (3. Mose 21,1-2), was ihnen den Friedhofsbesuch unmöglich macht. Ein Priester durfte auch keine Geschiedene heiraten. Leviten sind Nachkommen Levis, die nicht aus dem Samen Aarons stammen. Sie waren zuständig für viele Aufgaben rund um das Heiligtum, wie die Überwachung der Opfergaben oder das Vorsingen und Vorlesen währenddessen, begleitet von einer Harfe, einer Geige und einer Zimbel. Für jeden Wochentag gab es bestimmte Lieder und auch jeder Feiertag hatte ein spezielles Lied (Mischna Tamid 7,4). Alle diese Lieder können wir in der Bibel im Buch der Psalmen finden. Obwohl es heute keine Stiftshütte und keinen Tempel und somit auch keine Priester oder Leviten mehr gibt, gelten die Einschränkungen immer noch. Priester und Leviten erkennt man heute an ihren Nachnamen: *Cohen* ist heb. »Priester«, *Levi* »Levit«. Wer so heißt, stammt aus einem Priester- bzw. Levitengeschlecht. Beide Namen sind unter Juden in aller Welt weit verbreitet und existieren in vielen weiteren Varianten bis hin zu Kaganitzki und Levinski. An den Eingängen jüdischer Friedhöfe stehen Warnschilder mit der Aufschrift: »Zutritt für Priester und Leviten verboten«. Ein Herr Levinski sollte also draußen bleiben. Herr Kaganitzki wird auch heute in Israel keine geschiedene Frau heiraten können.

DIE 12 KUNDSCHAFTER

Vom Berg Sinai ziehen wir mit den Söhnen Israels 30 Tage lang durch die Wüste Paran. Üblicherweise lokalisiert man diese unweit des Berges Karkom. Von hier aus sendet Mose die 12 Kundschafter aus, um das verheißene Land zu erkunden. Er gibt ihnen genaue Anweisungen: Sie sollen in Südjudäa ins Gebirge steigen (4. Mose 13,17). Sie gehen also in Richtung Hebron. An diesem Punkt blickte Abraham einst in die Wüste und ließ das fruchtbare Land hinter sich. Die Kundschafter kamen aus der Wüste und blickten ins grüne Gebirge.

Welches Gebiet Israels erkunden sie? Sie kamen »von der Wüste Zin bis Rehob, von wo man nach Hamat geht« (4. Mose 13,21). Eben wurde gesagt, dass die Kundschafter aus der Wüste Paran kamen, weshalb ist jetzt die Rede von Zin? Zin muss der nördlichste Teil des Negev sein, südwestlich von Beerscheba. Paran und Zin waren benachbarte Landschaften, die wir heute dem »Negev« zuordnen. »Wüste« ist nicht gleich »Wüste«. Schnell stellt man in der Wüste fest, dass sie sehr unterschiedlich aussehen kann. Früher hat man den Negev wohl feiner unterteilt. Die meisten Wüstenteile wurden nach prägenden Landschaftsmerkmalen benannt. »Zin« war eine von vier Palmensorten (Bab. Talmud Baba Bathra 69,2) und besonders dornig. Elieser Ben Jehuda, Erneuerer der hebräischen Sprache in der Moderne, übersetzte *Zin* mit »Dorn«. Vielleicht bekam die Wüste Zin ihren Namen von ihren spitzen Felsenformationen, vielleicht aber auch von dornigen Halbsträuchern, die dort vorkommen. Über Judäa und Samarien erreichen die Kundschafter *Rechov*, in Übersetzungen »Rehob«. Dieses Wort bedeutet »Straße«, aber auch ein paar Städte hießen so. Eine von ihnen lag im Jordantal und markiert die Ostgrenze des verheißenen Landes. Ihr Tel unweit von Beit Schean ist bekannt. Die Fortsetzung der Übersetzung, »von wo man nach Hamat geht«, wie wir sie im Vers lesen, zeigt, dass der Übersetzer das Land nicht gut genug kennt. Er hat den Ortsnamen Levo Hamat übersetzt, statt ihn zu übernehmen. Levo Hamat steht in der Bibel für Kanaans Nordgrenze und ist das heutige Laboueh im Nordostlibanon. Der Vers sagt also, dass die Kundschafter ganz Kanaan erkundeten, von der Süd- über die Ost- bis zur Nordgrenze. Die Westgrenze ist selbstverständlich das Meer.

Die Kundschafter gehen am 28. Sivan im 2. Wüstenzugjahr los, das ist Ende Juni / Anfang Juli. 40 Tage später ist Weinlesezeit und sie kehren mit besonders großen Weintrauben zurück. Rund um Hebron werden bis heute viele Tafeltrauben, Granatäpfel und Feigen angebaut. Keine Überraschung, dass die Kundschafter neben der Weinrispe auch Granatäpfel und Feigen mitnehmen. Es ist die letzte fruchtbare Gegend auf ihrem Rückweg. Die Kundschafter gelten als die ersten »Touristen« des Landes. Deswegen entschied sich das israelische Tourismusministerium für ein Logo, auf dem zwei Männer mit einer überdimensionalen Weinrispe zu sehen sind. Übrigens, das biblische Wort für »auskundschaften« hat denselben Wortstamm wie »Tourist«.

MILCH UND HONIG

Diese Männer bestätigen, was Gott Mose über das verheißene Land mehrfach ankündigte: Es ist ein Land, in dem Milch und Honig fließen. Wie sollen wir diese häufig zitierte Redewendung verstehen? Übersetzung und Landeskenntnis sind gefragt. Ganz ehrlich: Wer hat nicht das Bild von Bächen aus Milch und Honig im Kopf, die sich ihren Weg durchs Land bahnen? Das Wort »triefen« würde wohl besser passen. Ein »von Milch und Honig triefendes Land« ist ein reiches, gesättigtes Land. Wie meistens in der Antike ist »reich und gesättigt« auf den landwirtschaftlichen Ertrag bezogen. Weshalb wurden ausgerechnet Milch und Honig betont? Die Bibel beschreibt sieben Pflanzenarten, mit denen das Land gesegnet war: Weizen, Gerste, Wein, Feigen, Granatäpfel, Oliven und Datteln (5. Mose 8,8). Auch diese Früchte hätte man repräsentativ nennen können, aber Milch und Honig sind Produkte, die uns viel mehr über das Land erzählen. Für die Milchviehwirtschaft braucht man Weideland. Weideland gibt es nur dort, wo die Vegetationsdecke dicht genug ist, eine Seltenheit im Nahen Osten. Wir sind durch die Kultur geprägt, in der wir leben, und denken deshalb meist automatisch an Kuhmilch, aber Kühe brauchen ein noch grüneres Land, als es in den meisten Regionen Israels gibt. Die Milch der Bibel ist Ziegen- und Schafmilch. Vor allem Ziegen kommen mit bescheidenen Weideverhältnissen klar. Der Talmud beschreibt eine bildliche Vorstellung mancher Rabbiner zum Ausdruck »Milch und Honig«: Sie stellen sich vor, wie Ziegen unter Feigenbäumen liegen, während Milch aus ihren Eutern tropft (Bab. Talmud Kethuboth 111,2). Sie gingen selbstverständlich von Ziegenmilch aus. Und der Honig? Aus der wörtlichen Übersetzung »ein Land, in dem Ölbäume und Honig wachsen« (5. Mose 8,7-8) wird klar: Wir müssen uns vom Bienenhonig verabschieden, Bienenhonig »wächst« nicht. Der biblische Honig ist Dattelsirup, seltener auch Feigen- und Traubensirup. Er wird durch das Kochen und Entsaften der Frucht gewonnen. Auf Hebräisch heißen Dattelsirup und Bienenhonig gleich, *Dvasch*. Hier hilft uns das Arabische. *Dibes*, vom selben Wortstamm wie *Dvasch*, bezeichnet nur Früchtesirup.

Dattelpalmen lieben extreme Hitze und bringen kaum Frucht, wenn es nicht permanent heiß ist. Darum liegen die großen Dattelplantagen im heißen Jordangraben. Die Dattelpalmen brauchen nicht nur Hitze. Sie sind keine Wüsten-, sondern Oasenpflanzen, ihre Wurzeln müssen immer Wasser erreichen. In der Natur wachsen sie an Stellen mit hohem Grundwasserspiegel. In der modernen Landwirtschaft wird das Wasser zu ihnen gebracht. Unvorstellbar, aber eine einzige Dattelpalme verbraucht an einem Sommertag bis zu 1000 Liter Wasser. Hitze und Wasser gibt es in Israel selten am gleichen Ort, aber an einigen Stellen im Jordantal schon. Nicht grundlos heißt Jericho »die Palmenstadt«. Im 15 km entfernten Qumran wurden mehr als 100000 Dattelkerne auf einer 5 x 12 m großen gepflasterten Fläche ausgegraben. In dieser nahezu industriellen Anlage produzierte man bis ins 1. Jh. n. Chr. Dattelhonig. Was macht Dattelhonig so toll? Seine 70 Prozent Zuckeranteil. In einer zuckerlosen Welt war das der Süßstoff schlechthin. Die Nachfrage war praktisch endlos, wer ihn herstellte, wurde reich. Der Ausdruck »ein Land, in dem Milch und Honig fließen« ist also gar nicht so weit hergeholt, wie man annehmen könnte. Im damaligen Kontext war jedem klar: Hier ist von einem reichen Land die Rede.

Regen als Segen und Fluch

Mose charakterisiert das verheißene Land anhand der Bewässerungsweise (5. Mose 11,10-12). Anders als in Ägypten, wo es fast nie regnet und die Landwirtschaft auf Bewässerung vom Nil angewiesen ist, herrscht in Kanaan mediterranes Klima. Hier basiert die Landwirtschaft auf Regen. Regen ist Segen, aber die Abhängigkeit von ihm kann zum Fluch werden. Sollte sich das Volk nicht an Gott halten, würde Gott den Regen stoppen, warnt er. Besonders wichtig sind der Frühjahrs- und Herbstregen. Im Hebräischen haben sie eigene Namen. Bei beiden ist vor allem das Timing wichtig. Ob die Anbauperiode von September bis Mai oder von Dezember bis Februar andauert, ist ein riesiger Unterschied.

IN EDOM

Nach der Rückkehr der Kundschafter lagern die Israeliten an verschiedenen Lagerplätzen, die wir alle nicht genauer lokalisieren können als allgemein im zentralen und südlichen Negev sowie in der jordanisch-saudischen Grenzregion. Das Bergland von Eilat und Wadi Rum können uns eine Vorstellung der Landschaft vermitteln: Berge und Felsen in Rot und Gelb, ab und zu Akazien.

Nach manchen der Lagerplätze wurden israelische Ortschaften wie Yotvata und Avrona benannt, ohne allerdings zu wissen, wo sie ursprünglich lagen. Der 32. Lagerplatz ist uns archäologisch bekannt, Ezion-Geber. 100 m östlich der

Grenze zwischen Eilat und Aqaba liegt der zugehörige Tel el-Khalifa. Eilat und Aqaba sind heute beliebte Bade- und Urlaubsorte am Roten Meer, mit vielen Hotels, Pools und Shoppingmalls. Wenn die Kinder Israels gewusst hätten, dass sie nur noch 3300 Jahre warten müssten, um am selben Ort einen Luxusurlaub zu verbringen, hätte das vielleicht ihre Laune gehoben. Mit ein wenig Glauben und Fantasie hätten sie sich die Kitesurfer und Taucher des 21. Jahrhunderts vorstellen können. Stattdessen sind sie weitergezogen und auch wir ziehen mit ihnen weiter durch die Geschichte.

Unser nächster Lagerplatz ist einer der wichtigeren: Kadesch. Der Wortstamm bedeutet »heilig«. Keine Überraschung, dass es im gesamten Nahen Osten mehrere Kadeschs gab, ähnlich wie »St.-…« in Europa. Im Wüstenzug werden sowohl Kadesch-Barnea als auch Kadesch erwähnt. Rabbiner waren sich im Laufe aller Generationen einig, dass das zwei verschiedene Orte sein müssen. Während Kadesch-Barnea im ägyptischen En el-Quderat lokalisiert wird, wird Kadesch mit

Qadisiya 40 km nördlich von Petra identifiziert. Schon im 1. Jh. lokalisierte der Geschichtsschreiber Flavius Josephus Kadesch in der Gegend von Petra.[7] Der heutige Name Qadisiyya ist die Transformation von Kadesch ins Arabische. 1500 m ü. NN sorgen hier für Kälte. Selbst im April kann die Temperatur nachts auf den Gefrierpunkt fallen. Oben ist man auf einem Hochplateau, nach Westen fällt es auf malerische Weise steil ab. In Kadesch stirbt Moses Schwester Mirjam, hier wird sie begraben. Höchstens vier Monate später stirbt auch Aaron, der Mittlere der Geschwister. Er ist die einzige biblische Person, deren Todestag angegeben wird, der 1. Av (Juli/August). Aus dem 4. Jh. n. Chr. haben wir eine schriftliche Überlieferung über ein Mirjam-Grab als jüdischem Wallfahrtsort bei Petra. Aaron starb auf dem Berg Hor. Sein traditionelles Grab ist uns bis heute bekannt und liegt auf dem markanten *Jabal Harun*, dt. »Aaronberg«, bei Petra. Dass der Berg Hor am Rand des Landes Edom (4. Mose 33,37) lag, passt zu dieser Überlieferung. Auch darüber schreibt Josephus: »Nachdem das Heer so von der Leichentrauer um seine Schwester gereinigt war, führte Moyses es nebst dem ganzen Tross durch die Wüste und Arabien weiter. Als man nun zu einem Orte gelangt war, den die Araber für ihre Hauptstadt ansehen, einstmals Arke, jetzt aber Petra genannt, bestieg Aaron einen Höhenzug, der die Stadt umgab.«[8] Kirchenvater Eusebius von Cäsarea bestätigt diese Begräbnisstätte Aarons. Die Einheimischen nennen nicht nur die Ortschaft selbst Qadisiyya, sondern auch die gesamte Gegend nordöstlich von Petra. Arabische Traditionen, Erzählungen und Ortsnamen verbinden biblische Geschichten rund um Kadesch mit dieser Gegend. Das Dorf bei Petra heißt *Wadi Musa*, dt. »Mose-Schlucht«. Die Dorfquelle wird als der von Mose geschlagene Fels verehrt und ist nach ihm benannt. Falls dir diese Begebenheit bekannt vorkommt, täuscht dich dein Gefühl nicht: Mose hat zweimal auf einen Felsen geschlagen, damit Wasser herauskommt. Das erste Mal in Refidim und zum zweiten Mal würde die Gegend von Petra passen (4. Mose 20,1-13).

38 VON 40 JAHREN

Aaron starb im 40. Jahr der Wüstenwanderung. Seit der letzten Jahresangabe sind 38 Jahre vergangen. Ein Rückblick bestätigt die Rechnung: »Die Tage aber, die wir von Kadesch-Barnea gegangen sind, bis wir über den Bach Sered zogen, waren 38 Jahre« (5. Mose 2,14). Als Bach Sered wird der Wadi el-Hassa identifiziert, eine markante Schlucht am südöstlichen Toten Meer. Es ist der erste ganzjährig wasserführende Bach, dem die Israeliten auf der Wüstenwanderung begegnen. Die meisten von ihnen haben so etwas noch nie in ihrem Leben gesehen. 38 Jahre verbrachten sie in einem 130 km breiten Areal, nicht gerade groß. Warum? Sie mussten abwarten, bis die Generation ausgestorben war, die Gottes Versprechen angezweifelt und nicht genügend geglaubt hatte (4. Mose 14,22-23). Als ich zum ersten Mal von Jesu Heilung am Teich Bethesda (Johannes 5,1-15) gelesen habe, musste ich gleich an den Wüstenzug denken. 38 Jahre wartet der Kranke und kommt nicht ans Wasser, bis ihm Jesus klarmacht, dass er das wie einen Götzen verehrte Wasser nicht braucht. Ich bin sicher, dass Jesus und die anderen Juden am Teich Bethesda auch an die vergeudeten 38 Jahre des Wüstenzuges dachten. Die Anspielung liegt auf der Hand.

DAS DRAMATISCHE 40. JAHR

Nun haben wir eine gewisse »Ordnung« in die 40 Jahre gebracht. Rahmen wir noch einmal kurz den Ablauf ein. Nach fast zwei Monaten waren die Israeliten schon am Berg Sinai, wo sie ein knappes Jahr blieben. Schon am Anfang des zweiten Jahres wurden die Kundschafter ausgesandt. 38 weitere Jahre warteten sie in einem relativ kleinen Areal als Strafe ab. Nun sind wir im 40. Jahr angekommen. Es ist nicht nur Zeit, Gas zu geben, sondern gleich ein paar Gänge hochzuschalten. Noch dieses Jahr werden sie das verheißene Land betreten.

Ab jetzt können wir die Route der Israeliten ziemlich genau nachvollziehen, denn nun folgen sie der Königsstraße. Hier hört die Wüste auf und die fruchtbaren Hochplateaus im heutigen Jordanien beginnen. Doch das bewohnte Land, das sie nun betreten, wird verteidigt: Kriege stehen vor der Tür. Weil Edoms König die Fremden nicht durchlässt, gehen sie bergab in die Arava-Senke und wollen das Tote Meer von Süden umgehen. Hier greift sie Arads König an. Seine Stadt liegt 8 km westlich der heutigen gleichnamigen Stadt. Die Israeliten siegen. Gestärkt bewegen sie sich auf der Königsstraße nordwärts. Sie überqueren den Bach Arnon, heute arab. El-Mudschib, östlich des Toten Meeres. Seine 5 km breite und 700 m tiefe Schlucht ist gewaltig, wie eine Vorstufe des Grand Canyon. Wie die Sered-Schlucht war auch die Arnon-Schlucht eine politische Grenze. Der Sered trennte die Königreiche Edom und Moab, der Arnon Moab vom Amoritergebiet. Die Amoriterhauptstadt Heschbon ist der heutige Tel Hesban, 7 km südlich der Totes-Meer-Amman-Autobahn. Auch hier kommt es zum Krieg, den Israel gewinnt. Das benachbarte Reich Ammon, heute Jordaniens Hauptstadt Amman, können sie nicht einnehmen.

Mit den weiteren Eroberungen im heutigen Nordjordanien ist die Wüstenzeit endgültig vorbei. Sie sind im bewaldeten und kühlen Bergland Gilead angekommen. Insgesamt eroberten die Israeliten einen 140 km langen Höhenzug vom Toten Meer bis zu den Golanhöhen. Der entscheidende Kampf um den Norden fand in Edrei statt, dem heutigen Der'a in Südsyrien. Noch sind sie nicht im verheißenen Land, aber was soll mit dem Land passieren, das ihnen die Kriege brachten?

Wie häufig in eroberten Gebieten verliebten sich manche Israeliten in die fruchtbaren Landschaften östlich des Jordan. Noch ist kein Jahr seit der Eroberung vergangen, doch die Stämme Gad und Ruben bitten die Führung um Erlaubnis, hierzubleiben. Ihr »Wir-bleiben-dann-mal-hier« und »Ihr-könnt-euch-um-den-Rest-kümmern« wird erst einmal abgelehnt. Doch nachdem sie sich zum Kampf im verheißenen Land verpflichten, dürfen ihre Kinder und Frauen schon bleiben. Die Hälfte Manasses wählt ebenfalls dieses Modell. Zur Unterteilung der drei Stammesgebiete dienen die markantesten Naturgrenzen: Nördlich des Jabbok lebt der halbe Stamm Manasse, vom Jabbok bis zur Heschbon-Schlucht Ruben und von dort bis zum Arnon Gad. Die meisten Orte, die diese Stämme bauten (4. Mose 32,34-42), sind uns heute noch mit kaum veränderten Namen gut bekannt.

Auch außerbiblische Quellen geben Auskunft über die Besiedlung östlich des Jordan zu jener Zeit. Der kanadische Archäologe Dr. Larry Herr untersuchte ein paar Siedlungen, die vom 13.-12. Jh. v. Chr. auf dem Hochplateau östlich des Toten Meeres gegründet wurden. Im Gegensatz zu den kanaanäischen Nachbarn benutzten ihre Bewohner Kragenrandbehälter.

Kragenrandbehälter

So nennt man einen bestimmten Typ von Tonkrügen, die man für Wasser, Wein und Öl benutzt hat, ca. 1 m lang mit 70 cm Durchmesser. Kragenrandbehälter hatten nur Israeliten. Typisch sind sie für Judäa und Samarien zwischen 1150 und 1000 v. Chr.

So zeigt uns die Archäologie, was in der Bibel berichtet wird: Schon vor dem Betreten des verheißenen Landes siedelten Israeliten östlich des Jordan.

WO BEGINNT DAS VERHEISSENE LAND?

Wenn sich zweieinhalb Stämme östlich des Jordan niedergelassen haben, wo »beginnt« dann das verheißene Land? Im Judentum werden mehrere Grenzen des Landes Israel unterschieden. Die Grenzen der Verheißung basieren auf den Angaben in 1. Mose 15,18 und verlaufen von Ägypten bis zum Euphrat. Dann haben wir die »Grenzen der Einwanderer Ägyptens« in 4. Mose 34,1-12. Sie umfassen mehr oder weniger die fruchtbaren Gebiete Israels mit Großteilen des heutigen Libanon. Schließlich gibt es noch die »Grenzen der Einwanderer Babyloniens«, die ein etwas kleineres Areal umfassen.

Die Frage, welche Grenzen entscheidend sind, war für Juden immer sehr wichtig, und zwar nicht aus politischen Gründen, sondern wegen der landabhängigen Gebote. Manche Gebote gelten nur im Land Israel. Sie betreffen die Landwirtschaft, wie z. B. *Pe'a* (Feldränder werden nicht abgeerntet), *Orla* (Obst wird erst ab dem vierten Jahr gegessen), *Tevel* (von landwirtschaftlichen Erzeugnissen wird erst nach Abgaben wie dem Zehnten gegessen) und *Schevi'it* (Erlassjahr). Alle anderen Gebote sind »leibabhängige Gebote«.

Sie gelten für alle Juden weltweit. Im Laufe der Geschichte haben Rabbiner entschieden, dass die »Grenzen der Einwanderer Babyloniens« für die landabhängigen Gebote maßgeblich sind, mit wenigen Ausnahmen mancher Bräuche. Die landabhängigen Gebote gelten nur für Regionen des verheißenen Landes, die von einer jüdischen Mehrheit bewohnt sind. Samarien zur Zeit Jesu war z. B. ausgenommen. In der Mischna befasst sich der gesamte Traktat Schevi'it mit seinen zehn Kapiteln mit diesen Fragen. Seit der frühislamischen Zeit im Land Israel (7. Jh. n. Chr.) verloren die landabhängigen Gebote an Relevanz. Juden wurden nach und nach zur Minderheit. Erst mit der Erneuerung jüdischer Landwirtschaft in der Moderne kam die Frage auf, ab wann und in welcher Form wieder landabhängige Gebote geltend gemacht werden sollten. Wie es sich bei Juden gehört, kam es zu einem Streit, in dem man sich bis heute nicht einig ist. Die religiösen Zionisten sind der Meinung, dass das gesamte Gebiet des Staates Israel samt den militärisch gehaltenen Zonen maßgeblich ist, die orthodoxen Juden bleiben bei den Grenzen der Einwanderer Babyloniens. Für sie befindet sich ein jüdischer Landwirt in der Arava außerhalb der Grenzen und ist von den landabhängigen Geboten befreit, obwohl er in Israel lebt. Generell nimmt man die landabhängigen Gebote in Israel ernst. Alle landwirtschaftlichen Produkte tragen ein Siegel mit dem Text »ohne Tevel-Bedenken«, »ohne ‘Orla -Bedenken« und »ohne Schevi‘it-Bedenken«.

MOSE SCHREIBT SEIN LETZTES BUCH

Während zweieinhalb Stämme ihre neue Heimat auf Moabs und Gileads Höhen gefunden haben, warten die neuneinhalb Stämme in ihrer letzten Lagerstätte in den Steppen von Moab, am Jordan gegenüber Jericho (4. Mose 33,48). »Steppen« ist die Übersetzung von *Aravot*. Gemeint ist immer trockenes Flachland in der Niederung. Es gibt sogar eine genaue Eingrenzung der Lagerstätte von Bet-Jeschimot bis Abel-Schittim (4. Mose 33,49). Beide Ortschaften liegen gemäß Talmud zwölf Meilen (18 km) voneinander entfernt (Jer. Talmud Shebiith 6,1). Unklar ist, wo Abel-Schittim liegt. Einige Forscher schlagen das jordanische Dorf Kafrayn vor. Seine Namensbedeutung »zwei Dörfer« weist auf einen früheren Zusammenschluss zweier Dörfer hin. Flavius Josephus lokalisiert es in Avili, einem Ort, den es zu seinen Lebzeiten noch gab. Nach seinen Angaben liegt es in einer Entfernung von 60 aneinandergereihten Fußballstadien vom Jordan, umgerechnet 11,3 km. Damit wären wir in der Tat bei dem Ort Kafrayn. Bet Jeschimot ist das heutige Swemeh, in dessen Namen der Wortstamm erhalten blieb. Das Dorf liegt direkt neben dem Mövenpick-Resort im Norden des Toten Meers. Schon das zweite Mal, dass den Israeliten auf ihrer Reise so etwas »passiert«. Doch sie warteten nicht auf das 21. Jahrhundert, sondern darauf, dass Mose mit seinem neusten Buch fertig wurde, dem fünften.

Darin beschäftigt sich Mose mit einem Rückblick auf die Wüstenwanderung, aber vor allem mit der Vorbereitung des Volkes auf die Zukunft im eigenen Land. Er arbeitet an den Grundsätzen, an einem Vertrag mit drei Parteien: Gott, Volk, Land. Wenn sich das Volk an die Abmachungen hält, bekommt es von Gott das Land. Wie in jedem Vertrag gibt es auch hier das Kleingedruckte, die Konsequenzen eines Vertragsbruchs. In diesem Fall würde zuerst der Regen ausbleiben und die Israeliten würden verarmen, danach würden sie aus dem Land vertrieben werden (5. Mose 11,16-17).

GOTTES ERINNERUNGSHILFEN

Damit sie sich ständig an ihn erinnern, gebietet Gott den Israeliten drei »Erinnerungshilfen«: Gebetsriemen, Haussegen und Quasten.

Gebetsriemen, Haussegen und Quasten

Gebetsriemen, heb. *Tfilin*, sind zwei Lederkästchen, die eine Schriftrolle mit ausgewählten Bibelstellen enthalten. Der Haussegen, heb. *Mesusa*, ist ein Kästchen am Türpfosten, der eine ähnliche Schriftrolle enthält. Er erinnert zudem an die Markierung der israelitischen Häuser mit Lammblut bei der letzten Plage in Ägypten. Quasten sind Schnüre an den Kleiderzipfeln. Die Quastenpflicht gilt nur bei Kleidern mit vier Zipfeln. Man braucht also ein spezielles Gewand, wenn man Quasten tragen will, da moderne Kleider keine vier Zipfeln haben.

Für das Tragen von Gebetsriemen gibt es schon aus dem 3. Jh. v. Chr. Belege. Flavius Josephus schrieb im 1. Jh. n. Chr.: »An seine Thür soll man die vornehmsten Wohlthaten Gottes schreiben, und an seinen Armen soll jeder offenkundig zeigen, was Gottes Macht und Güte verkündet: an Stirn und Armen soll jeder sie eingeschrieben tragen«[9]. Gebetsriemen, Haussegen und Quasten gehören auch laut dem Talmud selbstverständlich zum Juden (Bab. Talmud Berakhoth 47,2). Diese Gegenstände nutzen praktizierende Juden bis heute. Quasten sind nicht immer so praktisch. Das habe ich selbst gelernt, als ich mit 13 Jahren welche bekommen habe und mit ihnen auf mein Fahrrad gestiegen bin. Sie verfingen sich sehr schnell in der Kette. In christlich-europäischen Augen mögen dir solche Gegenstände fremd vorkommen, aber du solltest wissen, dass Jesus sie auch benutzt hat. Doch darauf werden wir später noch eingehen.

Solche und solche Gebote

Im 5. Buch Mose wird der gesetzliche Teil der Tora mit vielen Geboten vertieft. Insgesamt zählt das Judentum 613 Gebote aus der Tora, davon 248 Ge- und 365 Verbote. Verbote gelten für Männer und Frauen, Gebote nicht ganz. Datumsabhängige Gebote sind nur für Männer verpflichtend. Frauen dürfen sie halten. Sieben Tage in der Laubhütte sitzen? Männer müssen, Frauen dürfen. Alle Ge- und Verbote werden im Judentum gleich gewichtet, wobei bei Gebotsverstößen zwischen leichten und schwerwiegenden Taten unterschieden wird. Wenn ein Menschenleben davon abhängt, darf ein Verbot übertreten werden – außer wenn man Blut vergießen, Unzucht treiben oder Götzen dienen müsste.

MOSES LETZTE WEGSTRECKE

Über die Verfasserschaft der letzten acht Verse im 5. Buch Mose, wo es um den Tod Moses geht, gehen die Meinungen unter den Rabbinern auseinander. Dass Mose selbst Gottes Vorhersagen über seinen Tod aufschrieb, ist eine der Möglichkeiten (Bab. Talmud Baba Bathra 15,1), andere vermuten eher, dass die letzten acht Verse von Josua geschrieben wurden (Bab. Talmud Baba Bathra 14,2). Wir begleiten Mose, wenn er zum letzten Mal in seinem Leben einen Berg besteigt, den Berg Nebo. In den Übersetzungen steht, er stieg auf »den Gipfel des Pisga« (5. Mose 34,1). Man könnte meinen, Pisga wäre ein Eigenname, dabei bedeutet Pisga einfach »Gipfel«. Wo in den Übersetzungen »Gipfel« steht, steht im Urtext *Rosh*, dt. »Kopf«. Mose ging auf den »Gipfelkopf« des Nebo, der Jericho gegenüberliegt (5. Mose 34,1). Die genauen Koordinaten haben wir nicht, aber sicher geht es um eine der markanteren Erhebungen im Nordosten des Toten Meers.

Die Tradition lokalisiert den Berg direkt oberhalb des letzten Lagerplatzes der Israeliten, über den Steppen Moabs. Auf dem Gipfel, der 1 250 m über dem Toten Meer thront, wurde bereits im 4. Jh. n. Chr. eine christliche Kapelle gebaut. Vom Tal auf den Berg sind es 15 km mit 900 Höhenmetern. Eine Topleistung für einen 120-Jährigen! Bis heute wünschen Juden einander zum Geburtstag, dass sie 120 Jahre alt werden, wie Mose. Der Blick, den Mose kurz vor seinem Tod genießt, wird in der Bibel genauestens beschrieben (5. Mose 34,1-3).

Lass uns mit Mose die Aussicht genießen und auf die Orte blicken, die die Bibel hier beschreibt. Ganz rechts sehen wir Gilead. Das Gebirge endet am See Genezareth, im Land Naftali. Daneben das Land Ephraim und Manasse, also das Gebirge Samarien. Weiter links liegt Judäa und hinter dem judäischen Bergland das Mittelmeer. Bis zum Meer sind es nur 100 km Luftlinie, aber es wird vom Judäischen Bergland verdeckt. Als Kind habe ich den Text so genommen, wie er ist. In meiner Jugend, als ich die Topografie des Landes schon konkret vor Augen hatte, konnte ich mir nur schwer vorstellen, dass die Beschreibung der Wahrheit entspricht. Wie konnte Mose denn das Meer von dort sehen? Auch, dass er bis nach Dan gesehen hat, habe ich angezweifelt. 165 km schienen mir zu weit. Bis ich anfing, Gleitschirm zu fliegen. Bisher bin ich zwar noch nicht in den Genuss gekommen, am Berg Nebo zu fliegen, 100 km nördlich aber schon, auf den Golanhöhen. Oft. Schon wenige Hundert Meter über dem Startplatz sehe ich immer das Mittelmeer im Westen. An klaren Tagen sehe ich bis hinter den Berg Nebo im Süden, im Norden weit hinter Dan bis ins Libanon-Gebirge. Alles eine Frage der Perspektive. Am linken Ende sah Mose den Negev. Noch weiter links muss er das Gebirge Moab sicher bis Edom gesehen haben, aber Moab und Edom kommen im Text nicht vor. Sie sind kein Teil des verheißenen Landes. Geradeaus hätte Mose heute die zehnstöckigen Hochhäuser im Studentendorf der Hebräischen Universität auf dem Jerusalemer Skopusberg sehen können, wären sie nur ein paar Jahrtausende früher gebaut worden. Doch den Ölberg sieht er damals schon. Er schaut nach unten und sieht den Umkreis des Jordan mit Sodoms Überresten und Jericho, die erste Stadt, die Israel im verheißenen Land einnehmen muss. Doch zu diesem Zeitpunkt wird er schon tot sein. Sein Grab wird in einem der Täler unterhalb des Nebo liegen. Aber »niemand kennt sein Grab bis auf diesen Tag« (5. Mose 34,6) – das gilt bis heute.

Die Wüstenwanderung war einer der prägendsten Epochen in Israels Geschichte. Die damalige Zeit hat die jüdische Religion bis heute geprägt. Die wichtigsten Kernelemente der antiken Religion setzten sich bis ins heutige Judentum fort und gingen direkt oder indirekt auch in den christlichen Glauben ein. Das Fundament dafür legte Mose.

EXKURS:

Die Bundesgebote und die Völker

Lass uns an dieser Stelle etwas tiefer in das Thema Gebote einsteigen. Aus den 613 Ge- und Verboten ergeben sich noch einmal Tausende von Auslegungen und Bräuchen.

Halacha

So nennt man Auslegungen und Bräuche der Gebote, in der Mehrzahl *Halachot*. Der Wortstamm bedeutet »wandeln«. *Halacha* wurde zur allgemeinen Bezeichnung für die jüdische Auslegungswelt mit ihrer nie endenden Literatur.

Wie kann man sich an alle Gebote halten? Jeder Jude und selbst jeder Rabbi würde sagen, dass das nicht geht. Schon weil nicht alle Gebote alle Juden betreffen. So sind die Priester von einigen Geboten befreit, Leviten wiederum von den priesterlichen Geboten. Wer Land in Israel besitzt, ist zu den landabhängigen Geboten verpflichtet, wer kein Land besitzt, nicht. Für viele Gebote ist der Tempel nötig. Seit seiner Zerstörung kann man sie gar nicht mehr halten. Sechs Gebote gelten immer, die »immerwährenden Gebote«: der Glaube an Gott, das Verbot anderer Götter, das Einssein Gottes, die Gottesliebe, Gottesfurcht und das Gebot, sich nicht vom Herzen oder von den Augen verführen zu lassen. Die anderen Gebote sollte jeder Jude im für ihn größtmöglichen Umfang halten.

Und Nichtjuden? Nach rabbinischem Verständnis sind alle Menschen zum Halten von sieben Geboten verpflichtet. Es sind die sieben »Noachidischen Gebote«, vom Namen Noach abgeleitet. Richtig, der mit der Arche. Auf Hebräisch heißt er Noach. Den Namen Noa(h) gibt es in der Bibel auch, aber als Frauenname (4. Mose 27,1). Diese sieben Gebote sind von den Worten Gottes an Noach und seine Söhne (1. Mose 9,1-8) abgeleitet. Weil die gesamte Menschheit nach der Sintflut von ihnen abstammt, gelten sie für alle. Sich an sie zu halten, scheint einfach zu sein: kein Mord, kein Diebstahl, keine Götzenanbetung, kein Ehebruch, keine Brutalität gegen Tiere, keine Gotteslästerung und die Einführung einer Rechtssprechung. In der rabbinischen Literatur finden wir eine intensive Beschäftigung mit den sieben Noachidischen Geboten und deren Konsequenzen. Nichtjuden, die diese Gebote halten, können als *Zaddik*, dt. »Gerechter«, Anteil an der kommenden Welt erhalten. Deswegen sieht das Judentum keine Notwendigkeit zur Mission.

Was ist genau die »kommende Welt«, auf Hebräisch *HaOlam haBa*? Sie ist eines der wichtigsten Grundprinzipien im Judentum. Hier unterscheidet sich der jüdische spürbar vom christlichen Glauben. Während der christliche Glaube das ewige Leben exklusiv beansprucht, spricht die jüdische Lehre niemandem das Heil einer kommenden Welt ab. Das Judentum kennt keine eindeutige Antwort darauf, was nach dem Tod passiert. Juden glauben schlicht, dass allen Menschen ein Anteil an der kommenden Welt zuteilwerden kann. Die Frage nach dem Leben nach dem Tod ist weniger wesentlich als im Christentum. Vielmehr beschäftigt sich das Judentum mit Fragen, die das Leben auf Erden und in der Gesellschaft betreffen. Der jüdische Glaube an eine kommende Welt bedeutet nicht, dass Menschen, die nie von der Tora gehört haben, böse oder in irgendeiner Form minderwertig seien. Im Gegenteil, alle Menschen sind mit Gott verbunden. Menschen sind weder prinzipiell gut noch böse, sondern wir haben alle eine Neigung zum Guten wie zum Bösen in uns. Der Mensch sollte sich daher immer wieder für das Gute entscheiden. Für Juden dienen die 613 Gebote als Wegweiser. Nichtjuden haben es leichter. »Auserwählt« zu sein, bedeutet keineswegs, eine »Heilsgarantie« zu haben. Im Gegenteil, der Weg zum Heil ist für Juden mühsamer, weil ihnen Gott einen besonderen Weg vorgibt. Er wollte es so, wir wurden nicht gefragt.

Die jüdische Vorbestimmung ergibt sich im jüdischen Verständnis durch Abrahams Beschneidungsbund. Ein Beschnittener ist in den Bund eingetreten und dadurch den Bundesgeboten verpflichtet: Beschneidung, Speisen und Sabbat. Für Unbeschnittene sind die Bundesgebote irrelevant. Unbeschnitten zu sein ist kein Gebotsverstoß für Nichtjuden. In diesem Zusammenhang ist Jesu Aussage vollkommen verständlich: »Ihr durchzieht das Meer und das trockene Land, um einen Proselyten zu machen; […] so macht ihr ihn zu einem Sohn der Hölle, doppelt so schlimm wie ihr« (Matthäus 23,15). Ein Proselyt ist ein beschnittener Nichtjude. Da Proselyten häufig kein vollständiges Verständnis für das Leben nach der Tora hatten und sich nicht an sie hielten, machten sie sich durch ihre Beschneidung sogar zu Sündern.

Die Befolgung einiger Gebote wurden Nichtjuden verboten, z. B. Sabbatheiligung und Toraunterricht, aber eine einheitliche Dogmatik dazu gab es nie. Im Gegenteil. Welche Gebote Nichtjuden halten dürfen, war über viele Jahrhunderte ein Streitthema zwischen Rabbinern. Auch in der Kirche war das Thema Gebote nicht einfach. Im Laufe der Jahrhunderte wurde Judenchristen das Halten der Bundesgebote gelegentlich verboten. Was sollten sie tun?

ENTSPANNT

Ratsam wäre ein entspannter Umgang mit diesem Thema – bei Juden wie Christen. Wenn ein jesusgläubiger Jude nach den Geboten leben will, soll er es tun dürfen. Wieso sollte es jemanden stören? Nichtjuden müssen wiederum nicht anfangen, den Sabbat zu halten oder sieben Tage in einer Laubhütte zu wohnen. Sie können es tun, wenn sie möchten. Aus jüdischer Perspektive trägt es jedenfalls nichts zu ihrem Heil bei. Man kann in einer christlichen Gemeinde am 1. Tischrei Widderhorn blasen, aber für Nichtjuden ist es kein Gebot.

Christen und Juden haben gemeinsame Wurzeln. Vergessen wir aber nicht, dass diese Wurzeln in einem anderen Judentum liegen als dem heutigen. Zu Tempelzeiten können wir vom Tempeljudentum sprechen, heute vom rabbinischen Judentum. Wie bei einem Baum, dessen Krone abgeschnitten wurde, wuchsen nach der Tempelzerstörung zwei neue Zweige aus dem alten Stamm – das rabbinische Judentum und das Christentum. Und dennoch überwiegt das Verbindende, wir gehören zusammen.

Milch, Honig und Festungen – die Landnahme

Als die 12 Kundschafter zurückkamen, präsentierten sie zuerst die guten Neuigkeiten: Milch und Honig. Dann die schlechten: Keine Chance, die Kanaaniter sind stark, ihre Städte groß und uneinnehmbar. Wie eindrucksvoll und massiv die Bauten waren, können wir heute noch erahnen, wenn wir uns ihre Überreste anschauen. Die Stadt Geser, heute zwischen Jerusalem und Tel Aviv gelegen, war in dieser Zeit vollständig von einer 1100 m langen und 4 m breiten Mauer umgeben. Allein ihre Überreste sind noch 4,5 m hoch. 24 Türme überragten sie. Beit Schemesch, 14 km von Geser entfernt, erreichte damals den Höhepunkt seiner Entwicklung. Die Ober-

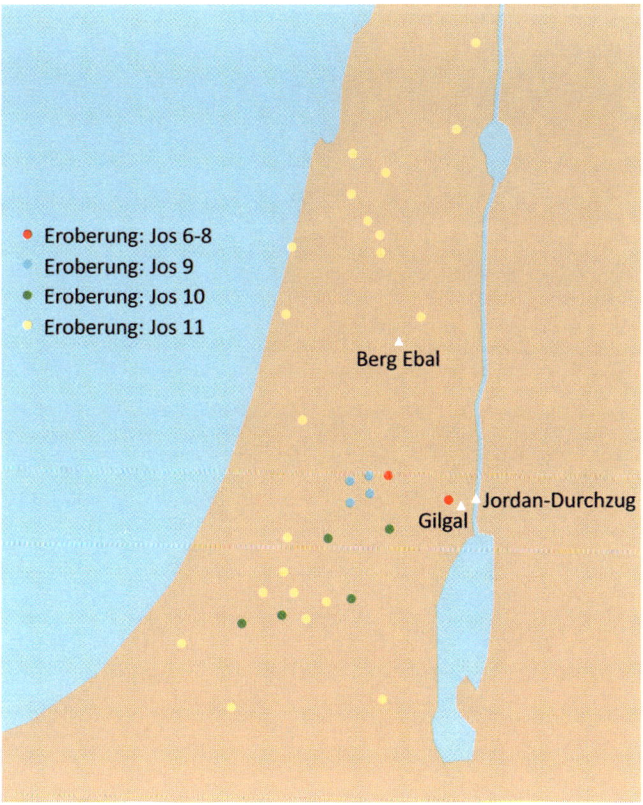

schicht, durch eine Kupferindustrie reich geworden, hatte mehrere Prachtbauten errichtet. Bethel war ummauert, seine Prachtbauten waren mit einem verzweigten Abwassersystem vernetzt. Hazor war die größte Stadt im Land und könnte 20 000 Einwohner gehabt haben. Neben Festungsanlagen wurde hier ein Königspalast mit importiertem Zedernholz und wuchtigen Basaltplatten ausgegraben. Auch Sichem,

im Herzen Samariens gelegen, war ummauert. Die Doppelmauer wurde gründlich geplant, die Außenmauer aus bis zu 3 m großen Felsbrocken sieht man heute noch. Das damalige Stadttor ist 19 m tief. Zum Vergleich, der Pariser Triumphbogen ist 22 m tief, nur 3 m tiefer als Sichems Tor im 13. Jh. v. Chr. Megiddo am Rande des Karmelgebirges war ein massiv ummauerter Stadtstaat. In mehreren kanaanäischen Städten wurden Tempelanlagen gefunden. Ihre Baumeister verstanden ihr

Handwerk. Megiddos Tempel war 18 x 20 m groß, seine Wände 2,5 m breit. Viele Festungsanlagen sind noch älter. Taanach, Scharuchen und Arad waren schon 2 000 Jahre vor dem Besuch der Kundschafter ummauert, die Mauern erreichten bis zu 8 m Breite. Zwischen 2000 und 1500 v. Chr. kamen Glacis dazu – schräge Mauerwerke an der Außenseite, die Angriffe fast unmöglich machen. In He-

bron wurde ein 70 m langer Mauerabschnitt freigelegt – genau die Mauer, die die Kundschafter sahen. Sie wurde 1 200 – 2 600 Jahre vor der Eroberung des Landes erbaut und diente bis in die frühislamische Zeit (7. Jh.). Ihre Steine sind so groß, dass die Archäologen sie »Zyklopenmauer« nennen.

Jericho war die älteste Stadt des Landes und schon viel länger ummauert als alle anderen Städte. Auch hier wurde ein Mauerabschnitt als »Zyklopenmauer«

bezeichnet. In der Stadt stand damals ein 9 m hoher, jahrtausendalter Rundturm – für damalige Verhältnisse ein »Wolkenkratzer«. Sein Fundament steht bis heute. Besonders eindrücklich ist die kanaanäische Festungsanlage an der Wasserquelle Jerusalems, dem Gichon. Als die Kundschafter sie zum ersten Mal sahen, war sie schon 400 Jahre alt. Erst in den 2000er-Jahren wurde sie wiederentdeckt. Die 2-3 m großen Steinblöcke sind aus Kalk und wiegen 20-70 t. Spätestens wenn du vor ihnen stehst, wird dir klar, was die Kundschafter meinten: keine Chance. Diese Städte können nie eingenommen werden. Wie auch, von mittellosen Nomaden?

Kehren wir zurück in die Tage nach Moses Tod. Mit diesem Ereignis beginnt ein neues Kapitel in Israels Geschichte. Josua übernimmt ab jetzt die Führung. Er kennt das verheißene Land. 38 Jahre früher gehörte er zu jenen 12 Kundschaftern. Gott gibt ihm eine Zusage: »Sei stark und mutig!« (Josua 1,6). Bis heute ermutigen diese Worte jeden Schüler und jede Schülerin in Israel. Sie stehen auf der Vorderseite von jedem Jahreszeugnis aus meiner Schulzeit. Hinten steht die Fortsetzung: »Du sollst Tag und Nacht darüber nachsinnen« (Josua 1,8).

Josua schickt zwei Spione los, die das erste Eroberungsziel erkunden sollen, Jericho. Die Spione brechen auf, sind spätestens nach einer Stunde am Jordan und müssen durch den Fluss. Nach weiteren zwei Stunden sind sie in der Stadt. Fast erwischt, lässt sie die hilfsbereite Einwohnerin Rahab an einem Seil durch das Fenster hinunter, »denn ihr Haus befand sich an der Stadtmauer« (Josua 2,15). Eine Außenwand ihres Hauses ist die Stadtmauer. Die Spione warten erst drei Tage in den Bergen über Jericho, bevor sie zum Lagerplatz der Israeliten zurückkehren, wie ihnen Rahab empfiehlt. Später, bei der Eroberung Jerichos, werden die Israeliten Rahab danken.

DURCH DEN JORDAN

Nun ist es so weit: Die Israeliten stehen vor dem Jordan. Alles, was sie vom verheißenen Land trennt, ist ein Fluss. Ein Europäer, der heute den Jordan bei Jericho sieht, muss bei der Bezeichnung »Fluss« schmunzeln. Für die meisten Europäer wäre der Jordan höchstens ein größerer Bach. Allerdings wissen viele nicht, dass der Jordan heute nur noch 2 Prozent der früheren Wassermenge beinhaltet. Bis zu den menschlichen Eingriffen im 20. Jahrhundert floss hier die 50-fache Menge an Wasser! Außerdem sollte man das Verhalten des Jordan in diesem Gebiet kennen. Nach jedem Regen steigt der Pegel, selbst bei der kleinen Wassermenge von heute sehr schnell. Dafür sorgt der staubähnliche Boden im Jordantal, in dem kaum Wasser versickert. Auch ist der Pegel von der Jahreszeit abhängig. Die Jordandurchquerung der Israeliten geschah am 10. Nissan (1272 v. Chr. nach der traditionellen jüdischen Auslegung). In dieser Zeit ist der Jordan am vollsten.

Wenn wir uns diesen Strom in der Wüste richtig vorstellen können, sind wir bereit für eines der größeren biblischen Wunder. Wie Gott sie anweist, gehen die Priester zuerst, die Bundeslade auf den Schultern. Sobald ihre Füße das Wasser berühren, geht das Wasser zurück und »richtet sich auf wie ein Damm, sehr fern, bei der Stadt Adam« (Josua 3,16). Ich weiß nicht, wie du dir die Entfernung vorgestellt hast, aber Adam kennen wir. Es ist das heutige Damia in Jordanien, 35 km nördlich!

GILGAL

Vom Flussboden nehmen sie 12 Steine mit und stellen sie an ihrem ersten Lager im verheißenen Land in Gilgal auf, »an der Ostgrenze von Jericho« (Josua 4,19). Die Steine sollen künftigen Generationen als Zeugnis vom Wunder der Jordandurchquerung dienen. Im Osten Jerichos ist bislang kein besonderer Steinbau aus dieser Zeit gefunden worden, allerdings liegt 5 km östlich vom Tel Jericho die Ruine *Dschaldschul*. *Dschaldschul* ist die Übertragung von Gilgal ins Arabische. Der Ort ist heute ein flacher Hügel mit einem großen Baum, umgeben von Gemüsefeldern, unauffällig und selten besucht, aber doch bewegend, wenn man seine Geschichte kennt. In unmittelbarer Nähe sieht man noch das stellenweise erhaltene römische Straßenpflaster, das den Verlauf der antiken Straße vom Jordan nach Jericho beweist.

Gilgal und die Fußstätten

Gilgal ist kein konkreter Ort. Fünf bis neun verschiedene Gilgals lassen sich in der Bibel direkt und indirekt unterscheiden. Der Wortstamm bedeutet »Kreis«. Gilgal war der Name einer Konstruktion. Prof. Adam Zertal fand sechs Steinanlagen, geformt wie ein menschlicher Fußabdruck, bis zu 200 m lang. Fünf von ihnen wurden um 1200 v. Chr. gebaut, der Landnahmezeit nach jüdischer Rechnung. In zweien wurden Altäre und Knochen von nach der Tora reinen Tieren gefunden! Alle Fußstätten liegen zwischen dem Jordantal und Samarien. Diese Gebiete eroberten die Israeliten der Bibel nach zuerst. Die Forschung geht davon aus, dass dies Israels frühste Heiligtümer waren. Die Stiftshütte stand wahrscheinlich in ihnen. Zertal ist überzeugt: Die Fußstätten sind die Gilgals. Die Bedeutung des Fußes in der Bibel erklärt die Form: Der Fuß steht für Herrschaft (1. Könige 5,17; Psalm 47,4) und ist Symbol für den göttlich bestimmten Landbesitz (5. Mose 11,24; Josua 1,3). Der Fuß steht speziell für Israels Existenz in seinem eigenen Land (2. Könige 21,8; 2. Chronik 33,8; 5. Mose 28,65). Dieser Hintergrund erklärt die Betrachtung des Tempels als Fuß Gottes (Jesaja 60,13; Jesaja 66,1; Hesekiel 43,7). Die Pilgerfeste heißen auf Hebräisch gleich wie der Fuß. Nach Jerusalem pilgern heißt, »zum Fuß hinaufsteigen«. Durch die Entdeckung der Fußstätten wissen wir, warum.

Es ist der 14. Nissan. Zum ersten Mal seit der Toragabe am Berg Sinai können die Israeliten wieder Pessach feiern. Sie waren 40 Jahre in der Wüste unterwegs und haben nur einmal Pessach gefeiert? Wie kann das sein? Zeit hätten sie dafür wohl genug gehabt … Doch während des Wüstenzuges ließen sie die Beschneidung aus – wegen hygienischer Mängel, erklären Rabbiner meistens. Als Unbeschnittene mussten sie Pessach nicht feiern. Weil sie im Wüstenzug kaum Opfertiere hatten, war ihnen das auch ganz recht, vermuten einige Rabbiner.

Versuchen wir, uns in das Volk Israel an diesem Pessach hineinzuversetzen. Was muss das für ein Gefühl sein, zu der Generation zu gehören, die die Erfüllung der Verheißung erlebt? Noch vor wenigen Wochen waren sie zwischen dem Roten und Toten Meer im trockenen Gebirge. Überwältigend, was alles in dieser kurzen Zeit passiert ist. Eine Reihe militärischer Siege, genug Lebensraum für zweieinhalb Stämme, das Wunder der Jordanüberquerung und jetzt sitzen sie in dem Land, dass ihnen versprochen wurde. Kein Wunder, dass sie ihrer Beschneidung oberste Priorität einräumen. Sie möchten den Bund mit Gott bestätigen. Sie sehen, dass Gott sein Versprechen hält.

Rund um Jericho befindet sich Wüstenland, Jericho selbst ist aber fruchtbar. Die 23 gefundenen Steinmühlen aus kanaanäischer Zeit bestätigen es. Zum ersten Mal essen die Israeliten vom Getreide des verheißenen Landes. Ausgerechnet jetzt ist die Gerste reif. Endlich kein Manna mehr. Zu dieser Jahreszeit sind die Nächte bei Jericho angenehm. Sie können bei mindestens 15 °C ungesäuerte Brote essen und sich die Geschichte vom Auszug aus Ägypten erzählen. Zum ersten Mal hat diese Geschichte ein Ende.

DIE ERSTEN EROBERUNGEN: JERICHO UND AI

Die Einheimischen haben Respekt vor den Neuankömmlingen. Sie sind zahlreich und gut organisiert. Jerichos Tore werden verschlossen. Vergeblich. Es wird Israels erster Sieg im verheißenen Land sein. Hat die berühmte Eroberung Jerichos archäologische Spuren hinterlassen? Ausnahmslos sagen Archäologen Nein. Am Tel stehen viele Mauern, die jüngste wurde gegen 1600 v. Chr. zerstört. Danach blieb dieses Areal unbewohnt. Die anderen archäologischen Funde, über die wir bislang sprachen, lassen die Ankunft der Israeliten in Kanaan und Josuas Eroberungen in das 13. Jh. v. Chr. datieren. Die traditionelle jüdische Rechnung kommt ebenfalls zu diesem Ergebnis. Was könnte den Unterschied von gut 300 Jahren erklären? Manche Bibelforscher datieren den Auszug aus Ägypten früher. Das würde den Fall Jerichos erklären, dafür aber Datierungsprobleme an anderen Stellen verursachen. Andere Archäologen stellen nicht die traditionelle Landnahmedatierung infrage, sondern den Ort. Vielleicht wurde die Stadt nach ihrer Zerstörung um 1600 an einer anderen Stelle wiederaufgebaut? Bei Jericho wissen wir sogar von späteren »Umzügen« der Stadt. Zur Zeit Jesu war sie 2 km vom Jericho des Jahres 1600 v. Chr. entfernt und auch heute liegt das Stadtzentrum an einer anderen Stelle.

Die Archäologin Prof. Kathleen Kenyon, die in Jericho zahlreiche Ausgrabungen durchführte, klagte über die wenigen Überreste aus 1600 v. Chr. und machte die starke Erosion dafür verantwortlich. Etwas Schuld daran trugen auch die Jerichoer selbst, denn außer Fundamenten bauten sie vieles aus ungebrannten Lehmziegeln. Wenn die meisten Spuren aus 1600 v. Chr. abgetragen und weggeschwemmt worden sind, so Kenyon, ist es nicht unmöglich, dass die spätere kanaanäische Stadt noch vollständiger verschwand. Solange keine neuen Erkenntnisse folgen, steht aus archäologischer Sicht ein Fragezeichen hinter Jerichos Eroberung.

Nach Jericho wird Ai eingenommen. Die Stadt wird mit der Ruinenstätte Khirbet e-Tell 2 km östlich von Bethel identifiziert. Ihr Name bedeutet auf Arabisch sowas wie »Tel-Ruinenstätte«. Die Namensgeber kannten den Ort also nur in zerstörtem Zustand. Das entspricht der Aussage: »Und Josua brannte Ai nieder und machte es zu einem ewigen Hügel der Öde, bis zum heutigen Tag« (Josua 8,28). Sehr verlässlich ist diese Identifizierung aber nicht.

JOSUAS ALTAR STEHT NOCH

Was hat Josua jetzt vor? Vor seinem Tod gab ihm Mose genaue Anweisungen. Er sollte zu den Bergen Garizim und Ebal gehen (5. Mose 11,29). Die Übersetzungen übergehen den unmissverständlichen bibelhebräischen Ausdruck für »sofort«. Eigentlich hätte Josua schon sofort nach der Jordanüberquerung dorthin gemusst. Zudem befahl ihm Mose einen Altarbau auf dem Ebal (5. Mose 27, 2-4). Josuas Gang zum Berg Ebal ist nicht als Spaziergang durch das verheißene Land gedacht, er soll eine echte Zeremonie sein, deren Ablauf Mose genau vorgeschrieben hat. Das Ziel der Zeremonie ist ein erhabenes: »Am heutigen Tag bist du dem HERRN, deinem Gott, zum Volk geworden« (5. Mose 27,9). Es sollte nicht weniger als die Geburt der Nation Israel sein.

Warum auf dem Ebal? Wir können nur vermuten, dass dieser Ort aufgrund seiner Lage ausgewählt wurde. Der Berg ist der Nabel des verheißenen Landes. Wer Israels heutige Landkarte vor Augen hat, sieht, dass der Mittelpunkt des

Landes heute ungefähr bei Hebron liegt. Aber das haben wir der Wüste Negev zu verdanken, die größtenteils außerhalb der Verheißungsgrenzen liegt. Außerdem hat der Berg einen auffälligen Vorteil. Er ist von fast überall im Land zu sehen und von oben sieht man sogar über die Landesgrenzen hinweg.

In meiner Jugend habe ich aus unserem Wohnort an der Küstenebene oft lange nach Osten geschaut, nach Samarien. Aufgewachsen mit der Weite der Küstenebene, hatte das Bergland für mich als Kind etwas Magisches. Ich habe davon geträumt, auf einem der großen Berge zu stehen. Bestimmt hat Samariens damalige Unerreichbarkeit zur Anziehungskraft beigetragen. Weil es im palästinensischen Gebiet lag, war die Region für uns kaum zugänglich. »Zu gefährlich«, sagten alle. Samariens Berge erschienen aus unserer Perspektive immer blau. Eine blaue Aneinanderreihung runder großer Hügel. Zwei runde Konturen lagen höher als der Rest, symmetrisch und unbebaut. Auch als ich noch nicht wusste, wie diese runden Berge heißen und was ihre Geschichte ist, war ich von ihrem Anblick fasziniert. Richtig geahnt, es waren der Berg Ebal und der Berg Garizim. Für die »Ausrufung einer Nation« kann ich mir keinen passenderen Ort im ganzen Land vorstellen.

Mose beschrieb Josua die Lage beider Berge genau: im Jordantal links in die Sonnenuntergangsstraße abbiegen und dann am Gilgal vorbeilaufen bis zu den Eichen von More (5. Mose 11,30). Die Entdeckung der Fußstätte am Bach Tirza und deren Identifizierung mit diesem Gilgal bestätigt die Genauigkeit. Fragst du dich, wie man wissen kann, dass der Berg Ebal wirklich der Richtige ist? Das ist einfach. Sein Name ist nie in Vergessenheit geraten, er heißt auch im Arabischen gleich.

Der Fund auf dem Ebal ist das Sahnehäubchen aller archäologischen Bestätigungen der Landnahme. Dort fand Prof. Adam Zertal einen großen Altar, 4 m hoch. Tausende Knochen waren dabei und einige Werkzeuge. Eine 7 m lange Rampe führte hinauf. Jahre später bemerkten die Forscher, dass sich der Altar inmitten einer Fußstätte befindet. Die ganze Anlage ist einschichtig, das bedeutet, dass hier weder vor noch nach dem Altar etwas stand. Und von wann ist der Altar? Scherben von Kragenrandbehältern gleich an der Oberfläche deuten auf rund 1200 v. Chr., Josuas Zeit nach der traditionellen jüdischen Rechnung.

Alle Stoffe, die von Lebewesen stammen, kann man recht exakt datieren. Eine genaue Untersuchung aller Knochen zeigt: Sie stammen von 900 Tieren, die alle zwischen 1250 und 1150 v. Chr. lebten, alle waren ein Jahr alt, alle männlich, alle wurden angebrannt und wieder vom Feuer genommen. Hier wurden massenweise Fleischopfer im Sinne der biblischen Vorschriften gebracht. Es sind vorwiegend Schafe, Ziegen und Rinder – Tiere, die in der Bibel zur Opfergabe namentlich aufgeführt werden. Drei Ausnahmen gibt es: einen Igel, einen Hasen und einen Hirsch. Der Igel und der Hase stammen aus einer späteren Zeit. Als sie hier starben, war die Stätte schon lange verlassen. Der Hirsch lebte zur gleichen Zeit wie die anderen Opfertiere und war männlich und einjährig wie sie. Durfte man einen Hirsch opfern? Ja, sagen Rabbiner, weil es nicht verboten ist. Hirsche sind rein, nur nicht namentlich als Opfertiere in der Bibel benannt. Hast du noch Zweifel, ob der Altar aus Josuas Zeit stammt? Mose schrieb Josua vor, unbehauene Steine zu nehmen (5. Mose 27,6). Alle Steine des Ebal-Altars sind unbehauen und mit Kalk bestrichen. Mose hatte angeordnet: »Du sollst sie mit Kalk bestreichen« (5. Mose 27,4). Ein paar kanaanäische Altäre kennen wir. Ihre Steine sind behauen und nicht mit Kalk bestrichen. Es führen keine Rampen hinauf, sondern Stufen. Wer die biblische Vorschrift kennt, ist nicht überrascht: »Du sollst auch nicht auf Stufen zu meinem Altar hinaufsteigen, damit nicht deine Blöße an ihm aufgedeckt wird« (Exodus 20,26). An kanaanäischen Kultstätten sollte man Götterbildnisse erwarten. Auf dem Ebal gab es keine. Der gesamte Bau entspricht der Beschreibung des Opferaltars der Stiftshütte (Exodus 27,1-8). Tiefere Parallelmauern an der Außenseite entsprechen Beschreibungen des Altars im Zweiten Tempel aus der Mischna (Mischna Middot 3,1). Durch den Fund versteht man diese Beschreibungen plötzlich viel besser. Die Knochen waren eingebuddelt. Das ergibt Sinn. Juden beerdigen nicht nur ihre Toten, sondern auch deren Tora-Schriftrollen und Gebetsriemen, damit die sakralen Gegenstände nicht entweiht werden. Eine Beerdigung der Fleischopferüberreste ist gut denkbar.

Zu den interessanten Funden am Ebal-Altar gehören rechteckige Steine mit Markierungen – wahrscheinlich Loswürfel. Sie bestätigen die uns bekannte halachische Tradition, die Priesterarbeiten am Opferaltar durch Auslosung zu bestim-

men (Mischna Joma 2,2). Die Loswürfel aus dieser Zeit faszinieren noch mehr, wenn wir an Josuas Verlosung der Stammesgebiete denken. Später werden wir genauer über diese Verlosung sprechen, aber schon jetzt kannst du dir vorstellen: Wahrscheinlich nutzte Josua solche Würfel dabei! Spannend sind auch noch zwei Ohrringe im ägyptischen Stil und zwei Skarabäen – Käferabbildungen, die in Ägypten als Steinamulette benutzt wurden. Einer davon enthält eine Kartusche mit dem Namen Pharao Thutmosis III. Jemand brachte sie wohl aus Ägypten mit. Schließlich wurde der Altar zugeschüttet, vielleicht während Hiskias oder Josias Reform. Über diese werden wir später noch sprechen.

Mit hoher Sicherheit können wir sagen, dass Josuas Altar rund 3200 Jahre nach seinem Bau gefunden wurde. Anfängliche kritische Stimmen erhielten Antworten aus der Forschung. Auch Forscher, die nicht annehmen möchten, dass es sich um Josuas Altar handelt, stimmen dennoch zu, dass es ein israelitischer

Altar von 1200 v. Chr. ist. Der Fund ist eine Sensation; ein Drama, weil dadurch die verbreitete zweifelnde Grundeinstellung zeitgenössischer Archäologen zum biblischen Bericht ihr Fundament verlor. Kein Wunder, dass der Altarfund von vielen namhaften Archäologen fast gänzlich unkommentiert bleibt. Sie müssen sich neu erfinden.

Kehren wir zurück zur biblischen Handlung. Nachdem Josua den Altar genau nach Moses Vorschriften (Josua 8,30-31) gebaut hat, kann die Zeremonie beginnen. Weißt du noch, wozu sie dienen soll? Heute wird Israel zum Volk (5. Mose 27,9)! In modernen Begriffen wäre das nicht weniger als eine Staatsgründung. Eine große Sache. Die Volksmasse teilt sich in zwei Gruppen. Die eine Hälfte steht dem Berg Garizim zugewandt, die andere dem Berg Ebal , wie es in Josua 8,33 beschrieben wird. Kritiker sagen, die beiden Berge seien zu weit voneinander entfernt, um einander hören zu können. Im Text steht aber nicht, dass sie *auf* den Bergen waren, sondern *gegen sie hin*, es ist also nur die Ausrichtung gemeint. Sie standen laut Text zu beiden Seiten der Bundeslade, also nicht weit voneinander entfernt gewesen. Irgendwo im Tal zwischen den Bergen wahrscheinlich. Josua liest Flüche und Segen aus der Tora vor, so wie Mose befohlen hat. Die Flüche sind Verbote und beziehen sich mit einer Ausnahme alle auf das Zusammenleben. Israels Gründungszeremonie ist in ihrem Kern eine Verpflichtung zu einer neuen, gerechten Gesellschaft. Das Volk muss immer wieder Amen rufen. Hier taucht das Wort zum ersten Mal auf. Der Wortstamm von Amen bedeutet »glauben«.

GANZ KANAAN WIRD EROBERT

Und jetzt beginnen Israels Feldzüge im großen Stil. Josua entwickelt eine Taktik. Er lockt die Gegner aus ihren befestigten Städten auf offenes Feld, wo er sie schlagen kann. Der biblische Bericht über den Feldzug und die Einnahme des Landes enthält unzählige geografische Angaben – Städte, Täler und Bäche werden präzise benannt (Josua 9-11). Die meisten davon sind heute noch bekannt. Jeder Landeskenner erkennt den räumlichen Sinn, den sie ergeben.

Einer der entscheidendsten Kriege ist der Kampf gegen Jabin, König von Hazor. Hazor war die Hauptstadt Kanaans (Josua 11,10). Tatsächlich ist ihr Tel der größte im Land. Die Funde belegen Handel mit Gebieten im heutigen Syrien, Kreta, Griechenland, Zypern, Ägypten und dem Libanon. Kanaanäische Urkunden erzählen von Händlerkarawanen und sogar Botschaftern, die hier stationiert waren. In einer Urkunde wird Ibni-Ado erwähnt, vermutlich ein König. So hieß Jabin wohl in seiner Sprache. Gelegentlich wird die Zuverlässigkeit des biblischen Berichts über den Kampf gegen Jabin angezweifelt, weil der archäologisch erwähnte Jabin 500 Jahre vor dem biblischen Jabin regierte. Verzeihung, wie viele Könige namens Ludwig gab es? Wie viele namens Herodes? In einer Dynastie ist eine Namenstradition keine Seltenheit.

Jabin aus Josuas Tagen erkennt die Gefahr, die von den neuen Eindringlingen ausgeht, und gründet ein Militärbündnis. Er mobilisiert die Armeen aller wichtigen Städte von der Küste bis zum Hermon und vom Libanon bis Judäa. Die Bündnisarmee hat »sehr viele Pferde und Wagen« (Josua 11,4). Wahrscheinlich wollten sie die Niederung Südwestjudäas befreien, die Israel als Erstes erobert hatte. Josua greift sie an und siegt. Wie? Der Angriff trifft sie unvorbereitet am Wasser Merom, weit weg von Israels Siedlungsgebiet.

Wasser Merom

Mit einer mächtigen Armee lagerten die Könige am Wasser Merom (Josua 11,5). Schon im Mittelalter identifizierten Juden das Wasser Merom mit dem Hulasee im oberen Jordantal, aber das ergibt wenig Sinn. Der Wortstamm bedeutet »hoch«. Der Hulasee ist mit 60 m ü. NN nicht wirklich hoch gelegen. Merom ist hier nicht als Eigenschaft, sondern als Ort zu verstehen. Nahe der Grenze liegt auf 900 m ü. NN das libanesische Dorf Marun (er-Ras), vermutlich Merom. Seine vielen Quellen würden die Bezeichnung »Wasser Merom« erklären.

Dort im Bergland bringen die vielen Wagen nichts. Im Krieg fliehen die kanaanäischen Soldaten 30-50 km weit weg in den heutigen Libanon. Und ihr Anführer Jabin? Er war nicht selbst dabei. Josua geht zu ihm nach Hazor und tötet ihn mit seinem eigenen Schwert. Hazor stecken die Israeliten in Brand. Das hört sich wie ein Märchen an, aber die Archäologie hat Beweise für diesen vernichtenden Brand. Der Unterbau der Palastmauern aus Basaltblöcken ist voller Zersprengungsrisse, die nur bei sehr hohen Temperaturen entstehen. Die Risse finden sich nur im Palastinneren. In der Brandschicht wurden kanaanäische und ägyptische Götzenbildnisse gefunden, ohne Köpfe. Jemand hat sie abgeschlagen. Was könnte das bedeuten, wenn nicht die Umsetzung des Gebotes: »Ihr sollt [...] die Bilder ihrer Götter umhauen« (5. Mose 12,3). Nach dem Zerfall der Bündnisarmee fallen alle kanaanäischen Städte unter Israels Herrschaft. »Und das Land hatte Ruhe vom Krieg« (Josua 11,23).

NEUE FUNDE BESTÄTIGEN ALTE FAKTEN

Obwohl die Ausgrabungen in Hazor den biblischen Bericht bestätigen, könnten Skeptiker einwenden, dass die Bibel zwar Historisches enthält, aber kein flächendeckendes Bild über die damalige Entwicklung im ganzen Land bieten kann. Vielleicht war der Krieg in Hazor nur eine interne Religionsreform der Kanaaniter? So argumentieren jene, die Israels Entstehung auf Veränderungen innerhalb der kanaanäischen Bevölkerung zurückführen. Ihrer Meinung nach gab es keine Zuwanderung eines neuen Volkes ins Land, sondern nur neue religiöse Vorstellungen, vielleicht auch einen sozialen Umbruch. Erst viele Jahrhunderte später seien Mythen über einen Wüstenzug und eine Landnahme erfunden worden, behaupten sie. Hier kommt Prof. Adam Zertals Studie ins Spiel. Zertal war ein Fan der Flächenerfassung. Ihn interessierte eine punktuelle Ausgrabung nur, wenn er etwas Spezielles fand, ansonsten war er der Meinung, dass Punktausgrabungen nicht ausreichen, um sich ein Bild über die gesamte Region zu machen. Mit seinem Team zusammen betrieb er die umfangreichste archäologische Erfassung in Israel, die sogenannte Manasse-Gebirge-Prospektion. Sie ist gleichzeitig die umfangreichste Prospektion dieser Art weltweit, in Fläche und Dauer. 1978 wurde sie begonnen und trotz Zertals Tod (2015) läuft sie weiter. Inzwischen wurden 3000 km^2 erfasst – über 10 Prozent der gesamten Fläche Israels (Judäa und Samarien eingeschlossen) und somit gut 25 Prozent des biblischen Israel. Unterwegs waren die Forscher hauptsächlich zu Fuß, mit Verstärkung von Fahrzeugen und aus der Luft. Von 1530 erfassten archäologischen Stätten waren 90 Prozent (!) der Wissenschaft vorher nicht bekannt.

Durch diese Studie wissen wir viel mehr über die Landnahme und -besiedlung. Pass auf: Am Vorabend der Landnahme gab es 19 kanaanäische Siedlungen im erfassten Areal, sieben davon im Jordantal, die restlichen in Samarien. Das Bergland war fast menschenleer. Jetzt wissen wir, warum sich die Israeliten hauptsächlich dort niederließen. Zwischen 1200 und 1000 v. Chr. wurden im erfassten Areal 450 israelitische Siedlungen gegründet, 300 von ihnen innerhalb der ersten 50 Jahre. Falls du den letzten Satz schnell gelesen hast, lies ihn bitte nochmal und überlege, was er bedeutet. Die Anzahl der Siedlungen stieg innerhalb von zwei Generationen um 1800 Prozent. Eine Doktorarbeit errechnete das Bevölkerungswachstum in diesen 50 Jahren auf etwas mehr als 1000 Prozent. Durch Geburten kann das nicht passieren. Nur eine massive Zuwanderung kann das erklären. Diese Zuwanderer waren Nomaden, zeigen die Funde. In 200 israelitischen Stätten im Jordantal wurden fast alle Viehgehege aus Steinen gebaut. Die Menschen wohnten nebenan in Zelten.

Zertal war völlig säkular, Kibbuzmitglied, politisch links und Sozialist. Ihm konnte man weder eine politische noch religiöse Motivation unterstellen. Er war nicht auf der Suche nach einer historischen Rechtfertigung für die israelische

Kontrolle in Samarien. Als ihn ein Fernsehmoderator fragte, welche Gefühle seine Funde in ihm auslösen, antwortete er, Emotionen gehören nicht zu seinem Beruf, nur die Faktentreue. Er betonte, dass er nicht erst in der Bibel lese und dann Belege dafür im Gelände suche, sondern erst im Gelände Funde mache und dann Erklärungen in der Bibel dazu bekomme.

Manchmal versuche ich mir vorzustellen, wie es ist, gewisse Teile der Bibel zu lesen, ohne das Land zu kennen. Besonders schwer fällt mir das bei den Kapiteln nach Josuas Eroberungen. Die geografischen Angaben sind so detailorientiert, dass sie für jeden Leser von außen schwer nachvollziehbar sein müssen. Für uns Israelis sind das jedoch besonders spannende Kapitel. »Durch die Schlucht bin ich im fünften Schuljahr gewandert«, »Dieses Dorf ist heute arabisch«, »Wo um Himmels willen soll dieser Ort denn sein?« und »Dann ist die neue gleichnamige Siedlung wohl nicht genau am richtigen Ort« sind die Gedanken, die uns automatisch durch den Kopf gehen.. Immer wieder wird deutlich – der Verfasser und die damaligen Adressaten der Bibeltexte kannten das Land so, wie man es heute nur als verrückter Wandervogel und begeisterter Kartenfan kennen kann.

DAS ERSTE GEISTLICHE ZENTRUM

Nach der traditionellen jüdischen Chronologie tritt um 1258 v. Chr. ein neuer, wichtiger Ort auf die Bühne der Geschichte Israels: Schilo. Lange bevor Jerusalem als Stadt existiert, wird Schilo zum ersten geistlichen und politischen Zentrum. Sieben Stammesgebiete werden hier verlost, von hier aus besiedeln neuneinhalb Stämme das ganze Land. Ihre Aufteilung orientiert sich an Naturräumen und deren Wirtschaftspotenzial. Deswegen sind sie so unterschiedlich groß. Fruchtbare Täler mit tiefen, nährstoffreichen Böden, wie bei Sebulon oder Issaschar, sorgen für ein kleines Stammesgebiet, weil ihr Ertrag hoch ist. Trockene Stammesgebiete wie Juda müssen viel größer sein, damit der Ertrag ausreicht. Ephraims Gebiet ist nicht so klein und dennoch beschweren sich Josefs Söhne, Ephraim und der halbe Stamm Manasse. Sie wären viele und ihre Stammesgebiete seien zu klein.

Dabei bekam der halbe Stamm Manasse das größte Gebiet im fruchtbaren Teil des Landes. Keine einfache Situation für Josua, selbst Ephraimiter. Seine Antwort lehrt uns etwas über die Landschaft Samariens: »Steige in den Wald hinauf und rode für dich dort« (Josua 17,15).

Lange wusste man nicht genau, wo Schilo lag, nachdem es zerstört und verlassen wurde. Im Richter-Buch gibt es eine Lagebeschreibung: Schilo, »das nördlich von Bethel liegt, gegen Sonnenaufgang von der Straße, die von Bethel nach Sichem hinaufführt, und südlich von Lebona« (Richter 21,19). Wieder lässt sich die Bibel an dieser Stelle wie ein Reiseführer lesen. Der Vers spricht über die Bergstraße, Bethel ist bekannt und Lebona ist das heute palästinensische *Luban*. In diesem Areal nannten die einheimischen Araber eine unauffällige Ruinenstätte *Tel Sailun*. *Sailun* ist die arabische Transformation von Schilo. Der amerikanische Bibelforscher Edward Robinson identifizierte die Stätte 1838. Erst 170 Jahre später bestätigte eine gefundene griechische Inschrift den Ortsnamen.

Schilos Herz war die Stiftshütte. Die Suche nach ihrem Standort steht im Mittelpunkt der Forschung. Am Nordende des Tels fand man eine künstlich geebnete Fläche, 150x30 m. Hier wäre genügend Platz für die Stiftshütte, die 50x25m groß war, zudem auch für viele Besucher. 1-1,5m tief wurde die Ebene in den Felsen eingeschnitten – ein zu großer Aufwand für Privateigentum. Eine Geschichte aus der Bibel könnte für diese Lokalisierung sprechen (1. Samuel 4). Wir springen ungefähr 150 Jahre in die Zeit nach Josua. Damals war Eli Israels Hohepriester. Als solcher diente er in der Stiftshütte, die damals in Schilo stand. Nachdem Elis Söhne die Bundeslade als Schutzschild in den Krieg mitgenommen hatten, fiel sie in die Hände der Feinde. Über diesen Kampf werden wir später noch sprechen. Die Gefangennahme der Bundeslade war die größtmögliche nationale Katastrophe. Du musst verstehen – sie war das heiligste Gut des Volkes. Ein Bote kam vom Schlachtfeld zu Eli nach Schilo, um ihm die dramatische Nachricht zu überbringen (1. Samuel 4,12-14). Eli sitzt vor der Stiftshütte. Altersbedingt kann er nicht mehr sehen, aber hören kann er. Bevor der Bote vor Eli steht, hört Eli den aufgeregten Trubel aus der Stadt. Das heißt, dass der Bote erst durch die Stadt musste, um zur Stiftshütte zu kommen. Wegen der Topografie konnte die Stadt nur von Süden her bequem erreicht werden. Dort lag das Stadttor. Die Stiftshütte muss dann wohl ganz am anderen Ende der Stadt gewesen sein. Genau dort befindet sich die künstlich geebnete Fläche.

Noch ist nicht bewiesen, dass dort die Stiftshütte stand, aber einige Funde der letzten Jahre belegen ein israelitisches Heiligtum auf diesem Areal. 2018 wurde die Nachbildung eines Granatapfels gefunden. Diese Deko musste der Hohepriester an seinem Saum getragen haben (Exodus 28,33). 2019 fand man drei Altarhörner aus der Eisenzeit. Im selben Jahr entdeckten die Archäologen einen Skarabäus, der wiederum für einen Bezug zu Ägypten spricht.

Vor einiger Zeit nahm ich an einer Reiseleiterfortbildung teil, bei der wir unter anderem auch Schilo besuchten. Vor Ort bekamen wir ein bisschen freie Zeit, um uns umzusehen. Mit einigen anderen habe ich die Zeit für einen Spaziergang auf den Hügeln ringsherum genutzt. Sie sind schön und laden zur Vogelperspektive ein. Überall, wo wir hingingen, lagen Tausende von Tonscherben. Als wir nach dem Grund fragten, bestätigten uns die Archäologen, dass auf den Hügeln rund um Schilo tatsächlich Millionen von Tonscherben liegen. Aber nur bis zu den Stellen, von denen aus man Schilo sieht, fügten sie hinzu. Weiter hinten liegen kaum bis keine Tonscherben mehr. Die Erklärung der

Archäologen: Tongefäße, in denen das Sündopferfleisch und nach manchen Auslegungen auch das Fleisch anderer Opfergaben gekocht wurde, mussten nach Gebrauch zerbrochen werden (3. Mose 6,21). Aber wieso auf den Bergen? Da kommt die Halacha zu *Kodaschim Kalim*, dt. »leichte Opfer«, ins Spiel. So bezeichnete man Opfergaben zu speziellen Anlässen, darunter die drei Pilgerfeste. Dieses Opferfleisch musste man nicht unbedingt im Hof der Stiftshütte essen. Es reichte, dass man die Stiftshütte sehen konnte. Grundlage ist die Auslegung des Gebotes: »Und die Brust des Schwingopfers und die Keule des Hebopfers sollt ihr an reiner Stätte essen« (3. Mose 10,14). »Rein« und nicht »heilig«, erläuterte Rabbi Maimonides. »Heilig« wäre der Hof der Stiftshütte und des Tempels, »rein« ist das ganze Lager Israels (Halachot Maase HaKorbanot 10,5). Das »Lager Israels«, legte man wohl aus, sei überall dort, von wo man die Stiftshütte noch sehen konnte. Wenn das ganze Volk gleichzeitig zum Heiligtum kam, war die Erlaubnis, das Fleisch in Sichtweite zu essen, eine praktische Erleichterung. Statt nur des kleinen Hofs der Stiftshütte standen ihnen alle sie umgebenden Berghänge frei. Diese Tonscherben zu finden, 3200 Jahre nachdem sie auf den Hügeln verwendet und zerbrochen wurden, verursachte mir eine Gänsehaut. Solche Bibelverse mit Details über das Zerbrechen von Tongefäßen überlesen wir meistens – und im Gelände liegen die Tonscherben einfach da. Leise erzählen sie ihre Geschichte, die auch unsere Geschichte ist, und machen sie greifbar und lebendig.

Hannahs Gebet

Wenn die Forscher den richtigen Ort der Stiftshütte in Schilo gefunden haben, haben sie auch den Ort des Gebets der Hannah gefunden. Hannah war unfruchtbar und betete hier für ein eigenes Kind. Ihr Gebet wurde erhört, sie bekam Samuel. Viele Jahrhunderte später werden Rabbiner darüber diskutieren, was ein wahres Gebet ist, und sich einig werden – Hannahs Gebet, das von Herzen kam. Deswegen wird die vermutete Stelle der Stiftshütte in Schilo auch als Gebetsort benutzt, vor allem von Jüdinnen, die für Fruchtbarkeit beten.

Aber erzählen wir noch die Geschichte des Boten bei Eli zu Ende. An der Stiftshütte erhält Eli drei Hiobsbotschaften: Wir haben verloren, deine Söhne sind tot und die Bundeslade wurde weggenommen (1. Samuel 4,17). Vor Schreck fällt Eli vom Stuhl und bricht sich das Genick. Seine hochschwangere Schwiegertochter erfährt alles und bekommt Wehen. Am selben Tag, an dem sie ihren Mann verliert, bekommt sie einen Sohn. Am selben Tag, an dem Eli stirbt, bekommt er einen Enkel. Das Kind wird ohne Vater aufwachsen. Obwohl der Islam Elis Geschichte nicht kennt, wurden Teile von ihr im Kollektivgedächtnis der über die Jahrhunderte arabisierten und islamisierten lokalen Bevölkerung überliefert. Die örtliche mittelalterliche Moschee in Schilo hieß *Masdschad el-Jatim*, dt. »Moschee des Waisen«. Der Waise sei Elis Enkel, wird vermutet.

Jetzt, nachdem wir Schilo als Israels erstes geistliches Zentrum kennen, können wir in Josuas Tage zurückkehren – in die letzten Tage seines Lebens.

DER KREIS SCHLIESST SICH

An seinem Lebensabend ruft Josua noch ein letztes Mal die Vertreter aller 12 Stämme zusammen. Vor 28 Jahren betraten sie das verheißene Land. Josua möchte sicherstellen, dass das Volk auf der richtigen Bahn bleibt und Gott die Treue hält. Sie sollen sich bewusst für die Gottestreue entscheiden. Um sie zu überzeugen, wird Josua die Entstehungsgeschichte ihres Volkes seit Abraham als Beweis für Gottes Führung Revue passieren lassen. Er wünscht sich eine Bundeserneuerung. Wie eine Silberhochzeit, an der man kurz anhält, auf das Erreichte zurückblickt und es ganz bewusst schätzt. Wo kann Josua dieses Ereignis veranstalten? Schilo wäre der erste Kandidat, es ist der Ort der Gottesbegegnung. Jericho könnte auch passen. Dort hätte man Gottes Kraft vor Augen. Vielleicht Hazor, die gefallene Hauptstadt der Kanaanäer?

Oder die Machpela-Höhle, am Grab der nationalen Erzväter und -mütter? Nein. Josua geht zurück nach Sichem, am Fuß der Berge Ebal und Garizim. Dort, wo Gott Abraham das Versprechen auf viele Nachkommen und ein eigenes Land gab. Dort, wo der Bund zwischen dem Volk, dem Land und dem Gott Israels geschlossen wurde. Dort, wo damals die 500-jährige Geschichte Israels begann.

In Sichem schließt sich der Kreis durch Josua. Als Zeuge der Bundeserneuerung stellt Josua einen großen Stein auf. Dieser Stein steht offenbar heute noch.

Abseits der touristischen Route und fast völlig unbeachtet steht eine künstlich aufgestellte Steintafel inmitten des Tels.

Sie steht frei auf ihrem Sockel, massiv, wie ein überdimensionaler Grabstein, ohne jegliche statische Funktion. Eigentlich sollte jeder bibelinteressierte Besucher des Landes einmal vor Josuas Stein stehen und sich dabei zwicken. Der Stein ist echt, der Besuch vor Ort ist echt und vor allen Dingen – der biblische Bericht dazu ist echt.

NATIONALE GRABSTÄTTEN IM STAMMESGEBIET EPHRAIM

Nach diesem Schlussakkord stirbt Josua. Begraben wird er im eigenen Stammesgebiet, im von ihm gegründeten Dorf Timnat-Serach, in dem er auch seinen Lebensabend verbrachte (Josua 19,50). Im Richterbuch heißt der Ort Timnat-Heres. Die hebräische Schreibweise erklärt den Unterschied: ein Buchstabe wurde vertauscht. Die jüdische Tradition identifiziert den Ort mit dem heutigen palästinensischen Dorf Kifl Haris im Herzen Samariens, 1 km nordwestlich der Stadt Ariel. Kann man in Kifl Haris das Grab Josuas sehen? Ja, zumindest nach der jüdischen Tradition, alt und ohne wissenschaftlichen Beweis. Jährlich wird es am 26. Nissan von Juden besucht, wenn Josuas Todes gedacht wird. Eine interessante Angabe unterstützt die Identifizierung: »nördlich vom Berg Gaasch« (Josua 24,30). Die Übersetzung hält *Gaasch* für einen Bergnamen, aber es bedeutet »Vulkan«. 9 km südwestlich befindet sich der einzige Basalthügel im Kalkgebirge Samariens. Basalt ist ein vulkanisches Produkt. Die Grabstätte nennen die Einheimischen *Nebi Juscha*, dt. »Prophet Josua«.

Nach Josuas Tod begraben die Israeliten Josefs Gebeine, die sie aus Ägypten mitgebracht hatten, in Sichem. Josefs Grab steht bis heute dort. Josef war der »Stammesgroßvater« Ephraims, sodass Josuas und Josefs zeitnahe Begräbnisse einen Symbolwert haben. Das Buch Josua endet mit dem Tod einer weiteren Führungskraft der Wüstengeneration, Eleasar, dritter Sohn Aarons und zweiter Hohepriester. Er wurde auf dem Hügel seines Sohnes Pinhas, »der ihm auf dem Gebirge Ephraim gegeben worden war« (Josua 24,33), begraben. Obwohl sich Juden und Samariter heute in einigen Traditionen unterscheiden, verehren beide Völker den Pinhashügel im palästinensischen Dorf Awarta, 6 km südlich von Sichem. Hier liegt, malerisch eingebettet in die Landschaft, Eleasars traditionelle Grabstätte. Im selben Familiengrab soll auch Pinhas begraben liegen, Eleasars Sohn, dem der Hügel gehörte. In der Dorfmitte wird das Grab Itamars verehrt, Eleasars Bruder. Nach ihm benannten die Gründer der israelischen Siedlung nebenan ihre Ortschaft. Die Samariter verehren hier auch noch das Grab Abischuas, Pinhas' Sohn. Der Hügel ist praktisch die Grabstätte der ersten Priesterdynastie Israels.

Kein König in Israel: Richterzeit

Nach Josuas Tod gab es in Israel keine starke Führungsperson mehr. Es beginnt die Zeit der Richter. Je nachdem, wie man die Wirkungszeit der einzelnen Richter zusammenrechnet, ist diese Epoche unterschiedlich lang. Entscheidend ist, ob die Führungszeit der jeweiligen Richter hintereinander anschloss oder überlappte. Die Zeit der Richter beginnt mit Josuas Tod, nach der traditionellen jüdischen Rechnung 1245 v. Chr., und endet mit dem Beginn des Königtums um 1030 v. Chr. Es sind spannende Jahrhunderte. Mit »Richter« ist meistens ein militärischer Führer gemeint, der in schwierigen Zeiten das Volk rettete. Die jüdische Tradition spricht von sechs »großen« und fünf »kleinen« Richtern. Im Gegensatz zu den großen Richtern werden die Heldentaten der kleinen Richter in der Bibel nicht erwähnt. Vier weitere Personen werden von manchen als Richter anerkannt, von anderen nicht.

»In jenen Tagen war kein König in Israel. Jeder tat, was recht war in seinen Augen« (Richter 21,25) – so beschreibt die Bibel die politischen Verhältnisse im Volk Israel. Das Land ist erobert und die Stammesgebiete verteilt worden, aber überall leben noch andere Völker. Manchmal bricht Gewalt aus. In anderen Fällen ist das Zusammenleben friedlich, verführt Israel aber zu anderen Göttern. Jeder Stamm ist mit seinen lokalen Problemen beschäftigt. Die Stämme im Norden kämpfen gegen starke Kanaanäer. Bei Asser an der Nordküste sind die Phönizier in der Mehrheit. Dan wird aus dem heutigen Ballungsraum Tel Aviv immer mehr verdrängt. Die zweieinhalb Stämme östlich des Jordan werden durch Wüstenstämme herausgefordert. Kanaanäer greifen israelitische Städte an. Wüstenstämme dringen ein und verwüsten die Landwirtschaft. Anders als unter Mose und Josua gibt es keine charismatische, zielstrebige Führung mehr. Die fehlende Führungskraft wird zur Schwäche, die Israels Feinde nutzen. Die meisten Richter wirken innerhalb ihres Stammes oder für zwei bis drei angrenzende Stämme, nur Debora kann sechs Stämme mobilisieren. Israels Leid wird durch Sünden begründet, meistens Götzendienst. Dann ruft das Volk nach Hilfe. Das ist der Kreislauf des Richterbuches.

Lass uns ein paar der bekanntesten Episoden der Richtergeschichte genauer anschauen. Im Norden taucht König Jabin auf. Es kann nicht der Jabin aus Josuas Tagen sein, weil Josua diesen gut 100 Jahre vorher tötete. Wieder sehen wir, dass mehrere Könige der Hazor-Dynastie so hießen. Der biblische Bericht macht hier eine genaue Angabe zu seinem Wohnsitz: »der in Hazor König war. Sein Heeroberster war Sisera, der wohnte in Haroschet-Gojim« (Richter 4,2). Die Übersetzung ist mehrfach fehlerhaft. Richtig wäre: »der Hazor regierte, und sein Heeroberster ist Sisera, und er (selbst) sitzt in Haroschet-Gojim«. Dieser Jabin trug den Titel »König von Hazor«, wohnte aber in Haroschet-Gojim. Klar, Hazor ist zerstört. In einigen Übersetzungen findet man den Kommentar zu Haroschet-Gojim: »d.h. Wald der Nationen«. Das wäre korrekt, wenn es *Chorscha* hieße. *Charoschet* bedeutet »Eisenschmiede«. Wo liegt es? Prof. Zertal identifizierte es in einer Ruine in Katzir, 20 km östlich von Cäsarea, und argumentierte mit der strategischen Lage am Flaschenhals der Via Maris. Aber Tel Kaschisch 25 km weiter nördlich ist ein weiterer Kandidat. Dieser Ort wäre für die Haltung vieler Pferde eher geeignet. Und Jabin hatte viele Pferde, 900 eiserne Wagen laut der Bibel, mit denen er Israel 20 Jahre lang quälte.

DEBORA UND IHRE PALME

Hier taucht die Richterin Debora auf, »die Frau des Lappidot« (Richter 4,4). Bei Lappidot wurde in den Übersetzungen von einer Männerstimme ausgegangen und nicht übersetzt. Rabbiner sind sich da nicht ganz so sicher. Das Wort bedeutet »Fackeln«. »Frau der Fackeln« wäre für eine starke Frau mit Führungsqualitäten gar nicht so unpassend. Sie hatte ihren Sitz unter einer Palme, wie es in den Übersetzungen heißt. Die Entscheidung der Übersetzer für eine Palme ist eine nette Vorstellung. Im hebräischen Text steht *Tomer*. *Tamar* wäre eine Palme. *Tomer* ist ein einmaliges Wort in der Bibel, deshalb wissen wir nicht auf den ersten Blick, was gemeint ist.

Zur Lage des *Tomer* gibt es eine sehr genaue Beschreibung: »zwischen Rama und Bethel, im Gebirge Ephraim« (Richter 4,5). Auf dem ersten Blick klar, zwischendem heutigen A-Ram und Beitin. Aber was bedeutet »im Gebirge Ephraim«? Bethel liegt in Benjamin. Gab es mehrere Bethels? Bestimmt, sonst wäre die Zusatzangabe »im Gebirge Ephraim« überflüssig. Debora selbst war übrigens Ephraimiterin. Kennen wir ein Bethel in Ephraim? Laut dem Bibelgeografen Prof. Joel Elizur hieß das heutige palästinensische Bethilu in Westsamarien ursprünglich Bethel. Neben dem Namen gibt es weitere Anhaltspunkte dafür: Der Vater des Propheten Samuel, Elkana, kam aus Ramatajim-Zofim, das ebenso »im Gebirge Ephraim« gelegen haben soll. *Ramatajim* bedeutet »zwei Höhen«, *Zofim* dient zur Unterscheidung von anderen gleichnamigen Orten und bedeutet »im Land der Zufiter«. Zuf war Elkanas Urgroßvater, er gründete wahrscheinlich den Ort. Dass das Land der Zufiter im Gebirge Ephraim lag, wissen wir aus König Sauls Salbungsgeschichte (1. Samuel 9,4-5). Gibt es Ramatajim heute noch?

3 km südwestlich von Bethilu liegt die eisenzeitliche Ruine a-Schuna auf einem 500 m langen Hochplateau. Nebenan, getrennt durch eine Mulde, liegt ein

zweites Hochplateau. Da hätten wir die »zwei Höhen«. Elizur und andere Forscher denken, dass Ramatajim parallel auch Rama genannt wurde. Wenn Zuf den Ort gründete, ist anzunehmen, dass sein Ururenkel Samuel hier geboren wurde. Irgendwo hier auf einer der zwei Höhen muss er begraben liegen. Ramatajim war auch der Heimatort von Josef, der 1000 Jahre nach Samuel nach Jerusalem zog und eine Höhle für das Begräbnis Jesu zur Verfügung stellte. Auf Griechisch ist aus Ramatajim »Arimathäa« geworden.

Jetzt, da wir das Rama und Bethel aus Deboras Geschichte kennen, bleibt nur die Frage, was mit der »Palme« gemeint sein soll, die zwischen ihnen lag. Genau in der Mitte zwischen Bethilu und der Ruine a-Schuna befindet sich ein speziell aussehender Hügel. Wegen der Wasserversickerung im karstigen Boden sind die unteren Teile des Hügels kahl. Oben ist er hingegen dicht bewaldet. Aus der Ferne erinnert er wirklich an die Form einer Palme. Tomer ist tatsächlich von »Palme« abgeleitet worden, aber es ist nicht so, dass Debora wörtlich unter einer Palme saß, sondern am Fuß dieses auffälligen Hügels.

Debora will das Durchgangsgebiet zwischen Galiläa und der Küstenebene befreien. Viele Stämme kooperieren mit ihr, weil sie davon profitieren. Welche Stämme beteiligen sich nicht? Logisch – die fernen oder die am Meer, die den Landweg kaum brauchen. Sechs Stämme organisieren sich unter Deboras Führung auf dem Berg Tabor. Auf dem runden Horst am Rande der Jesreelebene sind sie vor den eisernen Wagen sicher. Ihr Überraschungsangriff am Bach Kischon im Westen der Jesreelebene ist ein Erfolg. Kanaaniter-Generalstabs-chef Sisera flieht. Bei Kedesch Naftali oberhalb des Sees Genezareth kommt er nach 30 km Fußweg ins Zelt Jaels. Falls du nicht weißt, wie die Geschichte ausgeht, kannst du sie im Richterbuch nachlesen (Richter 4,21).

GIDEON UND DIE QUELLE HAROD

Der nächste Richter ist Gideon. Zu Hause ist er in Ofra. Nur welches Ofra ist hier gemeint? Heute sind drei Orte mit diesem Namen bekannt, die alle »Taybe«

heißen. Taybe ist die Kurzform von arab. *A-Taybet el-Ism*, dt. »Die Namensgute«. Diesen Namen bekamen ab der arabischen Eroberung im 7. Jh. n. Chr. mehrere Ortschaften, deren vorige Namen auf Arabisch eine negative Bedeutung hatten. Der Wortstamm A'FR war besonders negativ, weil A'farit in der arabischen Folklore böse Geister sind. Sogar im Koran werden sie erwähnt (Sure 27,39-40). Heute gibt es ein Taybe am Rand der Küstenebene, eins in Ostsamarien und eins in Galiläa. Gideons Ofra muss im Stammesgebiet Manasse liegen, so kommt von den drei Kandidaten nur Taybe in Galiläa infrage. Dieser Ort existiert seit der israelitischen Ansiedlungszeit. Gideons vermutete Heimat liegt 200 m über dem Beit-Schean-Tal. Er konnte praktisch von seiner Terrasse aus auf die Kamelherden der Midianiter blicken und die Zerstörung der Äcker beobachten. Die Quelle Harod, an der er seine berühmte Kämpferauswahl durchführte, liegt nur 10 km entfernt am anderen Talende. Woher wollen wir wissen, dass das die Quelle ist? Alle anderen Quellen im Tal sind salzhaltig und zum Trinken ungeeignet. Sicher kannte Gideon die Quelle schon sein ganzes Leben lang. Zwischen April und Dezember konnte er das grüne Feuchtgebiet in der Ferne erkennen, wenn die Hänge des Berges Gilboa unmittelbar dahinter goldgelb schimmerten. Heute ist die Leistung der Quelle sehr bescheiden, aber das ist nur eine Folge der intensiven Grundwasserentnahme. 1941 dokumentierte der Geograf und Historiker Prof. Zeev Vilnai eine Leistung von 185 l/s. Mich selbst verbindet eine persönliche Erinnerung mit diesem Ort. In meiner Kindheit machten wir einen Schulausflug hierher. Vor Ort lasen wir Gideons Geschichte. Als es zur Auswahl der in den Krieg ziehenden Kämpfer kam, spielten die Lehrerinnen mit uns die Begebenheit nach. Wir kannten die Geschichte nicht gut genug, um zu wissen, dass es auf die Trinkart der Kandidaten ankam. Nur zwei Kinder gingen in die Liegestützhaltung und leckten direkt vom Wasser. Es waren zwei Klassenclowns, die vor lauter Lachen fast erstickten. Mit den beiden hätte Gideon keine Chance gehabt, aber aus ihrer Stellung heraus war man tatsächlich schneller verteidigungsfähig, weil man seine Waffen nicht ablegen musste. Übrigens, über 3 000 Jahre später haben sich die jüdischen Kämpfer im israelischen Unabhängigkeitskrieg in der Nacht vor der Eroberung der Region an derselben Quelle organisiert und ihre Wasservorräte aufgefüllt.

ABIMELECH UND DER BAAL-BRIT-TEMPEL

Nach Gideons Erfolg will das Volk einen König. Gideon lehnt dieses Ansinnen ab, aber nach seinem Tod putscht sein Sohn Abimelech. Er wählt dafür den Ort Sichem, aus dem seine Mutter stammt. Seine feurige Rede hält er am Baal-Brit-Tempel und finanziert sich so seine Machtübernahme. Baal-Gottheiten gab es mehrere. Sichems Tempel war *Baal-Brit* gewidmet, dt. »Bundes-Baal«. Was macht ein Götzentempel in Sichem? Ist dir aufgefallen, dass wir in der Bibel nichts über Sichems Eroberung hören, obwohl es zu den wichtigsten Städten Kanaans gehörte? Mit gutem Grund: Sichem existierte auch nach der Landeinnahme unversehrt weiter, bestätigt die Archäologie. Sichems Einwohner hatten ein gutes Verhältnis zu den Israeliten. Hier fusionierten die Völker, ihre Religionen auch, und keiner zerstörte den Tempel. Die Überreste des Baal-Brit-Tempels stehen heute noch, mit

einer Fläche von 23 x 23 m gar nicht so klein. Wer sich Josuas Stein in Sichem anschaut, lehnt sich meistens an ehemalige Tempelmauern an, ohne es zu wissen.

Es ist immer wieder erstaunlich, wie man nebensächliche Angaben im biblischen Bericht liest oder überliest und erst vor Ort wird einem klar, wie wirklichkeitsgetreu die Geschichten sind. Dass wir uns heute zwischen den Baal-Brit-Tempel und Josuas Bundesstein setzen können, zeigt, dass wir dem biblischen Bericht vertrauen können. Und wenn der biblische Bericht in solchen Kleinigkeiten präzise Informationen weitergibt, wieso sollten wir größere Angelegenheiten als Märchen abtun?

Nach drei Jahren findet Abimelech seinen Tod in Tevez, in den Übersetzungen »Tebez«, das heutige palästinensische Tubas im Nordosten Samariens. Dort trifft eine treffsichere Frau mit einem Stück eines Mühlsteins seinen Kopf. Solche Mühlsteine nutzte man noch bis ins 20. Jahrhundert. Sie bestehen aus zwei runden, aufeinanderliegenden Steinen, rund 40 cm im Durchmesser und 10 cm stark. Wahrscheinlich war der Mühlstein dieser Frau zerbrochen und lag nutzlos in der Ecke, bis sie ihn zweckentfremdet hat.

JIFTACH UND MIZPA

Mizpa, manchmal auch Mizpe, hast du vielleicht schon mehrfach gehört, weil es ein wichtiger Ort in der Bibel ist. Achtung, es gab mehrere Mizpas, z. B. am Hermon (Josua 11,3), in Benjamin (Josua 18,26) und in Juda (Josua 15,38). Der Wortstamm bedeutet »blicken«, wahrscheinlich boten diese Orte eine besonders gute Aussicht. Im modernen Israel wurden mehrere Duzend Orte gegründet, die »Mizpe« im Namen tragen.

Wir sind gedanklich wieder in der Richterzeit. Der Konflikt mit den Ammonitern verschärft sich und einige betroffene Stämme versammeln sich in Mizpa in Gilead (Richter 11,29). Aus diesem Ort stammt auch ein begabter Kämpfer namens Jiftach, in den Übersetzungen Jeftah. Auf Anfrage der Volksvertreter ist er bereit, gegen die Ammoniter zu kämpfen – und wird zum Richter. Jiftach gelobt

Gott ein Gelübde (Richter 11,30-31): Wenn er die Ammoniter besiegt, wird er das erste Lebewesen, das ihm danach aus seiner Haustür entgegenkommt, zum Brandopfer opfern. Den Krieg gewinnt er. Aus seiner Haustür kommt ihm seine Tochter entgegen. Und er opfert sie.

Von Pfarrern und Pastoren habe ich die verschiedensten Ausführungen zu dieser tragischen Geschichte gehört. Kritik an Jiftach war dabei nie zu hören. In der rabbinischen Literatur erntet Jiftach hingegen heftige Kritik. Nach der Halacha hätte er das Gelübde in diesem Fall auflösen dürfen, weil er dabei nicht mit einem Menschenopfer gerechnet hat, schon gar nicht in Form seiner einzigen Tochter. Rabbiner nehmen Jiftachs Verhalten als Beispiel für mangelndes Urteilsvermögen und verantwortungsloses, realitätsfernes Verhalten. Sie kritisieren auch den Priester Pinchas, Aarons Enkel, der seinerzeit die geistliche Autorität war und Jiftachs Gelübde nicht aus eigener Initiative auflöste. Als Strafe, so einige Rabbiner, wurde die Priesterschaft von Pinchas Familie genommen und den Nachkommen Itamars gegeben. Weitere Kritik bekommt Jiftach von Rabbinern für sein kriegerisches Verhalten gegenüber dem Stamm Ephraim, der ihm nicht im Kampf gegen die Ammoniter helfen wollte. Gideon, so argumentieren sie, löste ein ähnliches Problem auf friedlichem Wege. Jiftachs Vorgehensweise kostete vielen Menschen das Leben.

SIMSON IN SEINER HEIMAT

Die Geschichte des letzten Richters fängt in *Zor'a* an, unweit der heutigen Stadt Beit Schemesch. Dort kommt Schimschon zur Welt, in den Übersetzungen »Simson« oder »Samson«. Dass er schon vor seiner Geburt zur Befreiung von den Philistern vorbestimmt war, überrascht nicht. Zor'a liegt an der Grenze zum Philisterland. Je stärker die Philister wurden, desto mehr expandierten sie und drängten die Israeliten weiter östlich ins Bergland. Zor'as Name blieb im arabischen Namen des Dorfes Sar'a erhalten, das bis 1948 existierte. 2 km entfernt wurde der Kibbuz Zor'a gegründet und belebte den alten hebräischen Namen wieder. Am Rande des

Ruinenhügels Sar'as befindet sich ein heiliges Grab. Die Araber nannten es *Nebi Sameth*. *Nebi* bedeutet »Prophet« und zeitgleich »Prophetengrab«, mit *Sameth* ist wahrscheinlich Simson gemeint. 1924 dokumentierte Prof. Zeev Vilnai sein Gespräch mit dem örtlichen Dorfoberhaupt, der ihm sagte: »Wissen Sie nicht, dass euer Held im großen Gebäude auf dem Hügel begraben liegt?« Simson wuchs zwischen Zor'a und Eschtaol (Richter 13,25) auf. Das heutige Eschtaol wurde im 1948 verlassenen arabischen Ischua gegründet, das für das biblische Eschtaol gehalten wird. Wenn das stimmt, lagen zu Simsons Tagen 2,5 km zwischen Zor'a und Eschtaol. Sanfte grüne Hügel prägen die Landschaft. In der Mitte befindet sich das traditionelle Grab des Stammvaters Dan, von dem Simson abstammte.

Simsons erste Frau war Philisterin, die zweite auch. Selbst die Hure, zu der er ging, war Philisterin. Er hatte offensichtlich eine Vorliebe für Philisterinnen. Seine erste Frau lernte er auf dem Weg nach Timna kennen, dem heutigen Tel Batash. Um von Zor'a dorthin zu kommen, musste Simson 10 km entlang des Bachs Sorek laufen und 360 m absteigen. Irgendwo auf dieser schönen Strecke, durch die heute die alte Bahnlinie von Jerusalem nach Jaffa verläuft, muss seine berühmte Begegnung mit dem Löwen stattgefunden haben (Richter 14,5). 2012 wurde in der Nähe ein Siegel aus dem 11. Jh. v. Chr. gefunden, auf dem ein Mensch vor einem Löwen steht. Ob das ein Andenken an Simson ist? In dieser Gegend hat er auch die 300 Füchse zu mobilen Fackeln gemacht (Richter 15,4-5). Über 3000 Jahre später wurde die Jeep-Einheit der israelischen Armee »Simsons Füchse« gegründet.

Am Schluss der Geschichte über Simson wird berichtet, wie er im Grab seines Vaters bestattet wurde (Richter 16,31). Auf der heutigen Grabstätte steht neben dem Namen Simson auch der Name Manoach. So hieß sein Vater.

MICHA UND DIE DANITER

Nach Simson tritt kein Richter mehr auf der Bühne der Geschichte Israels auf. Nun werden die Verhältnisse noch anarchistischer. Ein Mann namens Micha, bis dahin ein unbekannter Ephraimiter, baut in seinem Haus einen Tempel als Konkurrenz zu Israels Heiligtum in Schilo, der Stiftshütte.

Anhand der biblischen Geschichte müssen wir davon ausgehen, dass Michas Haus direkt an der Bergstraße lag. Schilo auch. Wie weit sie voneinander entfernt waren, berichtet die Bibel nicht, der Talmud aber schon: Rabbi Nathan sagt, »von Gerev nach Schilo drei Meilen und der Rauch des Altars [der Stiftshütte] und der Rauch des Bildnisses Michas vermischten sich« (Bab. Talmud Synhedrin 103,2). Rabbi Nathan und seinen Zeitgenossen im 2. Jh. n. Chr. war der Name der Stadt Michas noch gut bekannt, anders als uns heute. Doch wir wissen, dass wir die antike Stadt Gerev an der Bergstraße im Umkreis von drei Meilen um Schilo suchen müssen. Eine talmudische Meile entspricht nach Meinung der meisten Rabbiner 2000 Ellen. Wenn eine Elle in der Halacha 46 cm beträgt, ergibt sich ein Umkreis von 2760 m. Auch zur Himmelsrichtung gibt es eine Angabe in einer jüdischen Quelle aus dem 9. Jahrhundert: »Das Bildnis Michas stand zu seinem Westen und der Tempel stand in Schilo« (Pessikta Rabbati 137,2). 2300 m Luftlinie südwestlich von Schilo liegt die Ruine *'Rof*, die aus der Eisenzeit stammt und bis zum 11. Jh. n. Chr. bewohnt war. Sie liegt direkt oberhalb des Bachs Schilo. Die heutige Fernstraße verläuft hier etwas weiter weg, aber die antike Bergstraße führte ziemlich direkt durch die Stadt. Der arabische Ruinenname könnte vom alten hebräischen Namen abgeleitet worden sein. Der Laut »'R« ist bekannt für die arabische Sprache und steht in Wörtern fremden Ursprungsfür das »G«. Den Laut »V« gibt es im Arabischen nicht, er wird immer zu einem »F« umgewandelt.

Eines Tages kommen Männer vom Stamm Dan in Michas Privatheiligtum. Sie sind gerade auf der Suche nach neuem Territorium, weil die Philister sie aus dem heutigen Großraum Tel Aviv verdrängt haben. Sie rauben Michas Heiligtum aus, bevor sie weitere 175 km nach Norden gehen und die Stadt Lajisch finden. In Lajisch wohnen Sidonier, »ruhig und arglos« (Richter 18,7).

Die Stadt war nach der biblischen Schilderung idyllisch gelegen und das tut sie bis heute. Inmitten eines üppigen Auenwaldes befindet sich die einzige antike Stadt im Land, die über kein Wasserwerk verfügt. Das braucht sie auch nicht, denn sie liegt direkt an der größten Jordanquelle, der leistungsstärksten Wasserquelle im Nahen Osten. Auf einem Gebiet von 30 x 40 m entspringen an hunderten Stellen insgesamt 8 000 l/s in guter Qualität.

Die Daniter kehren heim und berichten vom gefundenen Paradies. Die Eroberung halten sie für realistisch, weil sie den Schwachpunkt Lajischs sofort erkannten: »Und sie waren weit entfernt von den Sidoniern und hatten mit den Aramäern nichts zu tun« (Richter 18,7). Die Bewohner der Stadt sind durch die 1200 m hohen Südausläufer des Libanongebirges vom Rest ihres Volkes getrennt, die näheren Nachbarn auf dem Golan sind irrelevant. Bis Lajisch Hilfe holen kann, ist es längst eingenommen. Die Funde erzählen von einer wohlhabenden Stadt mit regen Handelsbeziehungen nach Sidon und ins Zweistromland. Hier wurde Zinn gewonnen, damals eines der wichtigsten Metalle überhaupt. Zinn brauchte man zur Bronzeherstellung. Bronze war bis zur Ablösung durch Eisen das härteste Metall. Lajischs Keramik unterstreicht, dass es zu Sidon gehörte, wie auch ein Grab (mit 40 Skeletten!) nach sidonitischer Art – mit vielen Einflüssen aus dem griechischen Raum.

Der Plan der Daniter geht auf, sie erobern Lajisch. Die Funde bestätigen eine Zerstörung der letzten sidonitischen Schicht und eine anschließende israelitische Neubesiedlung. Wenn du Lajisch besuchen willst, wirst du die Stadt unter diesem Namen nicht finden, weil die Daniter sie umbenannten (Richter 18,28-29). Du musst nach »Dan« suchen.

ERSTER BÜRGERKRIEG

Israels gesellschaftliche Lage im Richterzeitalter können wir vielleicht mit der heutigen Lage in manchen Regionen Afrikas vergleichen. Lokale Stammeskonflikte können zu einem Bürgerkrieg eskalieren. Genau das geschah, nachdem das

Einzelschicksal einer Frau das ganze Land in den Ausnahmezustand versetzte. Wir nehmen uns etwas Zeit für die Geschichte. Kleine Vorwarnung: Die Begebenheit ist nichts für schwache Nerven. Zu jenen Zeiten war es für Männer nicht ungewöhnlich, neben ihrer Ehegattin noch einige Nebenfrauen zu haben. Die Bibel erzählt von einem Mann, dessen Nebenfrau weggelaufen ist. In Begleitung seines Knechtes reist er ihr nach Bethlehem nach und holt sie sich zurück. Da sie am äußersten Ende des Gebirges Ephraim (Richter 19,1) wohnen, müssen sie auf der Rückreise sicher die Bergstraße entlang. Ihre Strecke beträgt mindestens 30 km. Zu Fuß braucht man dafür einen langen Tag, auf einem Esel etwas weniger. Versuche dir die Reise vor deinem inneren Auge vorzustellen. Durch ihre späte Abreise in Bethlehem werden sie sicher nicht vor Einbruch der Dunkelheit ankommen (Richter 19,11). Für Europäer geht die Sonne in Israel vergleichsmäßig schnell unter, zwischen rotem Himmel und der Finsternis der Nacht vergeht hier vielleicht eine halbe Stunde. Durch spätere Zeitangaben können wir ableiten, dass es Anfang April ist. Zu dieser Jahreszeit wird es schon um 17:30 Uhr dunkel. Der Mann und seine Nebenfrau geraten bestimmt in Streit, vielleicht machen sie sich gegenseitig Vorwürfe. Sie sind gegenüber von Jerusalem (Richter 19,10), als der Knecht die Lösung vorschlägt, in diese Stadt einzukehren und dort zu übernachten (Richter 19,11). Was als »einkehren« übersetzt wurde, bedeutet im Hebräischen »hinabgehen« und »vom Weg abweichen«. Hier erhalten wir eine wichtige Lektion über Jerusalems Lage. Jerusalem liegt nicht direkt an der Bergstraße. Heute schon, weil die Stadt sehr viel größer ist als damals, aber zu jener Zeit lag Jerusalem 2 km östlich und 120 m unterhalb der Wasserscheide, auf der die Bergstraße verlief. Für Kenner: Die heutige King-George-Straße in der Neustadt wurde entlang der historischen Bergstraße gebaut.

Zur Richterzeit war Jerusalem noch keine israelitische Stadt und der Mann ist nicht bereit, dort zu übernachten. Stattdessen setzt er Gibea als Ziel fest, die nächste israelitische Stadt an der Bergstraße, 7 km nördlich – heute Tel el-Ful in Nordjerusalem. Kurz nach ihrer Ankunft in Gibea wird es dunkel. Die Geschichte endet in einer Katastrophe, die einem Psychothriller entsprungen sein könnte: Die beiden werden überfallen. Dabei fällt die Nebenfrau einer Massenvergewaltigung zum Opfer und stirbt. Der Mann zerlegt die Leiche und schickt jedem Stamm ein Stück. Die Empörung im ganzen Land ist groß. Es gibt eine Nationalversammlung in Mizpa, diesmal Mizpa in Benjamin, das als Tel e-Nasbeh am Südrand Ramallahs identifiziert wird. Die Nationalversammlung hilft nicht und Israels erster Bürgerkrieg bricht aus. Gekämpft wird zwischen Gibea, Mizpa und Bethel, in einem 8 km langen Areal entlang der Bergstraße. Die Benjaminiter waren begnadete Schießer und konnten mit einer Schleuder ein Haar treffen, wird berichtet (Richter 20,16). Bei Ausgrabungen in Gibea wurde eine Steinschleuder gefunden. Elf andere Stämme zusammen sind aber stärker. Benjamin hat keine Chance. Während dieses Krieges wurde fast der gesamte Stamm Benjamin vernichtet. Gibea wurde vollständig zerstört. Die Archäologie bestätigt Gibeas Gründung im 12. Jh. v. Chr. und Zerstörung im 11. Jh. v. Chr. Das stimmt mit der biblischen Erzählung überein.

Wenige Benjaminiter fliehen in Richtung Wüste zum Felsen Rimmon. Die Ortschaft Rimmon, dt. »Granatapfel«, existiert heute immer noch als das palästinensische Ramun, 6 km östlich von Bethel. Die Benjaminiter verstecken sich nicht in der Ortschaft, sondern beim »Rimmon-Felsen«, einer stark zerklüfteten Landschaft im oberen Teil der Machoch-Schlucht. Auf Arabisch heißt sie bis heute *Kubbat a-Rummana*, dt. »Kuppel der Granatäpfel«.

In Mizpa schwören die Israeliten, den überlebenden Benjaminitern keine Frauen mehr zu geben. In Bethel, 10 km von den sich versteckenden Benjaminitern entfernt, beten sie zu Gott (Richter 21,2), bauen einen Altar an der gleichen Stelle wie Abraham 700 Jahre zuvor und weinen, weil sie realisieren, welche Konsequenzen die Ausrottung eines ganzen Stammes hat. Doch sie finden gleich eine Lösung: Beim Schwur gab es keine Vertreter aus Jabesch. Für die Leute aus Jabesch gilt der Schwur nicht.

LIEBESFEST

Jabesch wird als das heutige Tel Abu el-Charas auf der jordanischen Seite des Jordantals identifiziert. Wer am runden Hügel unter den Hängen des Gilead-Gebirges steht und die Aussicht auf das ganze Jordantal genießt, kann sich das biblische Drama kaum vorstellen, das sich hier abspielte. Nicht weniger als 400 Frauen wurden für die Benjaminiter von hier geholt. Man brachte sie 60 km weg von ihrer Heimat und 950 m höher nach Schilo, sicher ohne groß nach ihrem Willen zu fragen. Wir wissen sogar, dass es am 15. Av (Juli/August) geschah. Woher? Zu dieser Zeit fand ein alljährliches Fest in Schilo statt (Richter 21,19). Bis heute feiert man am 15. Av das jüdische Liebesfest. Das ist ein besonders beliebtes Datum für Dates, ähnlich wie der Valentinstag in der christlichen Welt. Das Fest war ursprünglich mit der Weinlese verbunden. Die Mischna berichtet darüber: »Es gab keine besseren Tage für Israel als den 15. Av und Jom Kippur, an denen die Söhne Jerusalems in ausgeliehenen weißen Kleidern hinausgingen, um diejenigen, die keine haben, nicht zu beschämen […] und die Töchter Jerusalems gingen in die Weinberge und tanzten. Und was pflegten sie zu sagen? – Hebe deine Augen, junger Mann, und siehe, was du dir aussuchst; Richte deine Augen nicht auf die Schönheit – richte deine Augen auf die Familie« (Mischna Ta'anit 4,8). In den einheitlichen weißen Kleidern tritt das gesellschaftliche und wirtschaftliche Umfeld eines Menschen in den Hintergrund. An diesem Tag entführten junge Männer ihre auserwählten Frauen in Schilos Weinbergen und heirateten sie. Aus unserer Perspektive ist das schräg, aber wir sollten die Situation aus dem damaligen Blickwinkel betrachten. Sich von einem jungen Mann entführen zu lassen, ist sicher mit viel Gelächter und verführerischem Blickkontakt verbunden und ist damit romantischer als so manche arrangierte Hochzeit. Das Liebesfest war der einzige Tag im Jahr, an dem sich junge Leute ihre Lebenspartner und -partnerinnen frei aussuchen konnten.

Doch zurück zur politischen Lebensrealität der Richterzeit: Nach Jahrhunderten anarchischer Zustände ist es Zeit für einen König. Wer hätte gedacht, dass der neue König ausgerechnet aus einer der in Schilos Weinbergen entstandenen Benjaminiter-Familien stammen wird?

Sauls Aufstieg

Saul ist einer der berühmtesten Könige Israels. Sein Name ist weltweit bekannt, Erzählungen über seine Königsherrschaft sind auch über 3 000 Jahre nach seinem Tod nicht in Vergessenheit geraten. Dafür gibt es zwei Hauptgründe: An den ersten König erinnert man sich immer besonders eindrücklich; und im Vergleich zu den meisten nachfolgenden Königen berichtet die Bibel sehr detailliert über ihn. Doch trotz seiner Bekanntheit können wir noch mehr über ihn erfahren, wenn wir zwischen den Zeilen lesen.

DIE NIEDERLAGE VON EBEN-ESER

Sauls steiler Aufstieg zum König hängt direkt mit der fragilen geopolitischen Situation Israels zu seiner Zeit zusammen. Zum Hauptproblem wurden die Philister. Mit ihnen werden wir uns in einem extra Exkurs gleich nach diesem Kapitel beschäftigen. Im Moment ist für uns besonders wichtig zu wissen, dass die Israeliten kurz vor Sauls Aufstieg eine der schmerzhaftesten Niederlagen in den Auseinandersetzungen mit den Philistern erlebten: den Eben-Eser-Krieg.

Am Rande der Stadt Rosh HaAyin liegt die Ruine Isbet Sarta, wo Eben-Eser gelegen haben soll. Ein israelitisches Haus, eine Inschrift mit allen althebräischen Buchstaben und Funde von Halbnomaden belegen hier eine israelitische Siedlung. *Even* bedeutet »Stein«. *Eser* wird mit »Hilfe« übersetzt, ist aber der Name des Mannes, nach dem der Ort benannt wurde (1. Chronik. 7,21). Hier lagerten die Israeliten. Die Philister lagerten 3 km westlich in Afek an der Jarkon-Quelle, wo heute ein Nationalpark entstanden ist. Wie fast alle anderen Philisterkriege fand auch dieser an der Nahtstelle zwischen Berg- und Flachland statt. Eben-Eser liegt am Hügel, Afek schon in der Küstenebene. Israel verlor den Krieg und die Bundeslade geriet in Gefangenschaft. Die Bibel erzählt nicht, was dann geschah, die Archäologie schon. Was hätten wir an der Stelle der Philister getan?

SCHILOS UNTERGANG, PHILISTERPOSTEN ÜBERALL

Richtig, das politische und geistliche Zentrum des Feindes angegriffen. Genau das taten die Philister. Schilo wurde in Brand gesteckt. Verbrannte Olivensteine ermöglichen die Datierung der Zerstörung zwischen 1050 und 1030 v. Chr. Diese Zerstörung hallt in der über 400 Jahre späteren Aussage Jeremias (Jeremia 7,12) nach. In der Stadt lebten später wieder Israeliten, aber die Stelle, an der die Stiftshütte gestanden hatte, wurde zum Mahnmal.

Lass uns gedanklich zurück zu Elis tragischem Tod gehen. Nur Stunden oder

Tage später wird Schilo zerstört. Samuel kann rechtzeitig fliehen. Erinnerst du dich an Hannahs Gebet? Damals versprach sie Gott, ihm das Kind zu widmen, wenn er ihr Gebet erhören würde. Das tat sie auch. Nachdem Samuel abgestillt wurde, wuchs er bei Eli in der Stiftshütte auf. Jetzt ist er erwachsen. Durch Elis Tod liegt Israels Führung auf einmal in Samuels Hand.

Gott bestraft die Philister auf wundersame Art und sie geben die Bundeslade an Israel zurück. In den kommenden Jahren wird sie in einem Haus eines Mannes namens Abinadab in Kirjat Jearim stehen, dem heutigen Abu Gosh westlich von Jerusalem.

Samuel versammelt das Volk in Mizpa in Benjamin, Israels neuem nationalen Versammlungsort. Obwohl dieses Gebiet tief im israelitischen Kernland liegt, greifen auch hier die Philister an. Sie sind offensichtlich mächtig geworden und trauen sich diesen Kampf zu. Zwar siegen die Israeliten, aber ganz werden sie die Philister nicht los. Funde belegen die Präsenz der Philister in Gibea nach seiner Zerstörung während des Bürgerkriegs. Dort wohnten zwar keine Philister, aber sie hatten hier Wachposten stationiert (1. Samuel 10,5). Offensichtlich schafften sie es, sogar das israelitische Kernland zu besetzen.

SALBUNG UND ERNENNUNG

Israel will ein Volk wie jedes andere sein und verlangt einen König. Wer soll es werden? Samuel wäre ein geeigneter Kandidat. Er lässt sich jedoch nicht überreden. Also schickt Gott einen großgewachsenen Mann zu Samuel nach Ramatajim-Zofim: Saul. Genau übersetzt heißt es, Saul war um eine Haupteslänge größer als alles Volk (1. Samuel 9,2). In Ramatajim-Zofim, heute Khirbet a-Schuna, zwischen dem palästinensischen Dorf Deir Ammar und der israelischen Ortschaft Naale, wie wir im Zusammenhang mit Deboras »Palme« erklärt haben, wurde Saul gesalbt. Von Gott zum König bestimmt, salbt ihn Samuel hier heimlich. Kannst du dir vorstellen, weshalb er das heimlich tat? Was würde passieren, wenn die Philister entdecken, dass Israel nun einen König hat? Sie kontrollieren das Land …

Eine Entdeckung wäre für Saul und Samuel lebensgefährlich. Die Öffentlichkeit muss warten, bis der neue König stark genug ist. Es ist ca. 1030 v. Chr.

Früher oder später muss Saul öffentlich zum König ernannt werden. In der nächsten Volksversammlung in Mizpa in Benjamin wird ausgelost, wer König über Israel werden soll. Dem Willen Gottes entsprechend fällt die Wahl auf Saul. Und er? Er versteckt sich zwischen den Geräten (1. Samuel 10,22), inmitten militärischer Ausrüstung, heißt es. Das ist heute noch eine hebräische Redewendung, wenn sich jemand aus Schüchternheit nicht blicken lässt. Israel hat nun einen König. Und der König »ging in sein Haus nach Gibea« (1. Samuel 10,26). Auch ein Statement.

SAUL BEWEIST SICH ALS KÖNIG

Durch Sauls Abstammung aus Gibea in Benjamin können wir davon ausgehen, dass er einen familiären Bezug zu Jabesch hatte. Weißt du noch? Frauen für die überlebenden Benjaminiter aus Jabesch … Eine Midrascherzählung beschreibt übrigens, wie Saul beim Liebesfest in den Weinbergen Schilos zu schüchtern war, um eine Frau zu entführen. Deswegen hätte ihn seine künftige Frau Achinoam selbst entführt. Wenn wir schon über Sauls Frau Achinoam sprechen, sollten wir erwähnen, dass sie in seinen Augen hartnäckiger Natur war, legen Rabbiner aus. Woher wollen sie das wissen? Bei einem Wutausbruch sagte Saul seinem Sohn Jonatan, er sei genauso widerspenstig wie seine Mutter (1. Samuel 20,30).

Sauls persönlicher Bezug zu Jabesch soll noch eine wichtige Rolle spielen: Gleich am Anfang seines Königtums greifen die Ammoniter ausgerechnet Jabesch an. Natürlich muss er seine Verwandtschaft retten. Jedes hebräischsprachige Kind lacht, wenn es den Namen des Ammoniterkönigs Nachasch hört. Nachasch bedeutet »Schlange«. Aber der Wortstamm bedeutet auch »erraten« und es könnte sein, dass Nachasch für einen Seher ammonitischer Gottheiten gehalten wurde und deswegen so genannt wurde. Nachasch verlangt als Kapitulationsbedingung, dass allen Männern von Jabesch das rechte Auge ausgestochen wird. Saul ist wütend und handelt wie ein König. Er ruft die landesweite Wehrpflicht aus und mustert die Männer bei Besek, heute die schön gelegene Ruine Ibsik im Nordosten Samariens, 25 km vor Jabesch. Hier wird Israels erste nationale Armee gegründet. Die Armeegründung und die Bürgschaft aller Stämme füreinander vereinen das Volk nachhaltig. Diese neu entstandene Volksarmee befreit Jabesch. Jetzt zweifelt keiner mehr an Sauls Fähigkeiten als König. Samuel ruft das Volk zusammen, diesmal im Gilgal unterhalb von Bethel und Mizpa. Dort will er Sauls Königtum bestätigen. In diesem Gebiet wurde neulich eine Fußstätte gefunden, die gut dieses Gilgal sein könnte.

Dieses Kapitel schließen wir mit der Erzählung über Sauls zweite Militäroperation ab. Sie zeigt, wie viele geografische Angaben in so einer kurzen biblischen Geschichte stecken und wie genau man sie bis heute nachvollziehen kann. Die Philisterposten sollten vom israelitischen Kernland verschwinden. Sauls Sohn Jo-

natan führt die Kämpfer in Gibea selbst, Saul ist in Michmas, heute das palästinensische Mukhmas. Zwischen beiden liegen 10 km. 3 km vor Michmas schlägt Jonatan die Wachposten der Philister. Die Philisterarmee kommt zu Hilfe und lagert in Beit Aven, wahrscheinlich Tel Marjam an der heutigen Zufahrtstraße nach Mukhmas. Israels Zivilbevölkerung bekommt Angst, sie verstecken sich »in Höhlen und Dornsträuchern, in Felsen, in Gewölben und in Zisternen« (1. Samuel 13,6). Dieser Vers beschreibt die besten und einzigen Verstecke, die es bis heute in dieser kahlen Landschaft gibt. Mit »Gewölbe« sind landwirtschaftliche Steinbauten gemeint.

Die Philistereinheiten teilen sich in Michmas auf und nehmen drei Wege, die bis heute die wichtigsten der Region sind. Eine Truppe geht durch die Schlucht Zeboim in Richtung Wüste. Zeboim, heb. eigentlich *Zwo'im*, bedeutet »Hyänen«. Eine der Schluchten, die aus Michmas nach Osten führt, heißt bis heute auf Arabisch Wadi Abu e-Sb'a, dt. »Schlucht des Hyänenvaters«. Die Philister lagerten am Pass von Michmas (1. Samuel 13,23). Der Pass ist leicht zu finden, entspricht aber nicht unserer Vorstellung von einer schneebedeckten Alpenlandschaft. *Maavar*, wie es im hebräischen Text steht, bedeutet »Durchgang«. Damit ist die Stelle gemeint, an der die Straße den Bach überquert. Antike Straßenbefestigungen verraten den antiken Verlauf parallel zur modernen Straße. Mit großer Selbstverständlichkeit trägt die lokale Tankstelle den Namen Maavar Michmas. Übersetzen kannst du dir das jetzt selbst.

Saul sitzt in Gibea und ahnt nicht, was direkt hinter seinem Rücken passiert. Die Bibel macht an dieser Stelle derart genaue Ortsangaben, dass wir sie bis hin zu einzelnen Felsen im Gelände rekonstruieren können. »Es waren aber zwischen den Pässen, durch die Jonatan zu dem Posten der Philister hinüberzugehen suchte, eine Felszacke auf der einen Seite und eine Felszacke auf der anderen Seite: Der Name der einen war Bozez und der Name der anderen Senne. Die eine Zacke bildete eine Säule im Norden gegenüber Michmas und die andere im Süden gegenüber Geba« (1. Samuel 14,4-5).

Wie viel kannst du mit solchen Angaben anfangen, wenn du sie zu Hause in deiner Bibel liest? Selbst im Gottesdienst und sogar im Bibelunterricht bleiben

solche Details Theorie. Bis sie dir direkt vor Augen liegen. 1,5 km östlich von Gibea vertieft sich die Schlucht auf einmal. An ihrem »Eingang« thronen zwei auffällige Felsen. Der nördliche an der Seite Michmas wurde von den Einheimischen el-Busa genannt, erzählen die Dorfältesten, die arabische Variante von Bozez. Ursprünglich bedeutete *Bozez* »der Glänzende«. Um das zu verstehen, musst du am frühen Morgen kommen, wenn ihn die frühen Sonnenstrahlen glänzen lassen. Wenige Dutzend Meter gegenüber muss der andere Fels sein, Senne. Den gesamten Schluchtabschnitt nennen die Einheimischen Wadi Sewennet, wohl von Senne abgeleitet.

AUS DER UNIFORM INS AMT

Sauls Armee siegt über die Philister. Diesem Sieg folgt eine Reihe weiterer Siege an allen Grenzen wie im Inland. Sauls Reich wächst und etabliert sich. Zum Generalstabschef ernennt er seinen Verwandten Abner. Mit insgesamt sechs Söhnen und zwei Töchtern gründet er ein Königshaus. Sauls Aufstieg zum Königtum hat er größtenteils seiner erfolgreichen Karriere als Heerführer zu verdanken.

Ein Vergleich mit der heutigen politischen Situation liegt da auf der Hand. Wie zur Zeit der Reichsgründung war auch Israels Wiedergeburt im 20. Jahrhundert von Sicherheitsproblemen begleitet. Unter den Premierministern und führenden Politikern im modernen Israel gibt es nur wenige, die ihre Karriere nicht als siegreiche Heerführer begannen.

EXKURS:

Philister

Die Bibel zählt fünf Philisterstädte auf: Gaza, Aschkelon, Aschdod, Ekron und Gat. Die Archäologie zeigt, dass es noch weitere Siedlungen gab. Ihr Kernareal war ein 100 x 15 km großer Küstenstreifen mit Gaza in der Mitte. Seine Südhälfte liegt heute in Ägypten. Innerhalb von 170 Jahren vergrößerten die Philister ihren Lebensraum deutlich. Ihren Küstenstreifen verdoppelten sie in die Breite. In der Länge kontrollierten sie sogar 250 km. Bei den Erweiterungen interessierte sie nur der Norden, wo es fruchtbar ist. Israels gesamtes heutiges »Zentrum« liegt im ehemaligen Philistergebiet. Die Landschaften des Philisterlandes waren hauptsächlich gelbliche Sanddünen mit vielen Sträuchern, im Hinterland Lehmgebiete in rötlich-braunen Farbtönen. Für die Landwirtschaft nicht schlecht. Im Südosten grenzte ihr Gebiet an die Wüste Negev. Dort gibt

es flache Lösshügel. Das gesamte Gebiet ist heiß, im Sommer schwül und ganzjährig eher unspektakulär. Im Osten seines Landes konnte ein Philister bei einem Spaziergang die Berge Judäas sehen. Später eroberten sie Teile der Judäischen Niederung, sodass der Spaziergang eines Philisters bis in sanft bewaldete Kreidehügel führen konnte, ähnlich der Landschaft auf manchen Toskana-Postkarten.

Wie sich die Philister selbst nannten, wissen wir nicht. Ihr hebräischer Name verrät aber sofort die wichtigste Information über ihre Herkunft. Der Wortstamm bedeutet »eindringen«, sodass die »Philister« so etwas wie »Eindringlinge« sind. Auch in anderen Sprachen hießen sie ähnlich. Ägyptische Monumente erwähnen das Volk der *PRST* und *PLST*, assyrische Dokumente nennen die Region *Palaschtu* und *Pilischtu*. Im 12. Jh. v. Chr. gab es eine Dürreperiode im Mittelmeerraum. Das könnte ein Grund für ihre Suche nach einem neuen Lebensraum gewesen sein.

Wir erinnern uns an Philisterkönig Abimelech, den wir bei Abraham kennengelernt hatten. Er gehörte wahrscheinlich zu einer älteren Gruppe von Philistern. 500 Jahre nach ihm gab es wohl eine neue Einwanderungswelle von Philistern in die gleiche Region. Schon im 5. Buch Mose wird von einer Bevölkerungsgruppe berichtet, die aus Kaftor kam und Gazas Gebiet gewaltsam einnahm und besiedelte (5. Mose 2,23). Mit Kaftor könnte Zypern oder Kreta gemeint sein. Auch Amos nennt sie »Philister aus Kaftor« (Amos 9,7). Hesekiel und Zefanja nennen sie ausdrücklich »Kreter« (Hesekiel 25,16; Zefanja 2,5). Anders als die Völker der Region waren die Philister unbeschnitten. Mit »Unbeschnittenen« werden in der hebräischen Bibel grundsätzlich die Philister gemeint. Neuste DNA-Untersuchungen von Knochen aus der Philisterzeit in Aschkelon belegen eine europäische Herkunft. Die Archäologie zeigt ihre Verbindung zur griechisch-mykenischen Kultur. Anfänglich verwendeten sie die gleichen Schriftzeichen wie damals auf Zypern, zeigt eine Inschrift aus Aschdod. Später übernahmen sie die phönizische Schrift , die die Israeliten und andere benachbarte Völker verwendet haben. Die Philisterkeramik ähnelt der mykenischen und sieht ganz anders aus als die israelitische oder die kanaanäische. Ihre Tongefäße sind mit Naturdarstellungen verziert – Fische, Vögel und Pflanzen, meistens rot-schwarz bemalt. Die israelitischen Gefäße sind einfach und unbemalt. Über Schönheit darf jeder nach eigenem Geschmack entscheiden, aber sicher ist: Die Philister waren den Israeliten und Kanaanitern in der Keramikherstellung überlegen. Ein Großteil ihrer Keramik war eine Art Partygeschirr und diente dem Servieren und Trinken alkoholischer Getränke. In der Bibel werden sie eher als starkes Kriegsvolk dargestellt, aber in ihrer Freizeit waren sie richtige Partymäuse. Die vielen Schweineknochen erzählen von guten Schweinesteaks, begleitet von einem guten Wein.

Heute wissen wir, dass jemand gegen 1000 v. Chr. Schweine aus Europa ins Land importierte. Die Forschung vermutet die Philister hinter dem Import. Die Wildschweine, die heute in Israel leben, stammen von diesen europäischen Schweinen ab und unterscheiden sich genetisch von den Wildschweinen des Nahen Ostens.

Politisch-militärisch waren die Philister speziell organisiert. Als alle anderen Völker der Region Könige hatten, hatten die Philister laut der Bibel »Fürsten« (Josua 13,3), eine ungünstige Übersetzung von heb. *Ssaranim*. Vermutet wird, dass das Wort die hebräische Form des griechischen »Tyrannen« ist. Die Tyrannenherrschaft kam im griechischen Raum erst später auf, aber vielleicht gab es schon frühere Vorstufen.

DIE SEEVÖLKER UND EISERNE WAGEN

Schon bevor es DNA-Analysen gab, ordnete die Wissenschaft die Philister einer größeren bekannten Gruppe zu, den Seevölkern. Mit dieser Bezeichnung sind Seefahrer aus westlicheren Gebieten des Mittelmeers gemeint, die im 13. Jh. v. Chr. die Ostküsten überfielen. Die Ägypter nannten sie »die aus dem Tiefgrünen kamen«. Als »Tiefgrünes« bezeichneten sie das Mittelmeer. Pharao Ramses III verewigte im Totentempel bei Luxor seinen Sieg über sie an einem Relief. So wie es aussieht, ließ sich eine Gruppe von ihnen an Kanaans Südküste nieder, nachdem ihr Versuch, Ägypten zu überfallen, gescheitert war. Der Pharao schreibt, dass sich die Besiegten in Festungen niederließen, wahrscheinlich den späteren Philisterstädten. Der Pharao gibt sein achtes Regierungsjahr als Kriegszeitpunkt an. So wissen wir sogar, wann die Niederlassung der Seevölker in Kanaan begann: 1172 v. Chr., 100 Jahre nach Beginn der Landnahme und inmitten der israelitischen Besiedlungszeit. Die Reibung mit den Israeliten war vorprogrammiert. Die Israeliten kamen von Osten und besiedelten das Bergland, die Philister kamen von Westen und besiedelten die Küstenebene. Die bekanntesten Kriege zwischen beiden Völkern fanden am Übergang zwischen Bergland und Ebene statt. Kein Wunder, das war die Grenzregion.

Nicht nur in der Keramikherstellung waren die Philister den Israeliten überlegen, sondern auch in der Eisenverarbeitung. Ihr größter Vorteil waren »eiserne Wagen«. Aus unserer heutigen Perspektive ist so ein Wagen primitiv, fast lächerlich. Damals waren sie alles andere als das. Auf eisernen Wagen konnten Soldaten schnell düsen und gleichzeitig schießen. Sie bildeten Reihen und waren nicht zu stoppen. Die Israeliten kämpften zu Fuß. Das kann man mit dem Verhältnis von Gewehren gegen Hightech-Panzer vergleichen. Aber auf steilem oder rauem Terrain verloren eiserne Wagen ihren Vorteil. Im Bergland kommt es mehr darauf an, das Gelände zu kennen. Dort waren die Israeliten zu Hause, ihre Kampftaktik ähnelte der einer Guerillaarmee. Unterm Strich hatten die Israeliten kaum Chancen im Flachland und die Philister kaum Chancen im Bergland. Die Bibel spricht es an (Richter 1,19).

Die Gefangennahme der Bundeslade war ein Höhepunkt der militärischen Erfolge der Philister. Ihre größte Stärke erreichten sie als sie es schafften, Israels König Saul und seine Söhne zu töten. König David war es, der die Philister letzten Endes besiegte. Von da an hatten sie wieder Könige und keine »Tyrannen« mehr. In den 400 Jahren danach existierten sie als einzelne Stadtstaaten.

WO SIND DIE PHILISTER HEUTE?

Das Ende der Philister kam um 604 v. Chr., als der babylonische König Nebukadnezar II. ihre Gebiete eroberte und zerstörte. Archäologische Funde belegen die Zerstörung. Und was ist mit den Menschen passiert? Nebukadnezar führte sie ins

Zweistromland, zumindest ihre Eliten. Babylonische und persische Inschriften erwähnen Aschkeloniter und Aschdoditer, die in Babylonien lebten, Exil-Philister. Im 6. Jh. v. Chr. wurde das ehemalige Philistergebiet durch Phönizier besiedelt und ab dem 4. Jh. v. Chr. waren die Hellenisierungsprozesse in der Region besonders stark. Seit dem 7. Jh. n. Chr. wurde auch dieses Gebiet arabisiert. Das Volk der Philister ist heute verschwunden, ihr Name nicht ganz. 135 n. Chr. wurde durch Kaiser Hadrian das ganze Land umbenannt, von »Judäa« in »Syrien-Palästina«. »Palästina« ist dabei von »Philister« abgeleitet worden. Schon im 5. Jh. v. Chr. verwendete der griechische Historiker Herodot den Namen Palästina. Damals bezeichnete er nur das Philistergebiet. Hadrians Umbenennung war eine Strafe an die Juden nach einem Aufstand. Ihr Land sollte entjudaisiert werden. Jerusalem bekam den Namen Aelia Kapitolina. Dieser Name hat nie Wurzeln geschlagen, Palästina schon. Die arabischen Eroberer übernahmen den formalen römischen Namen des Landes, was im Arabischen zu Falastin wurde. Erst ab der zweiten Hälfte des 20. Jahrhunderts wurde der Name Palästina mit der neu entstandenen arabischen Nationalbewegung im Land in Verbindung gebracht. Es bildete sich die neue Identität »Palästinenser«. Inzwischen bezeichnet man damit ausschließlich Araber, deren Heimat zwischen dem Jordan und dem Mittelmeer liegt.

David war nicht der zweite König Israels

Auf die Frage, wer Israels zweiter König war, würde fast jeder mit »David« antworten. Ist es wirklich so? 2. Samuel 3,1 beschreibt Davids schrittweise Machtübernahme: »Und der Kampf währte lange zwischen dem Haus Sauls und dem Haus Davids. David aber wurde immer stärker, während das Haus Sauls immer schwächer wurde.« Um an den Thron zu kommen, brauchte David Jahre. Doch was viele nicht wissen: Zwischen Saul und David gab es noch einen vergessenen König. Lass uns in Gedanken in jene Zeit zurückgehen und Bekanntes aus unbekannten Blickwinkeln betrachten.

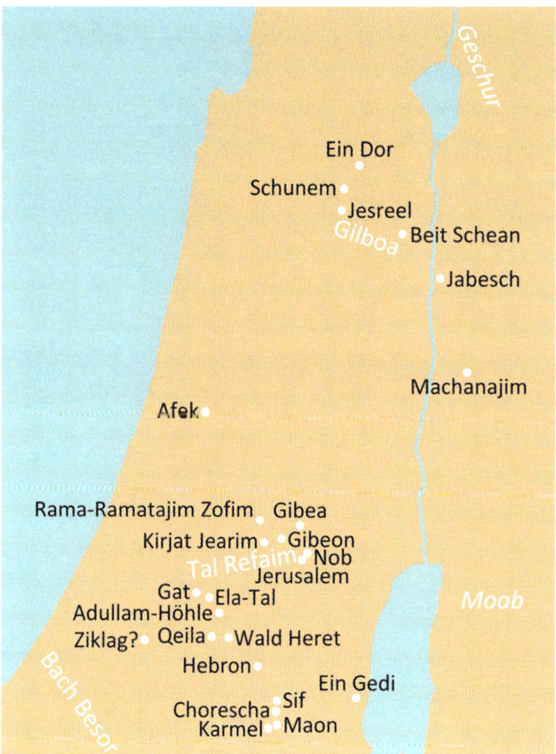

Wie einst Saul salbt Samuel auch David heimlich. Die Salbung findet in der Nähe von Bethlehem statt, wo David lebt. Die 50 km dorthin legt Samuel zusammen mit einer Kuh zurück. Es hört sich schräg an, aber die Kuh ist sein Alibi. Falls er gefragt worden wäre, wohin er geht, hätte er gesagt, er möchte die Kuh opfern. Elegant. Diesmal hat die Geheimnistuerei einen anderen Grund: Samuel fürchtet Saul. Er ist der König. Saul befindet sich gerade auf dem Höhepunkt seiner Regentschaft. Jeder weitere Anwärter ist eine Bedrohung für ihn. Die Salbung eines neuen Königs ist daher für jeden Involvierten lebensgefährlich. Aus Sauls Perspektive wäre das nicht weniger als ein Putsch.

Für den Fall, dass der Gebrauch des Wortes »Putsch« in Zusammenhang mit König David für dich gewöhnungsbedürftig ist, möchte ich eine allgemeine Beobachtung teilen. Generell lässt sich ein gewisser Unterschied in der Perspektive nichtjüdischer und jüdischer Bibelleser feststellen. Wir Juden sind insgesamt weniger nachsichtig mit den biblischen Persönlichkeiten; wir sehen nicht so leicht über ihre Fehler hinweg. Vielleicht liegt es daran, dass es bei uns um die eigenen Vorfahren geht, um die eigene Geschichte. Vielleicht aber auch daran, dass Juden den Heiligkeitsgrad verschiedener Bibelteile unterscheiden (s. dazu »Tanach und Stufen der Heiligkeit« auf S. 83).

Machen wir uns auf eine Reise durch die einzelnen Stationen im Leben Davids. Nachdem wir David als Hirtenjungen kennengelernt haben, sehen wir ihn als Musiker vor dem König. Im Hebräischen spielt er auf einem *Kinnor*, in den Übersetzungen ist es mal eine Harfe, mal eine Zither. Im modernen Hebräischen ist *Kinnor* eine Geige, aber was wir heute als Geige kennen, entstand erst im 18. Jahrhundert in Europa. *Kinnor* war ein typisch israelitisches Zupfinstrument.

DAVID WIRD BERÜHMT

Doch den Durchbruch erlangte David erst später durch seinen legendären Kampf gegen Goliat. Sicher hast du diese Bibelgeschichte schon als Kind gehört und sie dir bildlich ausgemalt.

Eichgrund

So übersetzte Luther das »Ela-Tal«, wo David Goliat bekämpfte. Andere Übersetzungen schreiben »Terebinthental«, wobei Terebinthen in Israel nicht vorkommen. Heute nennen wir einige Pistazienarten Ela, aber sie sind im Land so verbreitet, dass das Tal wohl kaum nach ihnen benannt wurde. Vermutlich war Ela damals eine andere Baumart, nur welche – das kann uns das Gelände am besten beantworten. In diesem Tal wächst eine für Israel besondere Pflanze, der Anabaum. Er sieht wie eine Akazie aus, kommt aus der ostafrikanischen Savanne und kann sich in Israel nur durch Wurzeln verbreiten. Deswegen gibt es ihn in Israel nur an sehr wenigen Stellen. So wäre die richtige Übersetzung hier »Anabaumtal«.

Bei gründlichem Lesen wirst du sehen, dass der Kampf zwischen Socho und Aseka (1. Samuel 17,1) stattfand. Diese Orte liegen 4 km voneinander entfernt auf Hügeln. Zwischen ihnen liegt das fruchtbare Ela-Tal.

Wenn du im Ela-Tal stehst, kannst du Bethlehems Randgebiete 20 km vor dir auf den Bergen sehen. Diese Strecke lief David zu seinen Brüdern – und damit dem Kampf gegen Goliat entgegen. Er und Goliat kämpften stellvertretend für ihre Völker. Das Ergebnis des Kampfes zwischen zwei stellvertretenden Kämpfern entscheidet, welches Volk den gesamten Krieg gewinnt. Das mag in unseren Augen nicht ganz logisch wirken, aber im Orient waren solche Stellvertreterkriege auch Jahrtausende später noch Brauch. Davids berühmter Steinwurf aus der Schleuder direkt gegen Goliats Stirn ist für den Riesen tödlich. Aber wo hatte David den Stein her? Diese Frage kann uns wieder das Gelände ziemlich ge-

nau beantworten. Im Tal gibt es kaum Steine, außer im Bachbett, und zwar am meisten im Abschnitt unterhalb der Kreidefelsen, die der Bach anschneidet. Der Kieselstein liefert David den Sieg, aber auch ein Problem: »Saul sah neidisch auf David von jenem Tag an und hinfort« (1. Samuel 18,9). Die Übersetzung ist fast zutreffend. Genauer wäre: »Und Saul verhielt sich ab diesem Tag feindselig gegenüber David«. Feindselig bedeutet nicht gleich neidisch.

Sobald Sauls Feindseligkeit für David gefährlich wird, flieht er. Erst findet er Unterschlupf in Nob bei Jerusalem, wo die Stiftshütte nach Schilos Zerstörung stand, laut Talmud 13 Jahre lang (Megilla 1,12). Hier isst David vom Schaubrot und bekommt Goliats Schwert.

Normalerweise wurde die Bundeslade in der Stiftshütte aufbewahrt. Doch wir wissen, dass die Bundeslade in dieser Zeit an einem anderen Ort stand – in Kirjat Jearim, heute Abu Gosh, ungefähr 12 km entfernt.

Nach dem Aufenthalt in Nob flieht David zu Achisch, König von Gat. Zur Erinnerung: Gat war Goliats Stadt. Gat wird heute bei Tel Zafit zwischen Beit Schemesch und Kirjat Gat verortet. Als Verantwortlicher für den Tod Goliats und vieler Philister war seine Schutzsuche ausgerechnet dort absoluter Wahnsinn und gleichzeitig genial. In den Augen der Israeliten aber war der Lagerwechsel sicher nicht weniger als ein Verrat an der Nation. David flieht weiter in eine Höhle bei der Stadt Adullam, deren Überreste im Ruinenhügel Adullam beim gleichnamigen Ort zu sehen sind. Die Gegend könnte auch heute noch »das Land der tausend Höhlen« heißen. Hier baut sich David ein Gefolge von 400 Männern auf, »lauter Bedrängte und solche, die verschuldet waren, und andere mit erbittertem Gemüt« (1. Samuel 22,2). Das klingt nach einer nicht gerade angenehmen Gesellschaft. Mit seinem Gefolge geht er nach Moab, zu einem anderen Feind Israels, und findet dort Schutz für sich und seine Eltern. Der Schutz bei den Moabitern sollte keine große Überraschung sein. Vergiss Davids moabitische Herkunft nicht – seine Urgroßmutter Ruth war Moabiterin. Nun kehrt David nach Judäa zurück in den Wald Heret, wahrscheinlich in der Gegend des heute palästinensischen Dorfes Kharas bei Hebron.

EINE HETZJAGD QUER DURCHS LAND

David ist permanent auf der Flucht und muss ständig einen sicheren Unterschlupf finden. Und er ist nicht allein. In dieser Zeit wächst sein Gefolge auf 600 Mann. Seine wichtigsten Männer waren seine Neffen (1. Chronik 2,16).

Nur 3 km vom Wald Heret, wo sich David und sein Gefolge verstecken, liegt Tel Qilla, einst Keila. Die ursprünglich kanaanäische Stadt war von Israel eingenommen worden und wird gerade von Philistern überfallen, als David sich dort versteckt. Die Überfälle können Davids Männer vom Wald aus sehen. Obwohl David der Stadt hilft, wollen die Einwohner ihn verraten. In den Augen des Volkes gibt es schon einen rechtmäßig regierenden König. Keila liegt in Westjudäa, einer fruchtbaren und dicht besiedelten Region. David und sein Paramilitär müssen raus aus der Zivilisation – dort ist es viel zu unsicher. Dafür ist die Wüste gut. Nur 20 km südöstlich beginnt die steile judäische Felsenwüste, in der kaum ein Mensch wohnt. »Und David blieb in der Wüste auf den Bergfesten, und er blieb im Gebirge in der Wüste Sif« (1. Samuel 23,14). Wieder ist der biblische Bericht sehr genau. Sif ist heute ein arabisches Dorf am Wüstenrand, der Tel liegt direkt an der Straße zwischen Hebron und Arad. 150 Jahre vorher wurde die Stadt laut Archäologen gegründet. Hier gibt es besonders viele archäologische Funde aus der israelitischen Zeit. David hält sich in Chorscha auf, heute Tel Chureisa 3 km südlich von Sif. Hierhin kommt Jonatan zu David. Damit wir es klar vor Augen haben: Jonatan ist der Kronprinz. Eigentlich müsste er David genauso verfolgen wie sein Vater Saul. Die Freundschaft mit David ist ihm aber wichtiger. Er verzichtet nicht nur auf den Thron, sondern liefert David warnende Informationen aus dem Königshaus. Diese Begegnung wird ihre letzte sein. 50 km musste Jonatan für diesen Besuch von Gibea bis Chorscha zurücklegen. Diese Mühe machen sich auch die Sifiter, wenn sie zu Saul gehen und über Davids Versteck berichten. Wie bei Spionen im Aufklärungsdienst ist ihre Berichterstattung sehr genau (1. Samuel 23,19). Auch sie verhalten sich dem König gegenüber loyal, obwohl David aus ihrem Stamm kommt.

David flieht 10 km weiter nach Süden in die Wüste Maon. Maon liegt auf dem heutigen Hügel Tel Main. Mit vielen Soldaten und genauen Informationen kommt Saul hierher und wird im spannendsten Moment benachrichtigt: Die Philister greifen an. Es herrscht wieder Krieg. Er muss Prioritäten setzen. Dadurch gewinnt David Zeit und flieht viel tiefer in die Wüste hinein. Besser gesagt hinab, denn er geht zum fast tiefsten Punkt der Erde, nach En-Gedi, 25 km östlich und 1300 m tiefer.

Sela-Machlekot und die Wüste Maon

Sauls und Davids Wege trennten sich am Sela-Machlekot (1. Samuel 23,28). *Sela* heißt »Fels«, *Machlekot* ist vom Wortstamm »scheiden« abgeleitet. In leicht abgeänderter Form ist dieser Ausdruck bis heute eine hebräische Redewendung, mit der man den »eigentlichen Streitpunkt« meint. Diesen Fels kann man heute nicht mehr genau identifizieren, aber Kreuzungen, die nach En-Gedi und ins Philisterland hinunterführen, gibt es nicht viele. Die Wüste Maon bietet heute ein gutes Netzwerk markierter Wanderwege. Auf einer Wanderung wird einem schnell klar, in welcher Gegend eine solche Trennung der Wege möglich ist. Diese Gegend ist eine der urigsten im ganzen Land. Bis heute leben hier Menschen in Höhlen, meistens mit Vorbauten.

Nachdem der Krieg vorbei ist, widmet sich König Saul wieder dem Menschen, der seinen Thron bedroht. Mit 3000 Soldaten kommt er nach En-Gedi. En-Gedi ist eine der bekanntesten Oasen Israels, die viele Besucher anzieht. Der Name bedeutet »Steinbockquelle«. Jeder, der vor Ort war, weiß weshalb. In dieser Gegend laufen unzählige Steinböcke herum. Hier begegnen sich Saul und David. Diese Begegnung ist bis heute eine bekannte Stelle in der Bibel (1. Samuel 24). Saul geht in einer Höhle auf Toilette, biblisch: »seine Füße bedecken«. Ausgerechnet in dieser Höhle versteckt sich David. Während Saul seine Notdurft verrichtet, hätte David ihn leicht töten können. Er entscheidet sich dagegen. Als Beweis für diese ungenutzte Gelegenheit schneidet er ein Stück von Sauls Gewand ab und zeigt es ihm, sobald er draußen ist. Die Kleider, die sie in En-Gedi getragen haben, dürfen wir uns sommerlich vorstellen. In En-Gedi ist es nämlich immer sehr heiß.

ABIGAIL

Kleiner Szenenwechsel: Die Ereignisse nehmen eine dramatische Entwicklung. Samuel ist tot. Es herrscht nationale Trauer. Alle beobachten die Lage. David zieht in die Wüste Paran im heutigen Negev und kommt kurz darauf zurück in die Gegend von Maon. Es ist die Zeit der Schafschur, wahrscheinlich März. Es wird warm. Heiß. Die Wasserversorgung ist noch kritischer als im Winter, für 600 Männer eine echte Herausforderung. David schickt Männer zu einem der Reichsten der Region, *Naval*, in den Übersetzungen »Nabal«. Der Wortstamm bedeutet »Aas« und »böse Tat«. Heute ist *Naval* ein Synonym für »Bösewicht«. Der Name ist Programm. Nabal wohnt in Maon, sein Business, mit 3000 Schafen und 1000 Ziegen ein ziemlicher Großbetrieb, liegt im 2km entfernten Karmel, heute El-Karmil. Was passiert? David lässt Nabal erklären, seine Männer hätten ihm und seinen Angestellten nichts angetan, darum solle er sie versorgen. Nabal lehnt dieses Ansinnen direkt ab, er wisse nicht mal, wer David sei. Wenn wir ehrlich sind – wir würden uns wahrscheinlich ebenso verhalten. Davids Reaktion ist heftig. Von den 600 Mann nimmt er 400 Bewaffnete mit nach Maon. Du siehst schon, das kann nicht gut ausgehen. Wer den Ernst der Lage erkennt, ist Nabals Frau Abigail. Sie ist laut der Bibel sowohl schlau als auch hübsch und ergreift die Gelegenheit beim Schopf. Sie belädt Esel mit Lebensmitteln und macht sich »im Schutz des Berges« (1. Samuel 25,20) heimlich auf den Weg hinunter in Richtung Wüste. Wer vor Ort ist und in die Landschaft blickt, meint schnell erkennen zu können, hinter welchen Berg sie lief. Sie setzt ihre weiblichen Reize ein und kann David überzeugen, auf das Gemetzel zu verzichten. David plante nämlich, keinen einzigen Wandpinkler (1. Samuel 25,34) am Leben zu lassen.

Wandpinkler

Dieser Begriff kommt insgesamt sechsmal in der Bibel vor. Während einige Übersetzungen diesen übernehmen, schreiben andere »was männlich ist«. Er bedeutet jedenfalls immer »Mann«.

David kehrt um, Abigail reitet bergauf nach Hause. Am Morgen erzählt sie ihrem Mann, was passiert ist. Ab da geht alles ganz schnell: Nabal bekommt einen Herzinfarkt und stirbt ungefähr zehn Tage später. Abigail wird Davids zweite Frau. Seine erste Frau Michal, Sauls Tochter, ist darüber nicht im Bilde. Daraufhin gibt ihr Vater sie nun einem anderen Mann.

WEITERE VERFOLGUNG UND ASYL BEIM FEIND

Die Sifiter stecken dem König bald, dass sich David in ihrer Gegend versteckt hält. Saul begibt sich wieder auf die Jagd. Bei Sif bekommt David zum zweiten Mal die Chance, Saul zu töten. Nachts schleicht er sich ins schlafende Militärlager ein. Er erreicht Saul und wird nicht entdeckt. Ähnlich wie in En-Gedi nimmt er einen Beweis mit, dieses Mal Sauls Wasserkrug und Speer.

Sauls und Davids Begegnung bei Sif wird ihre letzte sein. David versteht, dass er keinen Zufluchtsort im Land finden wird, überall wird er ausgeliefert. Er entscheidet sich für einen radikalen Schritt, geht zum Philisterkönig Achisch in Gat und bittet offiziell um Asyl. Wieso sollte Achisch es ihm auch verwehren? Als Feind des König Israels ist David beliebt beim König der Philister. David darf sich in der Stadt Ziklag mit seinen paramilitärischen Einheiten niederlassen. Nach neusten Erkenntnissen liegt Ziklag in Tel er-Ra'i. Prof. Yosef Garfinkels fand dort eine zerstörte Philisterstadt. Ob dort aber tatsächlich Ziklag lag, ist noch nicht vollständig erwiesen.

Diese Situation wird oft unterschätzt. Sie ist aber nicht weniger als ein Nationaldrama: David beweist seine Loyalität zu Achisch. Versuchen wir die Situation aus dem Blickwinkel des Volkes zu sehen. Dieser David, der inzwischen einen Bund mit einem Feind geschlossen hat, ein Verräter der Nation, will König über Israel werden?

SAULS TOD

Die Lage spitzt sich weiter zu. Es herrscht wieder Krieg mit den Philistern, diesmal bei Jesreel im Norden. Achisch verlangt Davids aktives Mitkämpfen und David zieht in der Tat mit. Zu seinem Glück sind die anderen Philisterführer damit nicht einverstanden, sie vertrauen David und seiner Miliz nicht. Achisch schickt David zurück ins Philisterland. Die Trennung erfolgt in Afek, wo die Philister schon einmal den Kampf gegen Israel gewannen und die Bundeslade gefangen nahmen. David darf 60 km zurück nach Ziklag gehen, die Philister ziehen 85 km der Meeresstraße entlang weiter nach Norden und lagern in Schunem, dem heutigen arabischen Dorf Sullam bei Afula. In vielen Jahren wird eine junge, hübsche Frau für David aus diesem Dorf geholt werden, Abischag, um ihn im hohen Alter aufzuwärmen. Aber das ist Zukunftsmusik. 5 km sind es zwischen dem Lager der Philister und dem der Israeliten an der Quelle Jesreel. Sie können einander sehen. Genau dieser Anblick auf das Philisterlager versetzt Saul in Schrecken. Er will unbedingt wissen, wie der bevorstehende Kampf ausgehen wird. Verkleidet geht er zu einer Wahrsagerin nach En-Dor, heute Tel Tsaftsafot, das nahe dem Berg Tabor liegt. 1 km vom Tel befand sich bis 1948 das arabische Dorf Indur, das den alten Namen konservierte. 15 km muss Saul zurücklegen und dabei das Philisterlager rechts umgehen.

Die 4- bis 6-tägige Abwesenheit der Philister und der Miliz Davids nutzen die Amalekiter, um sich an David zu rächen. Er hat sie während seiner Zeit bei Achisch nämlich ebenso oft überfallen wie die israelitischen Städte. In Ziklag nehmen die Amalekiter alle Frauen und Kinder Davids und seiner Männer gefangen. Die Situation wird für David brenzlig. Seine eigenen Männer machen ihn für die Katastrophe verantwortlich und wollen ihn steinigen. Er trifft die Entscheidung, den Amalekitern nachzujagen. Für 200 der 600 Kämpfer geht die Jagd zu schnell, sie kommen kaum nach. 60 km vom vermuteten Ziklag entfernt beim Bach Besor, nach zwei Tagen Marsch, treffen sie auf einen Knecht eines Amalekiters und zwingen ihn, sie zu den Amalekitern zu führen. Mit Erfolg. Sie bekommen ihre Familien wieder. Die Beute teilt David großzügig auch mit den Kämpfern, die zurückblieben. Das ist seine Gelegenheit für eine Geste der Wiedergutmachung den israelitischen Orten gegenüber, die er angegriffen hat. Er schickt ihnen Teile der Beute zu. Die Liste der Orte ist lang (1. Samuel 30,26-31).

Und Saul? Er und seine Söhne fallen an diesen Tagen im Krieg am Berg Gilboa, wohin sie vom Schlachtfeld des Kampfes gegen die Philister in der Jesreelebene zu fliehen versuchten. Der Berg beginnt nur 1 km hinter der Quelle Jesreel, zieht sich 20 km nach Südosten hin und thront wie ein einziger Hang 600 m über dem Tal. Die Philister köpfen Sauls Leiche und spießen sie zusammen mit den Leichen seiner Söhne auf Bet-Scheans Stadtmauer auf, unterhalb des Gilboa. Im Buch Samuel wird erzählt, dass die Philister Sauls Waffen in den Astartettempel legten. Den Kopf Sauls hätten sie in den Dagontempel gelegt (1. Chronik 10,10). Theologen erklärten die Angaben für widersprüchlich. Zwei Tempel für zwei Gottheiten in derselben Stadt seien unglaubwürdig. Bis die beiden Tempel gefunden wurden. In einem Baukomplex wurde eine Halle der Göttin Astarte und eine andere dem Gott Dagon geweiht, ein Flur trennte sie.

In einer Nacht-und-Nebel-Aktion holen Männer aus der Stadt Jabesch die Leichen heimlich, um sie würdig bei sich zu bestatten. Sie tun es, weil sie Sauls Gnade nicht vergessen haben. Und das aus gutem Grund: Er rettete sie 25 Jahre früher aus den Händen Nachaschs. Außerdem war er mit ihnen verwandt oder zumindest angeheiratet.

Die Nachricht von Sauls Tod erreicht David in Ziklag, wo er sein berühmtes Klagelied dichtet. Die Zitate aus diesem Klagelied, »Wie sind Helden gefallen!« (2. Samuel 1,19) und »Sie waren schneller als Adler, stärker als Löwen« (2. Samuel 1,23), findet man heute fast auf jedem israelischen Denkmal für Gefallene.

ZWEI JAHRE MIT ZWEI KÖNIGEN

Und nun? Ist David jetzt König? Nicht ganz. Saul hat noch einen Sohn. Drei seiner Söhne sind im Krieg mit ihm gefallen, aber der Jüngste, Isch-Boschet, lebt. Ganz so jung ist er nicht mehr, er ist 40. Auf ihn schauen die Augen des Volkes, als Kronprinz ist er für sie der natürliche Thronfolger. Außer für den Stamm Juda. David zieht mit seiner Gefolgschaft nach Hebron, Judas wichtigste Stadt, und wird dort zum König gesalbt. David ist König seines eigenen Stammes Juda, über die anderen Stämme herrscht David nicht. Der Machtkampf beginnt. David schickt Boten zur Hochburg der Anhänger des Hauses Sauls, nach Jabesch. Seine Botschaft: »Ihr habt das mit Sauls Begräbnis prima gemacht, aber ich bin der König.« Erfolglos. Mit Unterstützung des Generalstabschefs Abner wird Isch-Boschet König über Israel. Israels zweiter König war also Isch-Boschet. David war der dritte, würden 11 von 12 Stämme sagen. Zwei Jahre wird es noch dauern, bis David König von ganz Israel wird. Isch-Boschet stirbt keines natürlichen Todes. Während seines Mittagsschlafes in seinem Palast in Mahanajim wird er erstochen. David ist zu diesem Zeitpunkt 30 Jahre alt.

KÖNIGSSITZ HEBRON

Insgesamt herrscht David siebeneinhalb Jahre in Hebron. In dieser Zeit sorgt er für Nachkommen. Sechs Prinzen kommen hier zur Welt. Seine politisch motivierte Heirat mit Maacha, der Tochter des Königs von Geschur, verschafft ihm internationale Beziehungen.

Geschur

Geschur war ein kleines Königreich am See Genezareth und in Teilen des Golan. Seine Hauptstadt war wahrscheinlich Bethsaida. Diese Stadt ist aus den Evangelien des Neuen Testamentes bekannt. Mit Maacha, der Tochter des Königs von Geschur, zeugt David seinen Sohn Absalom. Nach der Ermordung seines Halbbruders wird dieser zu seinem Großvater fliehen. 1 000 Jahre bevor Jesu Jünger Simon Petrus, Andreas und Philippus in Bethsaida lebten, verbrachte Davids Sohn Absalom drei Jahre in derselben Stadt.

ISRAELS NEUE HAUPTSTADT

Aus innenpolitischen Gründen braucht David eine neue Hauptstadt. Hebron liegt im Stammesgebiet Judas und ist dadurch für alle anderen Stämme nicht wirklich annehmbar. David braucht einen neutralen Ort, in dem er eine neue, vereinende Hauptstadt gründen kann. Er entscheidet sich für eine damals noch nicht eroberte Enklave eines kleinen kanaanäischen Volkes, der Jebusiter (Richter 1,21). Ihre Stadt heißt Jebus. Sie liegt im Grenzgebiet zwischen Juda und Benjamin, nah an Davids eigenem Stamm Juda, und gehört keinem israelitischen Stamm. Aus dieser Stadt wird Israels wichtigste Metropole durch alle Epochen hindurch. Diese Stadt ist auch heute noch Israels Hauptstadt: Jerusalem. Doch erst muss David sie militärisch einnehmen. Diese spannende Geschichte und ihre Spuren im Gelände sollten wir kennen.

Wir befinden uns ca. im Jahr 1000 v. Chr. Joab, Davids Neffe und Militärstabschef, führt Kämpfer durch den *Zinnor*. Heute bedeutet dieses Wort »Schlauch«, aber weil es in der Bibel nur hier vorkommt, wissen wir nicht genau, was es damals war. Übersetzt wird es meist als »Schacht«. Jerusalem hatte seine Wasserquelle außerhalb der Stadt, weit unter dem Stadtniveau am Berghang. Freigelegt wurde ein unterirdischer Gang, der die Stadt mit der Quelle verbindet. Jeder kann heute durch diesen Tunnel gehen. Zu Davids Zeiten brauchte man ihn vor allem für Belagerungszeiten. So konnte man Wasser durch den unterirdischen Gang holen, ohne die Stadt zu verlassen. Die Quelle schützten die Jebusiter mit einer massiven Festung. Deren Überreste kann man heute noch sehen. Vielleicht war aber Joabs Schacht auch ein anderer Tunnel, der damals nicht in Betrieb war. Ein sol-

cher Tunnel ist bei der Quelle auch heute noch sichtbar. So oder so, Joab fand die Schwachstelle der Stadt und alles, was seine Männer tun mussten, war, das Stadttor von innen aufzumachen, wo viele israelitische Kämpfer warteten. Jerusalem ist in Israels Hand.

David kann sein Vorhaben umsetzen. Mit seinen Frauen und Kindern zieht er von Hebron nach Jerusalem um. In Jerusalem nimmt er weitere Frauen, elf Söhne werden hier geboren. Die königliche Familie lebt wohnen in der Festung Zion, die offenbar noch von den Jebusitern stammt, und nennt sie »Davidstadt«.

Zion

So hieß ursprünglich die Festung, in der David in Jerusalem zuerst wohnte. Später wurde Zion ein Synonym für Jerusalem und noch später für das ganze Land. Die Anhänger der Idee der Errichtung eines Judenstaates in der historischen jüdischen Heimat nannten sich ab dem 19. Jh. »Zionisten«. Am Rande der heutigen Jerusalemer Altstadt liegt der Zionsberg. Zur Zeit des Zweiten Tempels verehrte man dort das König-David-Grab. Durch diese Tradition wurde der Name »Zion« auf diesen Hügel verlagert.

Dann fängt David mit einer Reihe von Bauprojekten an. Er baut den *Millo* (2. Samuel 5,9). Der Wortstamm bedeutet »Füllung«. Archäologen fanden eine besonders große Stützmauer in der Davidstadt, zu der diese Bezeichnung passen würde und die aus Davids Zeit stammt. Direkt oberhalb dieser Stützmauer fanden sie einen Palast, dessen Datierung aber noch umstritten ist. Die leitende Archäologin

Eilat Mazar datiert ihn auf das 10. Jh. v. Chr., aber nicht alle Archäologen sind einverstanden. Für die meisten hört sich es nebensächlich an, ob der Palast aus dem 11., 10. oder 9. Jh. v. Chr. stammt, aber daran entscheidet sich, ob es sich um Davids Palast handelt oder nicht. Daher kommt es in diesem Fall doch auf die genaue Datierung an. Wir dürfen noch gespannt auf die Antwort sein. Wenn es wirklich Davids Palast ist, haben wir hier nicht weniger als eine bibelarchäologische Sensation.

ERSTE MILITÄRISCHE HERAUSFORDERUNG ALS KÖNIG

Davids erste militärische Herausforderung als König Israels kommt rasch. Die Philister nähern sich durch das Tal Refaim Jerusalem an. Durch dieses Tal erreichte übrigens auch die alte Bahnlinie Jaffa-Jerusalem die Stadt. Bis zum Gebiet des Malcha-Bahnhofs in der heutigen Südstadt steigen die Philister durch eine recht tiefe, bewaldete und ganzjährig wasserführende Schlucht. Dann öffnet sich das Tal in eine Hochebene, die beim heutigen Alten Bahnhof in der Nähe der Altstadt endet. David fragt Gott: »Soll ich gegen die Philister hinaufziehen?« (2. Samuel 5,19). Wer die Topografie nicht kennt, könnte sich fragen, wieso »hinaufziehen«, wenn David eigentlich ins Tal will? Die Frage erübrigt sich, wenn man die Topografie Jerusalems kennt. Die Davidstadt, einen Kilometer vom Rand des Tals Refaim entfernt, liegt 100 m tiefer. Gott gibt David sein Ok und David schlägt die Philister erfolgreich.

Im zweiten Schritt vertreibt er sie aus dem ganzen Gebiet zwischen Geba und Geser, also im gesamten judäischen Bergland, das ungefähr zwischen dem heutigen Jerusalem und dem Ben-Gurion-Flughafen liegt. Sein Militär baut David kräftig weiter aus. Mit diesem Heer wird er nicht nur die Philister besiegen, sondern auch die benachbarten Königreiche der Aramäer, Moabiter, Ammoniter und Edomiter unter seine Herrschaft bringen (2. Samuel 8,12-14). Das heißt nicht, dass diese Völker Teil Israels werden. Sie müssen aber den Israeliten Tribut, d. h. Steuern, zahlen.

Nicht nur das Militär baut David aus. Sein Reich wird ordentlich strukturiert. Es entstehen Ämter, Posten und Mechanismen wie im Staatswesen (2. Samuel 8,15-17).

Wo aber ist das Heiligtum? Die Bundeslade wartet seit vielen Jahren im Haus eines Abinadab in Kirjat Jearim, seit nahezu 50 Jahren schon, seitdem die Philister sie wieder zurückgaben. Erinnerst du dich noch? Jetzt soll sie in Israels neue Hauptstadt gebracht werden.

Die Reise der Bundeslade nach Jerusalem

Kirjat Jearim, wo die Bundeslade im Haus des Abinadab war, heißt in diesem Bibelkapitel Baala (2. Samuel 6,2), aber gemeint ist der gleiche Ort (s. Josua 15,9). Vermutlich hieß der ursprünglich kanaanäische Ort Kirjat Baal (Josua 18,14), dt. »Baal-Stadt«, was unter Israeliten untragbar war. Festlich wurde die Bundeslade 18 km weit nach Jerusalem geführt. Unterwegs wurde der Wagen von den ziehenden Rindern losgerissen, Abinadabs Sohn Usa berührte die Lade und starb. Den Unfallort identifiziert der Forscher Zeev Ehrlich durch eine Kombination mehrerer Bibelstellen in Ketef Hinnom beim Alten Bahnhof in Jerusalem.

MICHALS VERACHTUNG

Bei der Ankunft der Bundeslade in Jerusalem schaute Michal vom Fenster des neuen Palastes auf den tanzenden David und verachtete ihn (2. Samuel 6,16). Warum? Die üblichen Erläuterungen konzentrieren sich auf den lächerlichen Tanz des Königs. Das kann kaum der Grund gewesen sein. Lass uns versuchen, Michals Perspektive einzunehmen. David gewann ihr Herz, als er 17 war. Sie waren nie wirklich zusammen, weil David schon ganz am Anfang ihrer Beziehung vor Saul fliehen musste. Während seiner Abwesenheit nahm sich David Abigail als Frau. Als er dann auch noch Achinoam von Jesreel zur Frau nahm, gab Saul seine Tochter einem anderen Mann (1. Samuel 25,43-44). Wie hat es sich für sie wohl angefühlt zu erfahren, dass ihr Mann schon zwei andere Frauen hat? Keine Nebenfrauen, sondern Ehefrauen. Als David stark genug war, holte er sich Michal von ihrem neuen Mann zurück. Mit ihm führte sie offenbar eine glückliche Beziehung, sonst wäre er ihr nicht weinend hinterhergelaufen, bis man ihn verscheuchte (2. Samuel 3,16). Den Krieg gegen das Haus ihres Vaters hatte David gewonnen und jetzt feiert er den Höhepunkt seines Sieges vor dem Volk. Michals Familie ist völlig zerstört und auf nationaler Ebene in Vergessenheit geraten.

Michal kommentiert zwar Davids Tanz, aber ihre Verachtung sitzt viel tiefer. Rabbiner betrachten den Vers, der dieses Kapitel abschließt, als Andeutung einer Erklärung: »Michal aber, die Tochter Sauls, bekam kein Kind bis zum Tag ihres Todes« (2. Samuel 6,23). Entweder konnte sie keine Kinder bekommen oder, viel schmerzhafter, David hat sie bewusst nicht geschwängert. Es geht nicht nur um ihr ausgebliebenes Muttersein, sondern um die Fortsetzung der Sauldynastie. Am allerbesten weiß es David selbst. In seiner Antwort auf Michals Kommentar spricht er den eigentlichen Punkt an: »Vor dem HERRN, der mich vor deinem Vater und vor seinem ganzen Haus erwählt hat [...] will ich tanzen« (2. Samuel 6,21). Damit streut er Salz auf Michals Wunde. Für beide ist Davids Tanz nur ein Deckmantel über dem eigentlichen Streit.

Aber selbst Michal erahnt nicht, was David mit dem Rest ihrer Familie vorhat. Nach der Erweiterung seines Reichs, der Umstrukturierung und der Neuverteilung der Ämter erkundigt er sich: »Ist niemand mehr da vom Haus Sauls, damit ich Gottes Gnade an ihm erweise?« (2. Samuel 9,3), als ob er nicht genau wüsste, dass seine Schwägerin Merab fünf Söhne und Sauls Nebenfrau Rizpa zwei Söhne haben. Alle Nachkommen Sauls sind potenzielle Throngefährder, daher ist es unwahrscheinlich, dass David sie aus den Augen verloren hat. Saul hat er in En-Gedi geschworen, seine Nachkommen nicht auszurotten (1. Samuel 24,22). Auch Jonatan hat er versprochen, ihn und seine Kinder am Leben zu lassen (1. Samuel 20,14-17). Dafür gibt es einen perfekten Kandidaten, Jonatans gelähmten Sohn (2. Samuel 9,3). Ein Gelähmter kann kein König werden, er ist ungefährlich. In der Bibel finden wir kein direktes Verbot, einen Gelähmten zum König zu salben. Doch wir können sicher davon ausgehen, dass Gelähmte nicht König werden konnten. Körperlich Behinderte durften z.B. auch nicht opfern (3. Mose 21,17). Davids Sohn Absalom hingegen eignet sich perfekt zum Königtum: »Von seiner Fußsohle bis zu seinem Scheitel war kein Makel an ihm« (2. Samuel 14,25). Als »Makel« wurde heb. *Mum* übersetzt. Damit sind körperliche Fehlbildungen und Lähmungen gemeint. Jonatans gelähmter Sohn heißt Mefi-Boschet. Als Fünfjähriger fiel er von den Armen seiner Amme und wurde querschnittsgelähmt (2. Samuel 4,4). Seit Mefi-Boschet fünf ist, muss er ständig um sein Leben bangen. Mit sieben Jahren stieg seine Gefährdung um ein Vielfaches, denn der König, sein Onkel Isch-Boschet, wurde ermordet. Ab diesem Zeitpunkt war jeder Soldat in seiner Nähe ein potenzieller Mörder. Offenbar flüchtete Sauls Familie nach seinem Tod von Gibea nach Gilead. Zu der Zeit als David Mefi-Boschet holen lässt, wohnt er bei einem der einflussreichsten Männer Gileads und ist kein Kind mehr. Trotz Querschnittslähmung hat er selbst ein kleines Kind, Micha. David weiß, dass Mefi-Boschet Angst hat, und spricht dieses Thema bei ihrer Begegnung als Erstes an. Mefi-Boschet darf leben. Ebenso Micha, der im Laufe seines Lebens vier Kinder bekommt (1. Chronik 8,35). Einer von ihnen hieß *Melech*, dt. »König«. Da hat jemand seine königliche Herkunft wohl nicht vergessen. Und was ist mit Sauls anderen Kindern und Enkelkindern? Seine zwei Söhne mit Rizpa und fünf seiner Enkel leben noch. Diese sieben Nachkommen Sauls gibt David in die Hände der Gibeoniter, die sich an Saul rächen wollen. Er gibt ihnen ausdrücklich die Erlaubnis, Sauls Nachkommen zu töten. Alle sieben werden an einem Tag im Monat Nissan in Gibea aufgehängt. Rizpa, Mutter von zwei Exekutierten, setzt sich tagelang vor ihnen auf den Boden und trauert um ihre Söhne.

Nun lässt David Sauls und Jonatans Grab in Jabesch öffnen und ihre Gebeine holen. Zusammen mit den Sieben werden sie im Grab von Sauls Vater unweit von Gibea bestattet.

Aus Sauls Haus ist keiner mehr übriggeblieben, der David in die Quere kommen kann. Fast. Einmal beschimpft ihn ein Mann namens Schimi öffentlich in Bachurim, heute vielleicht Ras el-Charuba in Nordjerusalem, nicht weit von der heutigen Straße, die zum Toten Meer führt. Schimi ist ein Verwandter Sauls. Sein Vorwurf ist präzise: Blutschuld (2. Samuel 16,8). David beherrscht sich an dieser Stelle, aber seine letzten Worte sind der Befehl an seinen Nachfolger Salomo, Schimi zu ermorden (1. Könige 2,9).

Schimis Vorwurf war begründet. Wieso verherrlichen wir, Juden wie Christen, König David so sehr, obwohl er mehrfacher Mörder war? Sein Aufstieg erfolgte auf Kosten vieler Leben, unter anderem von Saul und seiner Nachkommenschaft. Wir nehmen die Opfer in Kauf, die Davids Herrschaft kostete, weil wir daran denken, dass er von Gott als König eingesetzt wurde. Wir haben seinen Mut vor Augen und nehmen ihn nicht als grausamen Menschen wahr. Seine vielschichtige Persönlichkeit und Momente, in denen er Größe bewies, hinterlassen bei uns mehr Eindruck als seine brutale Vorgehensweise. Vielleicht verhalf ihm seine Klugheit zu seinem positiven Image. Mit raffinierten Argumenten konnte er immer gute Ausreden finden, um sich von seiner Schuld freizusprechen. Vielleicht verstehen wir unsere positive Perspektive auf David besser, wenn wir uns anschauen, was nach ihm kam und wie sich sein Leben auf die jüdische Messiaserwartung auswirkte. Dazu werden wir gegen Ende des Buches noch kommen. Aber jetzt dürfen wir uns in einem Exkurs mit faszinierenden Entdeckungen beschäftigen, die die biblische Erzählung über das Davidische Reich ergänzen.

EXKURS:

Das Davidische Reich

Bis heute streiten sich Archäologen um das Davidische Reich. Das klingt nach einer langweiligen akademischen Diskussion. Ist es aber nicht, denn im Kern geht es dabei um nichts anderes als um die Glaubwürdigkeit der Bibel. Wenn die biblischen Schilderungen der Vergangenheit für uns nicht nachvollziehbar sind, verliert die Bibel heute an Glaubwürdigkeit – warum sollte sie in Zukunft dann noch relevant für uns sein? Im Fall des Davidischen Reiches spitzte sich unter Forschern die Frage zu, ob man dem biblischen Bericht über ein starkes und entwickeltes Reich mit internationaler Bedeutung Glauben schenken kann.

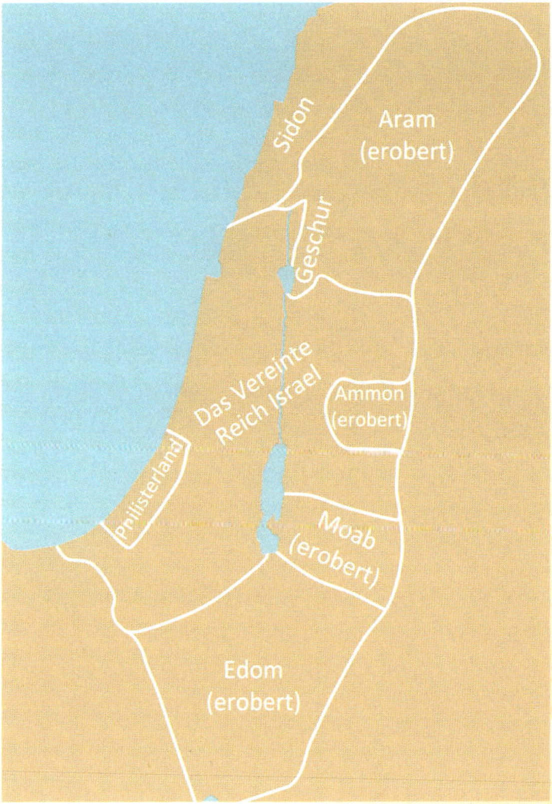

Wir können von zwei Lagern sprechen. Auf der einen Seite stehen die bibelkonformen Archäologen, auf der anderen die bibelkritischen. In beiden Lagern arbeiten Archäologen aus aller Welt, angeführt von ihren israelischen Fachkollegen, die Ausgrabungen vor Ort leiten. Weil bibelkonforme Archäologen mehrheitlich an der Hebräischen Universität in Jerusalem und bibelkritische an der Universität Tel Aviv tätig sind, spricht man auch vom Jerusalemer und Tel Aviver Lager. Interessant ist, dass fast alle beteiligten israelischen Archäologen säkular, also nicht religiös, sind.

Die bibelkonforme Schule sieht in manchen archäologischen Funden eine Bestätigung biblischer Angaben. Die bibelkritische Schule geht hingegen davon aus, dass das Davidische Reich eine lokale Herrschaft rund um Jerusalem war, mehr wie ein Stammeskönigtum. Die Angaben der Bibel über ein starkes Königreich, das auch über andere Völker herrschte, sind in ihren Augen Fantasie. Sie argumentiert damit, dass es an archäologischen Funden aus Davids Zeit fehlt. Viele der gefundenen Prachtbauten datieren diese Archäologen auf 150-300 Jahre nach David. Die Theorien der bibelkritischen Schule fanden ab den 1990er-Jahren Beachtung und erreichten in den 2000er-Jahren ihren Höhepunkt.

Doch dann kamen neue Funde. 2005 fand Dr. Eilat Mazar den Palast in der Davidstadt, über den wir sprachen. Mazars Datierung des Palastes schreibt ihn überzeugt König David zu. In den Folgejahren fand Mazar unweit vom Palast eine Stadtmauer, ein Stadttor, einen Turm und ein öffentliches Gebäude, die sie König Salomo, dem Sohn Davids, zuordnet. Das wären die ersten Bauten aus Salomos Zeit, die in Jerusalem jemals gefunden wurden. Spannend ist, dass die Bibel Salomos Mauerbau explizit schildert (1. Könige 3,1). Tonscherben mit den hebräischen Inschriften »Für den König« und »Für den Minister« und Siegel mit hebräischen Namen und Verzierungen belegen die Existenz eines Königreiches. Mit solchen aufwendigen Bauten kann Jerusalem zur Zeit Davids und Salomos kein ärmliches Dorf gewesen sein.

»Na und?«, kann man immer noch sagen. Wie können wir wissen, dass dieses Reich Gebiete außerhalb von Jerusalem kontrollierte? Hier kommen die Funde von Prof. Yosef Garfinkel ins Bild. 35 km von Jerusalem entfernt, in einem Gebiet, das bibelkritische Forscher eher den Philistern zuordneten, belegen die Funde in der Ruine Qeiyafa eine israelitische Siedlung. Wie kann man so sicher sein, dass sie israelitisch war? Hebräische Inschriften und Namen, zwei Modelle eines israelitischen Tempels, ein Räucheraltar in biblischen Maßen und das Fehlen von Schweineknochen unter den gefundenen Knochen lassen keinen Zweifel zu. Die Datierung dieser Siedlung macht sie zu einem Schlüssel für unser Verständnis des Davidischen Reiches. Sie wurde nämlich entweder unter Saul oder David an einem Ort gegründet, an dem es vorher nichts gab, und existierte höchstens 25 Jahre im Zeitraum 1020–980 v. Chr. So genau kann man das anhand von den damals verbrannten Olivensteinen wissen. Am höchsten Punkt der Siedlung stand der 1 000 m^2 große Gouverneurspalast. Um so etwas zu bauen, braucht man einen starken Staat. Wer an der Spitze eines so fähigen Staates stand, war kein Anführer eines lokalen Stammes. Hier wird deutlich: Jerusalems Herrschaft erreichte unter David einen hohen Entwicklungsgrad, sogar an ihren Außengrenzen.

Doch das wichtigste außerbiblische Zeugnis für das Haus Davids kommt aus Tel Dan, 250 km von Jerusalem entfernt! Neben Dans Stadttor fand Prof. Avraham Biran eine Inschrift, die der König des benachbarten Aramäischen Reiches schreiben ließ. In dieser Inschrift brüstet er sich mit einem Sieg im Kampf gegen Könige vom »Haus Davids«. Diese Könige lebten im 9. Jh. v. Chr. Das heißt, dass Davids Dynastie sogar 150 Jahre nach seinem Tod international bekannt war. Wenn David ein König eines lokalen Stammes gewesen wäre, wäre das nicht der Fall.

Aus einem Reich werden zwei

Nach David kommt sein Sohn Salomo auf den Thron. Nicht ohne Grund gilt er als der »Baukönig«. Er baut den Tempel, seinen Palast, einen Millo (Weißt du noch, was das ist? Falls nicht – blättere ein paar Seiten zurück zu den Bauwerken Davids nach Jerusalems Eroberung), Jerusalems Stadtmauern, einen Hafen am Roten Meer. Er baut auch die Städte Hazor, Megiddo und Geser (1. Könige 9,15) aus. In diesen drei Städten wurden Stadttore gefunden, die alle nach demselben Plan gebaut wurden und laut einigen Archäologen aus Salomos Zeit stammen. Er baut alles, worauf er gerade Lust hat (1. Könige 9,19). Dazu gehören auch Götzentempel für seine vielen Frauen (1. Könige 11,7). Da er Tausende von Frauen hat und eine besondere Vorliebe für Ausländerinnen pflegt, müssen das ziemlich viele Tempel sein. Es herrscht absoluter Bauwahn. Das muss finanziert werden. Wie? Na ja, so wie es auch sonst läuft – das Volk zahlt die Rechnung, mit Zwangsarbeit und schweren Abgaben. 180 000 Männer müssen Haus und Hof verlassen und ihren Beitrag leisten. 3 300 Bauleiter werden herangezogen (1. Könige 5,28-30). Salomos Ehrgeiz zerstört sicher viele Familien finanziell und ruiniert ganze Dörfer. Dass sie nur auf die Möglichkeit zum Aufatmen warten, kann man sich gut vorstellen. Vermutlich hofft das Volk auf Salomos Tod und auf einen besseren Nachfolger. Und sobald sein Tod kommt (928 v. Chr.), setzt sich das politische Karussell in Bewegung. Innenpolitisch brodelt es.

JEROBEAM

Hier kommt Jerobeam ins Spiel, der König über den Großteil des Landes werden wird. Lass uns die biblischen Angaben über ihn genauer anschauen. Jerobeam wächst bei seiner verwitweten Mutter Zerua auf. Armut und Leid kennt er also nicht nur aus Erzählungen. Seine Heimat ist das Dorf Zereda.

Zereda

Jerobeams Heimatdorf liegt heute beim Ort Pedu'el in Samarien, nicht weit vom Ben-Gurion-Flughafen. Zu Fuß bräuchte man einen Tag nach Sichem und zwei Tage nach Jerusalem. Der heutige Name der Ruine, Bint Bar, verrät nichts über den Bezug zum biblischen Namen, aber die nahe Schlucht heißt Sarda, eine arabische Transformation von Zereda. So heißt auch die große Zisterne vor Ort. Wer den Ort besucht hat, kann sich glücklich schätzen. Jerobeams Heimatdorf liegt majestätisch auf einem steilen Sattel in die Landschaft eingebettet, wie ein Thron. Von oben können wir auf den großartigen 700 m langen Mäander des Bachs Schilo blicken.

Als junger Mann wird Jerobeam Beamter in Salomos Reich. Wegen guter Leistungen wird er befördert. Sein Zuständigkeitsgebiet ist die Aufsicht über alle Zwangsarbeiter des Hauses Josef (1. Könige 11,28). Das »Haus Josef« besteht aus den zwei größten und stärksten Stämmen Israels, Ephraim und Manasse. Jerobeam ist Ephraimiter. Seine Einsetzung zur Ausbeutung des eigenen Stammes ist keine ungeschickte Entscheidung Salomos – unter einem anderen Verwalter würden sie sich noch mehr wehren. Die Kehrseite ist, dass Jerobeam das unrechte Leid der eigenen Verwandten unmittelbar sieht. Als hochrangiger Finanzbeamter hat er vermutlich einen Einblick in die Ausgaben Salomos. Kaum überraschend, dass er von einer Revolution träumt. Neben der Ungerechtigkeit leiden die Josefstämme unter dem Verlust der mächtigen Stellung, die der Stamm Juda unter David und Salomo innehatte. Große Anführer des Volkes kamen aus ihnen hervor: Josua, Samuel, Debora, Gideon. In ihrem Gebiet lagen die großen nationalen Zentren: der Berg Ebal, Schilo, Bethel. Aus ihrer Perspektive sind sie aus ihrem gehobenen Status abgerutscht. Ephraim und Manasse werden die Ersten sein, die den Aufstand anzetteln.

Versuchen wir uns in die dramatischen Ereignisse jener Tage hineinzuversetzen. Jerobeam ist in Jerusalem beschäftigt. Eines Tages verlässt er die Stadt. Wohin? Das wissen wir nicht, aber nehmen wir mal an, dass er gelegentlich nach Hause ging, um seine allein lebende Mutter zu besuchen. Bequem folgt er der Bergstraße bis Schilo. An einem Feld trifft er Achija, einen Propheten aus Schilo, das inzwischen Ansehen erlangt hatte, jedoch seine alte Bedeutung nie wieder zurückgewann. Achija zerreißt sein Obergewand in 12 Stücke und gibt Jerobeam zehn davon. Damit prophezeit er die kommende Aufsplittung des Reiches und Jerobeams Herrschaft über zehn Stämme. Das Haus Davids wird nur noch über einen Stamm regieren.

10 + 1 = 12?

Wenn Jerobeam über zehn Stämme regieren wird, der Stamm Juda über einen und es insgesamt 12 Stämme gibt, fehlt ein Stamm. Mit diesem mathematischen Problem haben sich Rabbiner viel beschäftigt. Judas Herrschaft verstehen sie so, dass noch ein zusätzlicher Stamm neben Juda mitregiert wird. Sie sind sich aber uneinig, welcher Stamm gemeint sein könnte. Benjamin wäre möglich, weil er Juda treu blieb. Eine andere Option wäre Simeon, dessen Gebiet eine Enklave innerhalb Judas war. Durch seine Lage wurde Simeon schon früh von Juda absorbiert, vermuten sie. Auch bei den zehn Stämmen fehlt ein Stamm, weil in Jerobeams Herrschaftsgebiet nur neun Stämme in festen Gebieten lebten. Der Stamm Levi war über mehrere Levitenstädte verteilt und könnte der zehnte Stamm gewesen sein. In Judas Herrschaftsgebiet lebten auch Leviten, aber nur wenige.

REHABEAM

Als Salomos Nachfolger war eigentlich sein Sohn Rehabeam vorgesehen. Dieser will sich ausgerechnet in Sichem zum König salben lassen. Warum? Sichem ist die wichtigste Stadt der Josefssöhne. Eine Salbung dort ist ein politisches Statement. Volksgenossen schaffen es, Jerobeam vorher nach Sichem zu holen. Und dann: Überraschung. Das Volk und Jerobeam an seiner Spitze verlangen eine entgegenkommende Absichtserklärung vom neuen König. Sie fordern: Nur wenn Rehabeam die Abgaben senkt, werden sie ihn als neuen König akzeptieren. Er bittet um drei Tage für Konsultationen. Seine Halbbrüder, verwöhnte Prinzen von Salomos Hof, raten ihm, nicht auf die Forderungen einzugehen. Von Leid haben sie keine Ahnung. Ihrer Meinung nach sollte Rehabeam sogar noch härter sein. Und er hört auf sie. So kommt es zu seiner berühmten Aussage: »Mein Vater hat euch mit Peitschen gezüchtigt, ich aber will euch mit Skorpionen züchtigen« (1. Könige 12,14). Daraufhin eskaliert die Situation. Man kann es sich bildlich vorstellen. Rehabeam bekommt es mit der Angst zu tun und schreit seinen Finanzminister Adoram an: »Was schaust du bloß hin? Tu was, Idiot!« Das Problem ist, dass dieser Finanzminister in den Augen des Volkes das Ebenbild des Teufels ist, der oberste Aufseher über die Zwangsarbeiter. Und so steinigen sie ihn. Rehabeam muss schnell evakuiert werden. In einer Welt ohne Panzerlimousinen oder Hubschrauber ist die Kutsche die beste Option. Er entkommt knapp dem Tod und flieht nach Jerusalem. Ein böser Anfängerfehler.

ZWEI BRÜDERREICHE IM ÜBERBLICK

Das Ergebnis dieser Auseinandersetzung ist bitter. Das Vereinte Reich hört nach 100 Jahren auf zu existieren. Die Grenze zwischen Benjamin und Ephraim wird zur Grenze zweier Königreiche. Im Norden regiert Jerobeam das Königreich Israel. Im Süden regiert Rehabeam das Königreich Juda. Gleich verteilt sind die beiden Königreiche sicher nicht. Israels Gebiet ist mehr als viermal so groß und wesentlich fruchtbarer. Seine Bevölkerung ist größer, seine Nachbarn sind entwickelter und reicher als Judas.

»Nordreich« und »Südreich«

Im Deutschen wird das Königreich Israel oft »Nordreich« und das Königreich Juda »Südreich« genannt. Uns Juden sind diese Bezeichnungen unbekannt.

Das Königreich Israel existierte gut 200 Jahre. Obwohl Israel stärker war, blieb Juda 140 Jahre länger bestehen. In den 200 Jahren der zeitgleichen Existenz war das Verhältnis zwischen Israel und Juda wie das von Brüdern, voller Höhen und Tiefen. Die ersten 60 Jahre waren Jahre der Anspannung und der Kriege, dann kamen 80 friedliche Jahre sogar mit militärischen Bündnissen und zum Schluss wurde es wieder ungemütlich. Auch außenpolitisch waren die letzten Jahre besonders turbulent. Die Entwicklungen in Israel und Juda hingen direkt mit dem internationalen Geschehen zusammen.

Bis auf die letzten 20 Jahre wurde in Juda die Herrschaft vom Vater an den Sohn übergeben. Abgesehen von einer Ausnahme: Königin Atalja (706–701 v. Chr.) riss die Macht an sich, nachdem ihr Mann König Joram ermordet worden war. Sie selbst war königlichen Geblüts, Tochter Ahabs, des Königs von Israel.

Im Königreich Israel hingegen ging es wild zu: Die 20 Könige in 200 Jahren kamen aus neun Familien. Nur bei zwei Familien können wir von Dynastien reden, Omris und Jehus. Sieben der 20 Könige Israels wurden ermordet und schafften es nicht, eine Dynastie zu gründen. Einige regierten kurz. Den Negativrekord hält Simri mit nur einer Woche auf dem Thron.

AUF DER SUCHE NACH JEROBEAMS HEILIGTÜMERN

Jerobeam macht Sichem zu seiner Hauptstadt und hat ein praktisches Problem: Der Tempel steht in Rehabeams Gebiet. Jerobeam braucht ein Ersatzheiligtum. Wo? Sichem wäre eine gute Option, aber Jerobeam entscheidet sich für Standpunkte an den weitesten Außengrenzen seines Reiches, einmal in Dan und einmal in Bethel.

In Dan wurde das Heiligtum gefunden, errichtet im 10. Jh. v. Chr., Jerobeams Zeit. Im Mittelpunkt befand sich ein Altar aus unbehauenen Steinen, dessen Fundament immer noch steht. Vor Ort demonstriert eine Edelstahlkonstruktion die ursprüngliche Höhe von 3 m. Es wurden auch einige Knochen gefunden, alle von reinen Tieren gemäß den biblischen Vorschriften. Nach Moses Gebot hatte der

Altar Hörner an seinen Ecken (Exodus 27,2). Das wissen wir, weil eines der Hörner gefunden wurde. Da dieser Altar Jerobeams Ersatz für den Jerusalemer Tempelaltar sein sollte, war er diesem bestimmt sehr ähnlich. Zu den archäologischen Highlights gehören kleine Schaufeln und eine Schale aus Kupfer – Werkzeuge der Priester bei ihrer Arbeit mit Feuer (Exodus 27,3). Nicht weit entfernt wurde noch eine Olivenpresse gefunden. Öl brauchte man für Trank- und Speiseopfer. Wie können die Forscher sicher sein, dass es sich wirklich um das Heiligtum von Dan handelt? Eine spätere Inschrift bezeugt die Widmung: »Für Gott in Dan«.

Jerobeams anderes Heiligtum in Bethel wurde offenbar ebenfalls gefunden. Eine kleine Steinmauer umgibt hier eine in den Felsen eingehauene Ebene von 15 x 7 m, gleich 30 x 14 Ellen. Das waren die Maße der Stiftshütte ohne ihren Hof. Offenbar gestaltete Jerobeam seine Heiligtümer in Anlehnung an die Stiftshütte. Neben der Felsebene liegt ein unnatürlicher Steinhaufen, vermutlich Jerobeams

Altar, der später zerstört wurde. Über diese Zerstörung werden wir noch sprechen. Wie in Dan wurde auch hier eine Ölpresse gefunden. Die gesamte Anlage von Bethel umgibt eine Mauer, sogar mit einem Wehrturm an der Südseite. Wieso an der Südseite? Dort verlief die Grenze zu Juda. Juda wollte das Heiligtum immer zerstören.

DIE HAUPTSTADT DES KÖNIGREICHES ISRAEL WANDERT

23 Jahre war Sichem Hauptstadt des Königreiches Israel, bis sie für die nächsten 24 Jahre nach Tirza verlegt wurde. In Tirza fanden Archäologen Fundamente eines Palastes aus dieser Zeit, der durch einen Brand zerstört wurde. An derselben Stelle wurde mit dem Bau eines neuen Palastes begonnen, der aber nie vollendet

wurde. Dazu passt die biblische Erzählung über König Simri, der den Palast bei seinem dramatischen Selbstmord anzündete (1. Könige 16,18).

Tirza

Tirza wird in Tel el-Far'a oberhalb der Sonnenuntergangsstraße, im heutigen palästinensischen Autonomiegebiet, identifiziert. Die zwei großen Wasserquellen, die die Stadt versorgten, entspringen dort auch heute noch. Gefunden wurde hier ein Palast aus dem 9. Jh. v. Chr., der durch einen Brand zerstört wurde, so wie die Bibel berichtet.

Bevor der nächste König mit der Renovierung fertig wird, kommt er auf eine bessere Idee: Er möchte eine neue Hauptstadt bauen, 15 km westlich. Diese Stadt wird Schomron heißen, in späterer griechisch-römischer Form »Samaria«, und bis zum Ende des Königreiches Israel seine Hauptstadt bleiben. Doch wer ist dieser ehrgeizige König?

OMRI UND AHAB

Omri (882–871 v. Chr.) ist es, Gründer einer der wichtigsten Dynastien im Königreich Israel, der die neue Hauptstadt bauen lässt. Er ist auch der König, der die Beziehung zum Bruderreich Juda stabilisiert.

Sein Sohn Ahab regiert 20 Jahre lang und festigt die Macht der Familie. Die Hauptstadt Samaria baut er stark aus. Diese Pracht ist bis heute sichtbar, z. B. im sogenannten Elfenbeinhaus.

Elfenbeinhaus

Im Herzen der Stadt Samaria wurde das Elfenbeinhaus ausgegraben. Dieses Gebäude ist uns aus der Bibel bekannt (1. Könige 22,39). Jetzt wissen wir, warum es so hieß: Hier wurden Elfenbeinschnitzereien gefunden. Der Prophet Amos sprach über solche Gebäude (Amos 3,15; 6,1-4). Die Chance, dass er dieses bestimmte Gebäude kannte, ist hoch. Solche Bauten besaßen nur manche der Allerobersten. Das Elfenbeinhaus in Samaria war nichts anderes als Ahabs Königspalast. Unter dem Gebäude gibt es zwei Räume, wie bei Gräbern assyrischer Könige. Wahrscheinlich wurde Omri im einen und Ahab im anderen begraben. Die Sitte, den König unter dem Palast zu bestatten, stammte aus dem Ausland. Der Prophet Jesaja sprach es an (Jesaja 14,18).

Ahab vertieft Omris Friedensbündnis und gibt seine Tochter Atalja Judas König Joram zur Frau. Selbst ist er ebenfalls eine politische Ehe eingegangen. Seine Frau Isebel ist die Tochter des Königs von Sidon. Isebel ist in der Bibel für den Import des Baal-Kults bekannt. Vielleicht war sie auch für den Import der Elfenbeinmöbel aus ihrer Heimat zuständig, diese waren nämlich typisch für Phönizien. Wenn die zwei es in der Ehe so handhabten wie die allermeisten Ehepaare, lag das Innendesign mehr in ihrer Hand als in seiner.

Komplimente für Ahab sind in der Bibel rar, hauptsächlich weil er dem Baals-Kult freie Hand ließ. Zu seiner Außenpolitik finden wir kaum Anmerkungen, aber aus außerbiblischen Quellen wissen wir, dass er die internationalen Beziehungen

Israels ausbaute und eine Friedenspolitik betrieb. Das hat das Königreich nicht nur international gestärkt, sondern sorgte auch für eine wirtschaftliche Blütezeit. Ziemlich viele Bauten aus dieser Zeit sind bis heute sichtbar. Neben Samarias Ausbau werden Ahab auch Bauprojekte wie das Stadttor, die gewaltige Stadtmauer und der Marktplatz in Tel Dan zugeschrieben, ebenso wie die Festungsanlagen des Winterpalastes in Jesreel und Ausbauschichten in anderen Städten.

In der rabbinischen Literatur wird Ahab komplex betrachtet. Für seine Sünden wird er verurteilt. Doch für seine Buße (1. Könige 21,27-28) und seine politische Stärke erntet er Lob und Anerkennung (Jer. Talmud Synhedrin 10,2). Er wird einen Anteil in der kommenden Welt haben (Bab. Talmud Synhedrin 102,2). Einige Rabbiner bemerkten, Ahab sei der erste König, der alle seine Kinder, deren Namen uns bekannt sind, nach Gott benannte: Ahasja, Joram, Atalja und Joasch enthalten alle Teile des ausdrücklichen Namen Gottes. Ahabs oberster Palastmitarbeiter Obadja war fromm (1. Könige 18,3). Als der Prophet Elia die Baals-propheten tötete, hat sich Ahab nicht eingemischt (1. Könige 18). Selbst bei der Ermordung des unschuldigen Bürgers Nabot (1. Könige 21), für die Ahab Gottes Todesurteil bekam, war er nur indirekt beteiligt.

Mescha-Stele

1868 wurde eine Stele mit einer Inschrift in der Stadt Dibon, heute Dhiban in Jordanien, entdeckt. Darauf verewigt der moabitische König Mescha (9. Jh. v. Chr.) seinen Erfolg, sein Land von der israelitischen Besatzung zu befreien. Im Text schreibt er über »Omri, König von Israel« und über dessen Sohn, der Ahab sein muss.

Um 853 v. Chr. fand bei Qarqar in Nordwestsyrien ein Krieg statt, von dem die Bibel nicht berichtet. Dabei führte Ahab ein internationales Bündnis mit 12 Königen gegen Salmanasser III., König des aufsteigenden Großreichs Assyrien. Darüber berichten sogar zwei Inschriften. Neben 10 000 Infanterie-Soldaten hatte Ahab mit Abstand die meisten Wagen im Bündnis, 2 000 Stück.

Seinen Tod fand er im Krieg gegen Aram in Gilead. Die Herrschaft der Omridynastie endete nach 29 Jahren durch einen Mordanschlag auf Ahabs Sohn. Im Getümmel der Machtübernahme sind viele Geschichten miteinander verflochten, die so detaillierte geografische Angaben enthalten, dass wir eine ganze Entdeckungsreise ihrer Spuren machen könnten. Wenn du vor Ort stehst, kannst du sie mit dem Gelände verbinden und bis ins Detail verstehen.

DAS ENDE DES KÖNIGREICHES ISRAEL

In den kommenden gut 100 Jahren gab es zehn weitere Könige in Israel. Parallel stieg eine neue Macht im benachbarten Ausland auf: Assyrien. Um 733 v. Chr. zieht Assyrerkönig Tiglat Pileser III. in den Krieg gegen Israel und zerstört eine Reihe von Städten im Königreich. Er erobert Galiläa, die Küstenebene und alle Gebiete östlich des Jordan. Das ist der Beginn des Untergangs Israels. Die Bibel berichtet von der Deportation galiläischer Bevölkerung nach Assyrien (2. Könige 15,29). Assyrische Chronikbücher bestätigen das und nennen die Zahl von 13 250 Deportierten. Das Königreich Israel existiert nur noch in der Region Samarien.

Ein Jahrzehnt später hört Israels König Hoschea auf, Tribut an Assyrien zu bezahlen. Er baut auf die versprochene Unterstützung des Pharao So. Schlechter Plan. Ganz schlecht. Assyriens neuer König Salmanassar V. schickt seine Armee, um den Rest von Israel einzunehmen. Drei Jahre lang belagern die Assyrer Israels Hauptstadt Samaria, bis sie die Stadt einnehmen und zerstören können. Die Zerstörung siehst du vor Ort sehr gut. Von den Einwohnern deportieren die Assyrer viele ins heutige Gebiet Syriens, des Iraks und des Irans. Einige Urkunden, z. B. aus Tel Khalaf an der heutigen syrisch-türkischen Grenze, erwähnen Menschen mit israelitischen Namen, einen von ihnen zusätzlich mit »von Samaria« kommentiert. Eine assyrische Inschrift dokumentiert die Deportation von 27 290 Menschen bei diesem Feldzug.

Samariter

Obwohl viele Israeliten ins Exil geführt wurden, sind große Teile der Landbevölkerung wohl im Land geblieben. Über das Schicksal der verlorenen zehn Stämme gibt es viele Theorien, aber so wie es aussieht, ist das Volk nicht physisch verloren gegangen. Es verlor eher seine Identität. Die zurückgebliebenen Israeliten vermischten sich mit Zuwanderern aus anderen Teilen des Assyrischen Reiches. Die Bibel erwähnt sogar die Städte, aus denen diese kamen (2. Könige 17,24). Es entstand ein neues Mischvolk, die »Samariter«. Im 4. Jh. n. Chr. erreichte ihre Anzahl einen Höhepunkt. Heute leben noch einige hundert Samariter am Berg Garizim und in der Nähe von Tel Aviv. Sie sprechen und schreiben Althebräisch, Neuhebräisch und Arabisch. Sie glauben, dass der Berg Garizim der biblische Berg Morija ist. Die biblischen Informationen über den Berg Morija in Jerusalem erkennen sie nicht an, weil diese in den Prophetenbüchern stehen. Die Samariter kennen nur die Tora als Heilige Schrift. Laut ihrer Überlieferung stammen sie von den Stämmen Ephraim und Manasse ab. Die Bibel berichtet ebenfalls davon (2. Chronik 30). Die meisten Samariter sind im Laufe der Geschichte jedoch Muslime geworden. Da Mohammed nie von der samaritischen Religion gehört hat, wurde sie von den arabischen Eroberern im 7. Jahrhundert nicht als existenzberechtigt geduldet. Den Samaritern blieb praktisch keine andere Option, als zu konvertieren. Nach jahrhundertelangen Arabisierungsprozessen und der Entwicklung der palästinensischen Identität im 20. Jahrhundert verstehen sich die meisten Nachkommen der Samariter und somit der einstigen Einwohner des Königreiches Israel heute als Palästinenser.

722–721 v. Chr. war das letzte Jahr des Königreiches Israel. Praktisch ausnahmslos finden wir in den wichtigen israelitischen Städten eine Zerstörungsschicht aus dieser Zeit.

Was lief eigentlich in Juda während dieser ganzen Jahre? Lass uns einen Sprung ins Bruderreich machen, am besten gleich zu dem Zeitpunkt, an dem wir stehen geblieben sind – Rehabeams Zeit.

ZURÜCK ZUM KÖNIGREICH JUDA – SCHISCHAKS FELDZUG

Gleich in Rehabeams fünftem Regierungsjahr (924 v. Chr.) hat er ein größeres Problem: Ein Pharao namens Schischak kommt vorbei. Mit Armee. Er nutzt die Schwäche des neuen Königs und steht auf der Seite Jerobeams. Rehabeam kapituliert und zahlt. Wieso? Weil er die Zerstörung einiger Städte in Juda sieht (2. Chronik 12,4) und weil er durch eine Kapitulation Jerusalem vielleicht noch retten kann. In der Stadt Lachisch in der judäischen Niederung können wir bis heute Spuren von Schischaks Zerstörung sehen. Dieser Feldzug ist uns nicht nur aus der Bibel bekannt. Eine große Tafel bei Luxor verewigt ihn. Passend zum biblischen Bericht befindet sich Jerusalem nicht unter den angegriffenen Städten.

In den fast 200 Jahren vom Feldzug Schischaks bis zum Untergang des Königreiches Israel bleibt es im Königreich Juda ziemlich ruhig. Doch Israels Untergang sorgt für Bugwellen, die auch in Juda spürbar sind. In Jerusalem sitzt gerade König Hiskia auf dem Thron.

KÖNIG HISKIA REFORMIERT

Fünf Jahre regiert Hiskia Juda, als das Königreich Israel endgültig zerschlagen wird. Die dramatische Entwicklung kann er direkt mit eigenen Augen sehen: Viele Israeliten fliehen vor der assyrischen Zerstörung in sein Reich, vor allem in die Hauptstadt Jerusalem. Es entstehen Flüchtlingsquartiere vor der Stadtmauer.

Als Erstes fragt sich Hiskia, was im Bruderreich Israel so falsch gelaufen ist, dass die Strafe derart hart kommen musste. Was hat Gott so missfallen? Dann fragt er sich, was er tun muss, damit so etwas nicht auch seinem Reich passiert. Er findet eine Antwort und handelt. Hiskia reformiert den Gottesdienst: »Er beseitigte die Höhen« (2. Könige 18,4). »Höhen« sind Altäre. Es gab wohl Altäre an mehreren Stellen im Land, an denen geopfert wurde. Hiskia zentralisiert den Gottesdienst nach Jerusalem, weil das ein Gebot ist (5. Mose 12,13-14). Seine Reform ist aber noch viel umfassender. »Er zertrümmerte die Gedenksteine und rottete die Aschera aus und schlug die eherne Schlange« (2. Könige 18,4). Hiskia bekämpft Götzendienstelemente in ganz Juda.

Spuren von Hiskias Reform sind bis heute an drei Orten sichtbar. In Beerscheba wurde ein Hörneraltar gefunden, der in Hiskias Tagen auseinandergenommen wurde. Die Archäologen stellten dort auch den zeitgleichen Abriss eines Raumes fest und vermuten dort den ehemaligen Kultraum.

Zur selben Zeit wurde eine Tempelanlage in Arad zerstört. 2016 wurde auch in Lachisch eine Tempelanlage mit einem Hörneraltar gefunden, dessen Hörnersteine zerschlagen wurden. Im innersten Bereich dieser Tempelanlage, dem Allerheiligsten, wurde zur Zeit Hiskias nicht weniger als ein Klo platziert. Jemand hat sich bewusst für diese neue Raumnutzung entschieden und damit ein klares Statement abgegeben.

Vom Tempel zum Klo

Eine Umfunktionierung eines Tempels zum Klo, wie Archäologen sie in Lachisch entdeckt und Hiskias Reform zugeordnet haben, schildert die Bibel in Zusammenhang mit einer Reform eines anderen Königs: »Und sie rissen das Haus des Baal nieder und machten Aborte daraus« (2. Könige 10,27). Was hier als »Aborte« übersetzt wurde, heißt auf Hebräisch *Mechraot*, und stammt vom Wortstamm für »Kot«, allerdings in der sachlichsten Form. Die treffendere Übersetzung wäre »Scheißhäuser«.

HISKIAS STUNDE

Nachdem es das Königreich Israel zerschlagen hat, lässt Assyrien Juda nicht in Ruhe. Tributzahlungen werden von Hiskia verlangt. Und er zahlt. Aber dann kommt das Unerwartete – Assyrerkönig Sargon II stirbt. Es ist das Jahr 705 v. Chr. und Hiskia steht vor der Wahl: Vasallenstaat bleiben oder die Gunst der Stunde nutzen? Hiskia entscheidet sich für die zweite Option und stellt die Tributzahlungen ein. Nicht allein. Seinen Zahlungsstopp spricht er mit Nachbarstaaten ab. Hiskia bereitet sich auf einen Krieg vor.

Wie? Die Flüchtlingsquartiere vor Jerusalems Stadtmauer brauchen Schutz. Hiskia lässt eine neue, massive Stadtmauer bauen, die sich an die Stadt anschließt. 2675 Jahre später wird sie übrigens gefunden.

Breite Mauer

Im Herzen des heutigen Jüdischen Viertels in Jerusalem wurde eine Stadtmauer freigelegt, die zur Zeit Hiskias gebaut wurde. Ihre außergewöhnliche Breite von 7 m, mehr als alle anderen Jerusalemer Mauern, lässt sie mit der Mauer identifizieren, die als »Breite Mauer« in der Bibel erwähnt wird (Nehemia 3,8). Um sie zu bauen, wurden Teile von Wohnhäusern abgerissen. Ihre Überreste sind heute gut zu sehen. Der Prophet Jesaja kritisierte diese Enteignung und Zerstörung (Jesaja 22,10).

Neben der neuen Stadtmauer startet Hiskia ein weiteres Bauprojekt als Teil seiner Vorbereitung auf einen Angriffskrieg der Assyrer. Als wir über Jerusalems Eroberung durch David sprachen, haben wir schon erzählt, dass die Wasserquelle der Stadt außerhalb der Stadtmauer lag. Deswegen wurde die Quelle ja mit einem unterirdischen Gang an die Stadt angeschlossen und mit einer Festung gegen Angriffe abgesichert. Für Hiskia reicht das nicht. Er möchte Wasser in die Stadt holen. Aber wie kann er das in einer Welt ohne Pumpen schaffen? Zu seinem Glück liegt der allertiefste Punkt innerhalb der Stadt etwas tiefer als die Quelle. Dorthin kann das Wasser ja fließen. Nur leider gibt es einen Berg dazwischen. Ahnst du schon, was Hiskia plant? Genau – einen Tunnel. Die Bibel erwähnt den Bau in wenigen Versen (2. Könige 20,20; 2. Chronik 32,4; Jesaja 22,9-11), aber erst wenn du selbst durch den Hiskia-Tunnel läufst, kannst du den Aufwand begreifen, der für dieses Megaprojekt betrieben wurde.

Hiskia-Tunnel

Pflanzenteile im Mörtel und Tropfsteine belegen den Bau des 533 m langen Tunnels im Zeitraum von 800 bis 600 v. Chr., in dessen Mitte Hiskia regierte. 33 cm Höhenunterschied machen 0,06 Prozent Gefälle aus. Die Tunnelhöhe variiert von 1,1 bis 5 m, die Breite beträgt 70-80 cm. Für das Ausschneiden und Abtransportieren der insgesamt 650 m³ Felsen brauchten die Bauarbeiter geschätzt acht Monate. Im unteren Verlauf deutet der unregelmäßige Tunnelquerschnitt auf einen Fehler in der Höhenberechnung hin. Zwei Kolonnen arbeiteten einander entgegen. Das wissen wir, weil ihr Schild gefunden wurde, auf dem sie ihre Arbeit verewigten. Das Wasserbecken am Tunnelende wurde später gebaut und hieß Schiloach, vom Wortstamm mit der Bedeutung »senden«, weil der Tunnel das Wasser »sendet«. Im Neuen Testament erscheint er unter dem Namen »Siloah« (Johannes 9,7).

SANHERIB KOMMT

Vier Jahre verbrachte Hiskia mit seiner Vorbereitung auf das Schlimmste. Und das Schlimmste kommt jetzt. Der Sohn des verstorbenen Assyrerkönigs übernimmt die Macht. Er heißt Sanherib. Auf dem Weg nach Juda erobert er einige Königreiche. Darüber berichten neben der Bibel auch seine eigenen prismenförmigen Tontafeln. Als erste Stadt in Juda wird Aseka erobert, 40 km westlich von Jerusalem. Die Bibel, die Funde vor Ort und Sanheribs Prismen erzählen die gleiche Geschichte. Lachisch, damals Judas zweitwichtigste Stadt nach Jerusalem, liegt in der Nähe. Seine Einwohner schreiben auf einem Tonstück, dass sie »Asekas Fackeln nicht mehr sehen«. Jahrtausende später wird dieses Tonstück gefunden. Lachisch wird es nicht besser ergehen als Aseka. Die Assyrer bauen eine Rampe für einen Rammbock und durchbrechen die Stadtmauer. Auf dieser Rampe kannst auch du heute herumlaufen. Dann köpfen und enthäuten sie viele, die Stadt stecken sie in Brand.

Diesen Sieg lässt Sanherib auf einem besonders großen Wandrelief in seinem Palast in Ninive darstellen. Archäologen fanden es im 19. Jh. Für Sanheribs Armee ist der Sieg über Lachisch eine größere Nummer. Warum nehmen wir das an? Normalerweise werden nur hart erkämpfte Siege verherrlicht. Vielleicht ist Sanheribs Verherrlichung vom Sieg über Lachisch aber eher die Vertuschung einer gescheiterten Eroberung, nämlich Jerusalems.

Jerusalem wurde laut dem biblischen Bericht von der assyrischen Armee belagert (2. Könige 18,13-37). Durch Gottes Eingreifen starben aber unzählige assyrische Soldaten (2. Könige 19). Jerusalem blieb verschont. Auf seinen Prismen listet Sanherib 46 judäische Städte auf, die er einnahm und aus denen er 200150 Juden gefangen weggeführt hat. Wie im biblischen Bericht ist auch bei Sanheribs Selbstzeugnis Jerusalem nicht dabei. Er schreibt: »[Hiskia] selbst habe ich wie einen Vogel im Käfig in Jerusalem eingesperrt, der Stadt seines Königtums« (Sanherib-Prisma im Israelmuseum, Zeilen 27-28).

Vier Jahre lang hatte sich Hiskia auf die assyrische Invasion vorbereitet. Er betrieb einen immensen Aufwand, hat alles riskiert und auch vieles verloren. Doch letzten Endes blieb Jerusalem für die nächsten 115 Jahre verschont.

Hiskias Zeugnisse

Aufgrund der Bedeutung seines Namens, »der Starke Gottes«, erklärten ihn manche Theologen für eine literarische Fiktion. Mittlerweile ist Hiskia der judäische König, für den wir die meisten außerbiblischen Zeugnisse haben. Zwei assyrische Könige erwähnen ihn, an einer Stelle sogar als »Hiskia der Jude«. 2009 wurde in der Nähe des Tempelbergs ein Siegel mit dem Text »Für Hiskia, [Sohn des] Ahas, König Judas« gefunden. Auf Werbeplakaten in Jerusalem stand: »Ein 2700 Jahre alter Gruß von König Hiskia«. Auf dem Siegel stehen neben einer beflügelten Sonne zwei kreuzähnliche Zeichen. Die Sonne sollte den göttlichen Schutz darstellen, sagen Forscher. Das Siegel stammt wohl aus Hiskias letzten Jahren, als er Gottes Schutz im Kriegsdrama ganz deutlich sah. Die kreuzähnlichen Zeichen symbolisieren das Leben und haben mit der Krankheit zu tun, die Hiskia kurz vor dem Krieg über-

lebte (2. Könige 20,1-11). In den deutschen Überset-
zungen erscheint »Geschwür« für ein Wort, unter das in der rabbinischen Literatur 24 Arten von Hautkrankheiten gezählt werden.

MANASSES GÖTZENKULTE

Im Gegensatz zu seinem Vater Hiskia unterstützte König Manasse viele Götzenkulte. Paradoxerweise war er Judas König, der mit 55 Jahren auf dem Thron am längsten regierte. Er hat sogar seinen eigenen Sohn als Opfer für den Moloch lebend verbrennen lassen (2. Könige 21,6).

Moloch und Tofet

Moloch war eine Gottheit der Ammoniter, für die Kinder lebend verbrannt wurden. Der Kult wurde in manchen Epochen nach Juda importiert und im Hinnomtal nahe der Davidstadt praktiziert. Das Feuer hieß *Tofet*, vom selben Wortstamm wie *Tof*, heb. »Trommel«. Man erzählt, dass während der Kinderverbrennungen getrommelt wurde, um das Geschrei zu übertönen. Das hebräische Wort für »Hölle« stammt angeblich vom Namen des Hinnomtals ab, *Gehennom*. Hintergrund ist wohl Jeremias Bestrafungsprophetie für die, die den Kult praktizierten (Jeremia 7,32).

AMONS GRAB?

Manasses Sohn Amon ging denselben Weg wie sein Vater. Interessanter als seine kurze Herrschaftszeit ist die Angabe über seine Grabstätte im »Garten Usas« (2. Könige 21,26). Erinnerst du dich daran, wie die Bundeslade losgerissen wurde, als David sie nach Jerusalem holen ließ? Der Bibelgeograf Zeev Ehrlich ist überzeugt, dass das am Garten Usas geschah – Ketef Hinnom, beim Alten Bahnhof. In der Tat wurden dort große Grabhöhlen von rund 600 v. Chr. gefunden. Man sieht sogar eingehauene Kopfmulden, jeder kann sie im Liegen ausprobieren Ob es sich tatsächlich um Amons Grab handelt, wissen wir nicht. Aber eine der archäologischen Weltsensationen wurde in einer dieser Grabeshöhlen gefunden: das Amulett des Aaronitischen Segens.

Das Amulett des Aaronitischen Segens

In den 1980er-Jahren fand Prof. Gabi Barkay in einer Grabhöhle in der Nähe des Alten Bahnhofs in Jerusalem ein gerolltes Silberstück. Es war ein Amulett, das wohl mit einem Toten begraben wurde. Mithilfe spezieller Technik konnte es aufgerollt werden. Drinnen ist der Priesterliche Segen zu lesen, in einem nahezu identischen Text, wie wir ihn aus der Bibel kennen (4. Mose 6,24-26). Bislang ist das der älteste jemals gefundene Bibeltext. Um 600 v. Chr. haben ihn Menschen in Jerusalem schon an einer Kette getragen!

JOSCHIAS RENAISSANCE

Die Geschichte von Hiskias Urenkel Joschia (639–609 v. Chr.) ist eine der Erfolgsgeschichten Judas. Oft geht er zwischen all den anderen Königen unter, aber seine Leistungen solltest du kennen.

In Joschias Tagen wird ein Torabuch gefunden (2. Könige 22,8). Nachdem er hört, was darin alles steht, zerreißt er seine Kleider als Zeichen der Trauer. Er versteht, dass sein Volk auf dem falschen Weg ist. Joschia sorgt für eine Renaissance der Tora.

Wie sein Urgroßvater Hiskia macht auch Joschia Jerusalem wieder zum Zentrum der Anbetung. Erinnerst du dich an den Steinhaufen von Bethel, in dem man Jerobeams Altar vermutet? Die Bibel berichtet genau, dass Joschia den Altar in Bethel zerschlagen ließ (2. Könige 23,15).

Die Befolgung der Gebote Gottes zahlt sich aus. Zu Joschias Zeit befindet sich die Großmacht Assyrien in einem Prozess des Zerfalls. Nach dem Tod des damaligen Assyrerkönigs kann Joschia Juda wieder unabhängig machen. Er weitet sein Gebiet weit nach Norden bis Galiläa aus, wo früher das Königreich Israel war. In Megiddo, am Rande des Karmels, sieht man eine Festungsschicht, die ihm zugeschrieben wird.

Wer hat die Bundeslade gesehen?

Im Zuge seiner Tora-Renaissance gebietet Joschia den Leviten, die Bundeslade in den Tempel zu setzen (2. Chronik 35,3). Wie geht das, wenn sie schon seit Jahrhunderten dort ist? Rabbiner legten aus, Joschia habe die Bundeslade in den unterirdischen Gängen des Tempelbergs verstecken lassen. Dies ist die letzte Erwähnung der Bundeslade in der Bibel. Im Zweiten Tempel, dem Tempel zur Zeit Jesu, gab es keine Bundeslade mehr.

ES WIRD UNRUHIG

Nach Joschia beginnt Judas unruhige Phase. Assyrien ist zerfallen, aber ein Machtvakuum gibt es in der internationalen Politik wohl nicht. An seiner Stelle tritt eine neue Weltmacht auf die Bühne, Babylonien.

Wie Hiskia 100 Jahre früher, entscheidet sich der König von Juda, Jojachin, die Tribute, die die Babylonier verlangen, nicht mehr zu zahlen. Er hat die Babylonier falsch eingeschätzt. Kein Wunder, er ist 18 Jahre alt und seit gerade mal drei Monaten auf dem Thron (2. Könige 24,8). Daraufhin lässt ihn der babylonische König Nebukadnezar nach Babylonien führen. Jojachin geht nicht allein. Judas Gesellschaftselite »darf« ihn begleiten. Unfreiwillig.Mit kriegsrelevanten Berufen werden auch tausende Judäer ins Exil geführt (2. Könige 24,14). Ohne diese Menschen kann ein Land kaum Widerstand leisten, so die Logik der Babylonier. Laut der Bibel wurde Jojachin lebenslang vom babylonischen König im Exil versorgt (2. Könige 25,30). Vier babylonische Urkunden erwähnen »Jojachin, König des Landes Juda«, alle sind Versorgungslisten aus dem Königspalast. So bestätigen außerbiblische Funde wieder einmal die biblischen Angaben.

Jerusalem lassen die Babylonier nicht ohne König. Jojachins Onkel wird auf den Thron gesetzt, Zedekia. So hat Juda zwei Könige gleichzeitig. Die ins Exil Geführten sind Jojachin gegenüber loyal. Unter den in Juda Gebliebenen gibt es einige, die Zedekia akzeptieren, andere wünschen sich Jojachins Rückkehr. Ohne Armee und mit Gegnern im eigenen Volk kann Zedekia nur ein schwacher König sein. Trotzdem entscheidet er sich für den Widerstand.

DIE BABYLONIER KOMMEN, JERUSALEM FÄLLT

Als Reaktion auf Zedekias Widerstand schickt Babylonien seine Armee ins Land. Ihr Hauptquartier schlagen sie in Mizpa in Benjamin auf, heute Tel e-Nasbeh am Südrand Ramallahs, über das wir schon einige Male sprachen. In fast allen Großstädten Judas finden sich Spuren der Zerstörung aus dieser Zeit, sogar in der abgelegenen Wüste, aber in Benjamin nicht. Vielleicht leistete dieses Gebiet keinen Widerstand. Besonders hart trifft es Jerusalem. Nach einer zweieinhalbjährigen Belagerung fällt Judas Hauptstadt in die Hände der Babylonier, einen Monat später ist sie völlig zerstört. Das Jahr 586 v. Chr. ist das letzte im Zeitalter des Ersten Tempels. Nach jüdischer Überlieferung fiel der Tempel am 9. Av (Juli/August). Bis heute ist dieser Tag ein Trauertag im jüdischen Kalender.

ZEUGNISSE DER ZERSTÖRUNG

Mehrere Funde berichten uns aus Jerusalems letzten Tagen. Babylonische Pfeilköpfe auf verbranntem Fußboden an einer Stelle unter dem heutigen muslimischen Viertel erzählen, wo die Mauer durchbrochen wurde. In der Davidstadt ist ein vernichtender Brand zu jener Zeit belegt. Manche Holzmöbelteile konnten ihn im Schutt begraben sogar überstehen. Duzende Pfeilköpfe erzählen von Straßen- und Häuserkämpfen, die hier stattfanden. Unterhalb des Palastes wurden bislang 51 Siegel aus dieser Zeit gesammelt. Allgemein sind fast keine Siegel aus dieser Epoche bekannt, weil sie aus Schluff bestanden und nicht wasserfest waren. Jerusalems Brand hat diese Siegel aber gehärtet. Auf den Siegeln erscheinen Beamtennamen. Manche von ihnen kennen wir aus der Bibel, wie Gemarja Sohn des Schafan, der Schreiber im Königshof war (Jeremia 36,12). Hättest du das gedacht? Dieser Gemarja ist keine zentrale Person in der Bibel, man muss ihn nicht kennen. Er wird nur nebenbei erwähnt, und 2600 Jahre nach seiner Lebzeit findet man seine Siegel! Oft sind es ausgerechnet die kleinen, weniger wichtigen Details, die die Zuverlässigkeit des biblischen Berichtes unterstreichen. Vergleichen wir das mal mit einer polizeilichen Ermittlung in einem Krimi. Auch da sind es die kleinen und weniger wichtigen Angaben, die die Ermittler von der Glaubwürdigkeit einer Aussage überzeugen. Einen Zeugen fragen sie z. B. lieber: »Welche Farbe hatte das Oberteil des Täters?«, als: »Waren Sie am Tatort?«

Den rechteckigen Stein mit dem Loch erwarteten weder Archäologen noch

Bibelkenner. Er wurde ebenfalls unterhalb des Palastes gefunden. Die Untersuchung zeigte, dass er nicht nur die Größe eines Klos hatte, sondern auch dessen Funktion. Der Inhalt des Lochs konnte analysiert werden. Jemand musste wohl kurz vor Jerusalems Zerstörung noch auf die Toilette. 26 verschiedene Kräuter hat dieser Jemand gegessen, bestimmt nicht, weil er auf eine bestimmte Diät Wert legte, sondern aus Not. Es sind mehrheitlich Unkräuter, die an Mauern und in Pflasterfugen wachsen. Ziegenfleisch war auch dabei. An sich nicht schlecht für Zeiten der Belagerung, aber leider roh. Es gab offensichtlich kein Brennholz mehr. Die Katastrophe, die in den Bibelversen geschildert wird (2. Könige 24,18-20; 2. Könige 25,1-19), wird durch die Funde lebendig und plastisch vorstellbar.

Wie groß war Jerusalem im Königreich Juda?

Lange stritten sich Archäologen über diese Frage. Laut den Maximalisten erstreckte sich die Stadt über zwei Hügel, den Davidstadtsattel und den Westhügel, wo sich heute das jüdische Viertel befindet. Die Minimalisten lehnten den Westhügel ab. Dort gab es keine Funde aus der Zeit. Nach dem Sechstagekrieg 1967 wurde das jüdische Viertel restauriert. Dabei stieß man auf Funde, die den Streit lösten. Heute weiß man, dass der Westhügel gegen Ende des 8. Jh. v. Chr. mit israelitischen Häusern besiedelt wurde. Damals wuchs Jerusalem explosionsartig um das Vierfache seiner Fläche und das Zehnfache seiner Bevölkerung. Der Grund für das unnatürliche Wachstum müssen die Flüchtlinge aus dem Königreich Israel sein. Sie machten drei Viertel der Stadtbevölkerung aus.

DAS ENDE DES KÖNIGREICHES JUDA

Wie nach der Zerstörung des Königreiches Israel bleibt auch Judas einfache Landbevölkerung daheim (Jeremia 52,16). Die Babylonier ernennen keinen König mehr, dafür aber einen Statthalter. Gedalja ist sein Name. Er ist übrigens ein Cousin des Gemarja, über dessen Siegel wir vorhin sprachen. Seine pragmatische probabylonische Linie kann er nicht umsetzen, weil er in Mizpa in Benjamin ermordet wird (2. Könige 25,25). Wieso dort? Vergiss nicht, dass sich hier das Hauptquartier der Babylonier befindet und Jerusalem völlig zerstört daliegt. Der Mörder ist ein Nachkomme Davids. Offenbar ist er mit der Machtabgabe an eine andere Familie nicht einverstanden.

Nach dem Mordanschlag fliehen viele aus Angst vor der babylonischen Reaktion ins Ausland. Das einzige Ausland, das nicht unter babylonischer Kontrolle ist, ist Ägypten. Gedaljas Ermordung symbolisiert das Ende des Königreiches Juda. Bis heute ist dieses Datum, der 3. Tischrei, ein Trauertag im jüdischen Kalender.

POLITIK UND GEIST

In diesem Kapitel konnten wir sehen, wie eng die geistliche mit der politischen Ebene zusammenhängt und wie verwoben Innen- und Außenpolitik schon damals waren. Nicht immer ist es möglich zu unterscheiden, wann die Politik die geistliche Entwicklung beeinflusst und wann umgekehrt. Könige wurden für ihre Linie von Gott belohnt oder bestraft, aber letzten Endes bilden die Geschehnisse eine historische Kette göttlicher Führung. Es wird klar, wie nützlich es ist, die Geschichte des Landes zu überblicken, um die biblische Erzählung in ihrem historischen und gesellschaftlichen Zusammenhang zu verstehen. Begleitet von den beiden Könige-Büchern, haben wir uns auf besonders viele archäologische Zeugnisse gestützt. Sie helfen unserem Vorstellungsvermögen, ergänzen unser Bild und erzählen leise die gleiche Geschichte wie die Bibel.

EXKURS:

Prophetie

Es gibt einige Prinzipien der Prophetie im jüdischen Verständnis, die wir kennen sollten. So unterscheiden die Juden z. B. zwischen mehreren Kommunikationsebenen Gottes mit den Menschen. Die höchste Ebene ist die direkte Begegnung mit Gott, von Angesicht zu Angesicht. Das hat nur einer geschafft, Mose. Darum gilt er als der größte Prophet, mit dem das Zeitalter der Prophetie beginnt. Alle anderen Propheten wirkten auf der »gewöhnlichen« Prophetieebene.

Nicht alle Propheten werden in der Bibel namentlich genannt, glauben Juden. Nicht alle hinterließen ein Buch, nicht alle Bücher wurden von ihren Namensgebern geschrieben und nicht in allen ihren Büchern geht es um Prophetie. Jeremia gilt in der rabbinischen Tradition z. B. als Verfasser des Jeremia-Buches, aber auch der Könige-Bücher. Das Buch Jesaja enthält Jesajas Aussagen, wurde aber im rabbinischen Verständnis durch König Hiskia redigiert. Hesekiels Schriften wurden von Mitgliedern der Großen Versammlung (über die wir später noch sprechen werden) zusammengestellt. Propheten müssen nicht aus Israel stammen, wie z. B. Bileam (4. Mose 22-25). Die Gabe der Prophetie konnte den Propheten ereilen, während er unvorbereitet war, grundsätzlich war sie aber erlernbar und wurde nicht als Wunder verstanden. Im Gegenteil. Wenn alle Voraussetzungen erfüllt und alle Vorbereitungen getroffen waren, wäre es ein Wunder gewesen, wenn keine Prophetie eingetroffen wäre. Träume waren ein wichtiger Kanal prophetischer Offenbarung. Man musste sie allerdings richtig interpretieren. Propheten bildeten häufig Schüler aus. Einige kamen aus einfachen Verhältnissen. Amos war z. B. Viehhirte und Maulbeerfeigenzüchter. Andere kamen aus dem Adel. Jesaja z. B. stammte nach der Überlieferung vom Haus Davids ab (Bab. Talmud Megilla 10,2). Sein Großvater war König Joasch, sein Onkel König Amazja. 2018 wurde bei Ausgrabungen oberhalb der Davidstadt ein Siegel mit dem Schriftzug *LeJescha'aja Navi* gefunden, dt. »für Prophet Jesaja«. Im jüdischen Verständnis ist ein Prophet auch Sohn eines Propheten, sobald er als »Sohn des« erwähnt wird. (Amos 7,14). Nicht jeder konnte Prophet werden. Bestimmte Eigenschaften waren nötig: Weisheit, Heldentum, Reichtum, Demut usw. (Bab. Talmud Nedarin 38,1). Zur »Weisheit« zählen Wissenschafts- und Torakenntnisse sowie ein ausgeprägtes Vorstellungsvermögen. »Held« ist, wer über seinen eigenen Willen herrscht. »Reich« ist, wer sich über seinen Anteil im Leben freut. Je mehr Weisheit, desto höher die Qualität der Prophetie. Aber auch die perfekte Eignung gibt keine Garantie. Wenn eine Generation keine Prophetie verdient, wird es keinen Propheten in ihr geben. Als Beispiel brachten Rabbiner Hillel den Alten aus dem 1. Jh. v. Chr., der alle Eigenschaften hatte, jedoch in einer Zeit lebte, in der Gott keine Prophetie schenkte. Nicht grundlos waren Haggai, Sacharja und Maleachi die letzten Propheten. Die Prophetie hängt direkt mit Israels nationaler Lage zusammen, mit Judas Zerstörung endete sie: »Seit der Tempel zerstört wurde, wurde die Prophetie den Weisen genommen und Narren gegeben« (Bab. Talmud Baba Bathra 12,2). Seitdem wird die Erneuerung der Prophetie erwartet. Maimonides erklärte, die Prophetie werde sich in den Tagen des Messias erneuern. Deshalb wurde Jesus unter anderem auch als Prophet angesehen. Falsche Propheten gibt es allerdings auch. Ein falscher Prophet ist jemand, der Gutes weissagt, das sich nicht erfüllt. Wenn er Schlechtes weissagt, das sich nicht erfüllt, bleibt er ein wahrer Prophet. Wieso? Weil das Volk vielleicht auf ihn gehört und Gott gnädig die Strafe aufgehoben hat. Darf ein Prophet alles sagen? Nein. Wenn er die Auflösung eines einzigen Gebotes für die Ewigkeit prophezeit, ist er ein falscher Prophet. Eine zeitbegrenzte Auflösung ist jedoch in Ordnung, darauf muss man sogar hören. Wenn ein Prophet aber Götzendienst prophezeit, ist er ein falscher Prophet, auch wenn der Götzendienst zeitbegrenzt sein sollte. Sobald die Echtheit eines Propheten bewiesen ist, darf man seine Prophetien nicht anzweifeln und auch keine Wunder von ihm verlangen (Mischne Tora, Jessodei HaTora 10,1). Eine Gemeinsamkeit haben alle Propheten: Wer prophezeite, prophezeite nur im Land Israel oder dafür (Rabbi Jehuda HaLevi).

Das Leben geht doch weiter: Rückkehr nach Zion

Außer einem Abschnitt der Stadtmauer von Nehemias berühmtem Mauerprojekt kann man aus der Epoche der Rückkehr nach Zion kaum archäologische Funde vorweisen. Aber in der jüdischen Kultur und Praxis hinterließen die Ereignisse jener Zeit so viele Spuren, dass wir sie etwas näher betrachten sollten. Lass uns den Spuren folgen …

Nur 50 Jahre nach Judas Untergang ändert sich der Kurs. Die Perser nehmen Babylonien ein und Perserkönig Kyros II erlaubt den Juden die freiwillige Rückkehr. Sogar den Tempel durften sie wiederaufbauen.

Der Kyros-Zylinder

Auf einem Zylinder aus Ton wurde ein Erlass des Perserkönigs Kyros II. gefunden. Dieser berichtet über die Erlaubnis für mehrere Völker, in ihre Heimat zurückzukehren, hauptsächlich für die Babylonier. Weil die Juden auf dem Zylinder nicht erwähnt werden, wird behauptet, die biblische Version des Kyros-Erlasses (Esra 1,1-4) sei eine jüdische Erfindung. Aber was, wenn Kyros jedem Volk einen eigenen Erlass gab? Kyros' Juden-Erlass wurde im königlichen Archiv in Achmeta aufbewahrt (Esra 5,17; 6,1-2), heute Hamadan im Iran. Den Kyros-Zylinder fand man 450 km Luftlinie von dort entfernt. Vielleicht wird eines Tages auch ein Zylinder von Kyros an die Juden gefunden werden.

Nicht falsch verstehen – den Juden wird keine Souveränität oder ein König zugestanden. Was sie bekommen, ist ein bisschen Land im Gebiet ihres ehemaligen Königreiches, das sie nun als Teil des Persischen Reiches selbst verwalten dürfen, eine Art Autonomie.

Die Rückkehr nach Zion war ein Prozess. Die autonome Provinz nannten die Perser Jehud. Nur 42 000, ein Bruchteil der Juden in Babylonien, entschieden sich für die Rückkehr. Wer will schon nach 50 Jahren seine Kinder und Enkel verlassen, um in ein verwüstetes Land zu ziehen?

Wahrscheinlich ist es Serubbabel, der den Kyros-Erlass an die Juden in die Hand bekommt. Er wird zum Stadthalter von Jehud. Serubbabel ist Jojachins Enkel oder Urenkel. Genau, des Königs, der aus Jerusalem ins babylonische Exil geführt wurde. Das Haus Davids spielt noch immer eine aktive Rolle. 500 Jahre später wird in Serubbabels Familie Jesus geboren. Serubbabel siedelt zusammen mit einer größeren Gruppe jüdischer Einwanderer nach Juda über.

Zur Finanzierung des Autonomieprojektes gibt Kyros Wertgegenstände aus den erbeuteten Tempelschätzen in die Hände der Juden zurück. Juden, die in Babylonien bleiben, müssen den Aufbau der neuen Autonomie mitfinanzieren. Die autonome Provinz darf Münzen prägen. Einige wurden von Archäologen gefunden. Am Anfang umfasst die Provinz nur ein kleines Areal zwischen Bethel, Bethlehem und dem heutigen Ben-Gurion-Flughafen. Die meisten Einwanderer lassen sich in den Städten Benjamins nieder, weil diese im Krieg nicht zerstört wurden. In die 13 Levitenstädte kehren Priester zurück. Im Laufe der Zeit wächst die Provinz und nähert sich der Fläche des Königreiches Juda an, von der Niederung bis zum Toten Meer, von Samarien bis zum Negev. Später erstreckt sie sich von Dan bis Beerscheba, sodass die formellen »Grenzen der Einwanderer Babyloniens« erreicht werden. Innerhalb dieses Territoriums gibt es viele Nichtjuden. Die größte nichtjüdische Gruppe sind Samariter. Auch sie bekommen eine autonome Provinz, auch deren Münzen wurden gefunden. Auf einer Münze steht der Name Jerobeam, offensichtlich im Andenken an den Gründer des Königreiches Israel. Sich selbst sehen die Samariter als Fortsetzung Israels. Auf der Kehrseite der Münze ist der persische König zu sehen.

Zu Serubbabels ersten Maßnahmen gehört der Tempelbau. Gleich von Anfang an begleitete ihn Jeschua, ein Nachfahre Aarons. Sein Großvater Seraja wurde als letzter Hohepriester bei der babylonischen Eroberung festgenommen. Kein Wunder, dass die Priesterfamilie wieder eingesetzt wird. Es hilft Kyros, wenn er zeigt, dass er dem unterbrochenen Priestergeschlecht das Amt zurückgibt, ohne sich bei der Ernennung von Priestern einzumischen. Mit dem Hohepriester auf seiner Seite werden die Juden eher loyal bleiben. Und ihre Loyalität braucht er an zwei Fronten: gegenüber Ägypten und in Babylonien. Ehrgeizig will er seinen

Erzfeind Ägypten einnehmen. In Babylonien haben Juden in der Wirtschaftselite Fuß gefasst, dort kann er ihren Einfluss gebrauchen.

Zuerst bauen Serubbabel und Jeschua den Opferaltar, damit der Gottesdienst wieder stattfinden kann. Nach einigen Jahren wird auch die Tempelhalle gebaut. Dass ein Vorfahre Jesu den Zweiten Tempel baute, ist besonders interessant. Den Bau fördern die Propheten Haggai und Sacharja. Sacharjas Aussage: »Das sind die beiden Söhne des reinen Öls« (Sacharja 4,14; eig. Übers.) drückt die Hoffnung und Zuversicht auf gute Kooperation zwischen den beiden Nachkommen der Königs- und Priestergeschlechter aus. »Söhne des Öls« sind sowohl Könige als auch Hohepriester, die beide gesalbt wurden. Sacharjas Vision des Tempelleuchters mit zwei Ölzweigen für Serubbabel und Jeschua ist die Grundlage des Staatswappens Israels. Am 3. Adar 516 v. Chr. wird der Zweite Tempel eingeweiht. Er war nicht zu vergleichen mit der Pracht des ersten Tempels. Aber er stand.

ESRA, DER PRAGMATIKER

58 Jahre später siedelt Esra von Babylonien über nach Juda. Auf Hebräisch nennen wir ihn immer *Esra HaSofer*, dt. »Esra, der Schriftgelehrte«.

Schriftgelehrte

Die Bedeutung dieses Begriffs wandelte sich im Laufe der Geschichte mehrfach. Im Königreich Juda waren Schriftgelehrte Beamte, die hauptsächlich Urkunden schrieben. Zur Zeit Esras bezeichnete man so Menschen, die heilige Schriften kopierten. Dadurch kannten sie sich in der Schrift aus. Mit der Weiterentwicklung des Begriffes bis zur Zeit Jesu werden wir uns später noch beschäftigen.

Esra war nicht nur ein Schriftgelehrter, sondern auch ein Gesandter des Königs, der sich im gesamten Persischen Reich um jüdische Angelegenheiten kümmerte. Sein Vater war der letzte Hohepriester im Ersten Tempel. Kommt dir das bekannt vor? Genau, Esra war Jeschuas Onkel. Esra hatte die Position eines obersten Richters und konnte Bußgeld- bis hin zu Todesstrafen bei jüdischen Religionsangelegenheiten überall im Persischen Reich mit Ausnahme des autonomen Juda verhängen. Für solche Angelegenheiten verlieh das Persische Reich den Toragesetzen den gleichen Stellenwert wie königlichen Gesetzen.

Ausgestattet mit viel Geld aus Königsschätzen, jüdischen Spenden und dem Staatsbudget kommt Esra nach Jerusalem. Hier erfährt er gleich vom Problem der vielen Mischehen zwischen Juden und Nichtjüdinnen, insbesondere in der Oberschicht. Die Mischehen gefährden die jüdische Zukunft, ist er überzeugt. Esra ist der festen Meinung: Das Volk muss an der Tora festhalten, um im Bund mit Gott und damit im Land zu bleiben. Er ist ein Hardliner. Mit Druckmitteln erzwingt er die Scheidung der Mischehen. Seine Einstellung öffnet ein neues Kapitel in der jüdischen Geschichte. Aus dem geistlich-nationalen Begriff eines »heiligen Volkes« bei Mose (5. Mose 14,2) wird bei Esra ein »heiliger Samen« (Esra 9,2). Damit bekommt der Begriff eine ethnisch-biologische Dimension, die die Trennung von Juden und anderen Völkern einfordert. Zu Esras Trennungspolitik gehören weitere Maßnahmen. Er lässt die Schrift ändern. Bis dahin wurde eine Lokalversion des phönizischen Alphabets in Juda verwendet, gleich wie die der Samariter, Edomiter und anderer Völker der Region, ab jetzt werden die aramäischen Buchstaben verwendet, die wir bis heute im Hebräischen nutzen. Auch die Namen der Monate lässt Esra gegen assyrisch-babylonische wechseln. Die neue Schrift und die Monatsnamen nutzen wir bis heute.

Esra verfasst die ersten *Takkanot*, halachische Regeln. Seine Regeln sind besonders pragmatisch. Dazu gehört unter anderem das Backen von Brot zu Hause, ein fester Waschtag, ein deftiges Essen jeden Freitagabend und die Begünstigung von Schmuckverkauf. Alles sollte die Ehe stärken und für besonders viel Nachwuchs sorgen, damit sich das jüdische Volk im Land möglichst schnell vermehrt. Die Tora ist für Esra ein Schlüssel zur sicheren Zukunft im Land. Das Volk sollte die Gebote halten. Dafür muss es die Tora möglichst gut kennen. Und so führt Esra die Pflicht ein, montags, donnerstags und samstags aus der Tora zu lesen. Dreimal in der Woche, damit keine drei Tage vergehen, ohne dass man sie in der Hand hält. Samstags ist Esra das Lesen der Tora besonders wichtig, weil dann keiner sagen kann, dass er arbeiten müsse und keine Zeit habe. Diese Bräuche sind bis heute Teil des jüdischen Lebens. Esras Regeln sind der Beginn der »mündlichen Tora«, die 650 Jahre später zur Mischna zusammengefasst wird.

Unter Esra wird ein weiteres, wichtiges Organ gegründet: die *Knesset HaGdola*, dt. »Große Versammlung«. Richtig erkannt, Israels Parlament ist in Anlehnung an diese Versammlung benannt. Auch die Abgeordnetenzahl ist der historischen Versammlung entnommen, 120. Die Knesset HaGdola befasste sich mit rechtlichen Angelegenheiten, nationalen Grundproblemen und akuten Fragen. Getagt hat sie im Tempelvorhof. Im Laufe der Jahre reduzierte sich die Mitgliederzahl durch Todesfälle ohne Nachfolger auf 71. Später bekam die Versammlung ihren vom Griechischen abgeleiteten Namen Sanhedrin. Ins Deutsche wurde sie als »Hoher Rat« übersetzt. Nach rabbinischer Überlieferung legte die Große Versammlung den Kanon der hebräischen Bibel abschließend fest.

NEHEMIAS MAUER

13 Jahre nach Esras Einwanderung hört ein jüdischer Vertrauter des persischen Königs von seinem Bruder von den Problemen in Jerusalem. Sein Name ist Nehemia. Ihm gelingt es, vom persischen König zum Gouverneur der jüdischen Provinz ernannt zu werden. Er muss für das Persische Reich die Steuern einziehen und bekommt sogar ein Bataillon zur Verfügung gestellt. Obwohl er auch für seinen Bedarf Steuern einziehen darf, verzichtet er aus Gottesfurcht und Liebe zu seinem Volk darauf (Nehemia 5,15-19). Die wichtigste Erlaubnis, die er vom persischen König bekommt, ist der Wiederaufbau der Jerusalemer Stadtmauer. Wer seine Mauer sehen will, muss in die Davidstadt.

Die Makkabäer – Unabhängigkeit und Streit

Es hätte so schön weitergehen können, aber dann kommen die Griechen. Lass uns im Schnelldurchlauf die nächste Episode der Geschichte Israels durchgehen. Es geht gut los, der neue griechische Eroberer des Landes, Alexander der Große, zeigt Güte. Doch unter seinen Nachfolgern bleibt es nicht immer gemütlich, vor allem unter König Antiochus IV., der von der griechischen Kultur so begeistert ist, dass er die jüdische Religionspraxis verbietet. Er setzt einen hellenistischen – so nennt man Juden mit griechischer Orientierung – Hohepriester ein, der Götzendienst im Tempel einführt und sich an den Tempelschätzen bedient. Als ein Regierungsbeamter in das Dorf Modiin kommt, heute wahrscheinlich das palästinensische Al-Midya nicht weit vom Ben-Gurion-Flughafen, um zu kontrollieren, ob sich alle an das Verbot der Religionsausübung halten, ermordet ihn der örtliche Priester Mattatias, unter-

stützt von seinen fünf Söhnen. Diese Familie ist dir vielleicht unter dem Namen »Makkabäer« bekannt.

167 v. Chr. führt Mattatias' dritter Sohn Judas einen Aufstand gegen die Griechen und Hellenisten an und wird zum nationalen Freiheitskämpfer. Die Makkabäerhochburg ist das Gebiet im Umkreis von 25 km rund um Jerusalem, ihre Taktik ist der Guerillakampf. Die Kämpfe sind im 1. Makkabäerbuch so detailliert beschrieben, dass wir eine ganze Entdeckungsreise ihrer machen könnten. Nach dem erfolgreichen Kampf bei Emmaus Nicopolis, heute zwischen Jerusalem und Tel Aviv, hilft selbst die Aufhebung der Religionsverbote den Griechen nicht mehr. Um 164 v. Chr. weiht Judas den Tempel erneut, weshalb wir bis heute Chanukka feiern. Eine Reihe weiterer Kämpfe folgt. Bei einem der Kämpfe kommt Judas um und wird im Familiengrab begraben. Die vermuteten Grabeshöhlen der Familie kannst du heute besichtigen. Kriegsmüde erlauben die Griechen eine Art religiöse Judenautonomie, aus der sich um 140 v. Chr. ein vollständiger Staat entwickelt.

Dieser jüdische Staat kommt ohne König aus. Staats- und Militäroberhaupt ist der Hohepriester. Wer Hohepriester wird, entscheidet die Große Versammlung – und die Entscheidung fällt immer auf Männer aus der Makkabäerfamilie, die bald auch Hasmonäer genannt werden. Durch Feldzüge und Diplomatie wird das Staatsgebiet erheblich ausgeweitet: Samarien, Galiläa, der Karmel, die Küstenebene, Gaza, der Golan, Gilead und Moab gehören nun dazu. Ein beeindruckender Erfolg. Neu ist die radikale Politik gegenüber Nichtjuden, die vor die Wahl gestellt werden, zum Judentum zu konvertieren oder das Land zu verlassen. Samariter werden geduldet, weil sie teilweise zu Israel gehören. Es gibt auch freiwillige Konversionen ganzer Gruppierungen, die kulturell ähnlich sind und die Stärke des wachsenden Staates sehen. Diese Konvertiten werden sich von da an für immer als Teil des jüdischen Volkes verstehen. Heidnisch-hellenischen Städten erklären die Hasmonäer den Krieg. Sie werden belagert und zerstört. Diese Zerstörung ist in einigen Städten bis heute sichtbar. Wirtschaftlich geht es im Hasmonäerreich bergauf: Ein neuer Hafen wird in Jaffa gebaut, die Kontrolle über alle Häfen des Landes (außer Aschkelon) füllt die Staatskasse, der Warenzoll kann bis 50 Prozent betragen. Die Seefahrt floriert, es gibt eine richtige Kriegsmarine.

Was schön angefangen hat, entwickelt sich bald zu einer hässlichen Angelegenheit. Juda Aristobulos I. ist der erste Herrscher der Makkabäer, der sich selbst zum König ernennt. Nach ihm tun es alle. Sein Nachfolger Alexander Jannäus entmachtet die Knesset HaGdola. Der Hellenismus im Königshof nimmt zu, der Frust im Volk erweckt Gegner. Zwischen den Lagern für und gegen den König bricht ein Bürgerkrieg aus, den er brutal beendet. Mitten auf einem Feldzug stirbt er plötzlich an Fieber, seine Witwe Salome wird Königin. Als Frau kann sie nicht Hohepriesterin werden, also gibt sie das Amt an ihren Sohn weiter. Ihr anderer Sohn wird Generalstabschef. Solange ihre Mutter lebt, arrangieren sich die Brüder miteinander, aber nach ihrem Tod kämpfen sie um die Macht. Das Volk hat genug von dieser Familie. Wer kann helfen? Die Griechen sind klar auf dem absteigenden Ast, aber just in diesem Moment erreicht ein erfolgreicher Feldherr der neuen Supermacht Rom Damaskus. Er heißt Pompeius und hat gerade Syrien eingenommen. Sprecher des Volkes gehen zu ihm und bitten um Intervention, die beiden zerstrittenen Brüder übrigens auch. »Warum nicht?«, denkt sich Pompeius und der hart erkämpfte Judenstaat fällt wie ein reifer Apfel in Roms Hände. Die Folgen versteht noch kein Jude. Pompeius macht Ernst. Einen der Brüder schickt er nach Rom in den Knast, der andere darf sich im Hohepriesteramt austoben. 63 v. Chr. beginnt die Römerherrschaft. Fast alle Makkabäereroberungen machen sie wieder rückgängig, die heidnisch-hellenischen Städte lassen sie wiederaufbauen. In der Sprache der Römer heißt das Land nun Judäa. An diesen Namen werden sich die Juden gewöhnen müssen.

DAS ERBE DER MAKKABÄER

Welche Spuren sind von den Makkabäern geblieben? Sie bauten viele militärische Festungen, darunter Massada, Machärus und Hyrkania rund um das Tote Meer, Alexandrion im Jordantal, Gamla am Golan und mehr. Ihre Überreste stehen heute noch. Einige hasmonäische Stadtmauerabschnitte in Jerusalem und Teile ihrer 23 km langen Wasserleitung in die Stadt wurden freigelegt. Bauen konnten sie, und zwar prächtig.

Auch einige hasmonäische Münzen sind erhalten geblieben. Aber ihr Erbe geht über diese archäologischen Funde hinaus. Nach 450 Jahren seit Zedekia gab es erstmals wieder einen unabhängigen Judenstaat. Obwohl dieser Staat nur knapp 80 Jahre existierte, war er der Beweis dafür, dass die Befreiung von Fremdherrschaft möglich ist. Israels erfolgreiche Erlösung durch einen Kriegsfürsten wird die Messiasvorstellung langfristig prägen.

GRUNDLOSER HASS

Judäas Befreiung und Aufbau durch die Makkabäer war eine Erfolgsgeschichte, aber die gesellschaftlichen Folgen führten zu einer Katastrophe. Durch die Streitereien zerriss die nationale Einheit. Es entstanden mehrere Strömungen, die einander immer feindlicher gegenüberstanden. Drei Hauptströmungen kennen wir. Viele Adelige, Reiche und Tempelpriester schlossen sich dem Hellenismus an. Sie waren international orientiert, gaben ihren Kindern griechische Namen und wollten den Griechen ähneln. Diese Strömung nannte man Sadduzäer, wahrscheinlich vom Namen ihres Gründers Zaddok abgeleitet.

Eine andere Strömung bildeten die Pharisäer. Sie waren Toragelehrte, die sich mit aktuellen und praktischen Bedürfnissen der einfacheren Schichten beschäftigten. Sie kamen oft selbst aus bescheidenen Verhältnissen. Ihre Anführer wurden Rabbi genannt. Sie dominierten die Knesset HaGdola.

Die dritte Strömung waren die Essener, Separatisten auf der Suche nach Gottesnähe. Alle drei Strömungen unterschieden sich vordergründig in sozialer und wirtschaftlicher Hinsicht, wirkten sich aber auch auf den Glauben aus. Für Sadduzäer gab es keine Prophetieerneuerung, keine Toraauslegung, keine Halacha, keine Engel, keine kommende Welt, keine Auferstehung und kaum Vorsehung. Sie betonten den freien Willen. Mit dieser Einstellung waren sie Genussmenschen, denen die Zukunft und die Armen ziemlich egal waren. Pharisäer legten die Tora aus, wenn sie Inhalte auf ihre Zeit übertragen wollten oder wenn sie etwas nicht verstanden. Sie erfassten Halacharegeln, glaubten an die kommende Welt, an die Auferstehung, an persönliche Vorsehung und erwarteten den Messias. Essener sahen sich als Söhne des Lichts und alle anderen als Söhne der Finsternis. Sie erwarteten einen Krieg, nach dem die Bösen vernichtet und sie Israels Elite werden würden. Sie lebten in Männergemeinschaften, nachdem sie das eigene Hab und Gut verkauft und das Geld an die Gemeinschaft gespendet hatten.

Die meisten Juden identifizierten sich mit einer dieser Strömungen, ohne feste Mitglieder zu werden. Sadduzäer gab es gegen Ende des Hasmonäerreiches vermutlich ein paar Hundert, Pharisäer und Essener jeweils ein paar Tausend. Im Volk waren Sadduzäer meist verhasst, Essener eher bewundert und Pharisäer weitgehend beliebt. Die ersten Hasmonäer bevorzugten zunächst die Pharisäer, später aber die Sadduzäer. Als Jannäus die Knesset HaGdola entmachtete, entfachte er einen heftigen Konflikt mit den Pharisäern. Essener wurden von den Hasmonäern besonders gehasst.

Die gesellschaftlichen Risse wurden immer größer, nahezu unüberwindbar, und schwächten das Volk immens. Diese Schwäche führte zu Krieg und Fremdherrschaft, die das Volk im 1. Jh. n. Chr. sein Land, seine Freiheit, seine Hauptstadt und seinen Tempel kosteten. Wenn man heute einen Juden fragt, wieso der Zweite Tempel zerstört wurde, gibt er mit Sicherheit die klassische Antwort: »Wegen grundlosem Hass«.

Jesus wurde in Herodes' Königreich geboren

Herodes – Christen kennen ihn als einen der größten Schurken des Neuen Testaments, Juden kennen ihn als großen Bauherrn. Beide Vorstellungen werden der Geschichte nicht gerecht. König Herodes war sicher nicht frei von Größen- und Verfolgungswahn und oft brutal. Gleichzeitig dürfen wir nicht vergessen: Er hatte eine Vision. Herodes wollte Judäa auf römisches Niveau bringen. Er ließ großartige Bauten errichten wie keiner vor und keiner nach ihm. Viele seiner Bauprojekte gehören bis heute zu Israels bekanntesten und wichtigsten Sehenswürdigkeiten. Er baute die Planstadt Cäsarea am Meer mit einem der weltgrößten Häfen seinerzeit, initiierte Städteausbauprojekte im ganzen Land, ließ sechs Festungspaläste in der Wüste bauen, darunter Massada, baute das Patriarchengrab-Riesenheiligtum in Hebron, um-

werfende Paläste in Jericho und Jerusalem und kilometerlange Wasserleitungen mit Aquädukten. Außerdem ließ er einen Berg bei Bethlehem aufschütten, nur damit jeder sein künftiges Grab von Jerusalem aus sehen konnte.

Aber die Krönung aller Bauprojekte war der Ausbau des Tempels. Eigentlich war es ein Neubau, für den man den bestehenden Tempel abreißen musste. Da er nicht durch einen Krieg zerstört wurde, spricht man hier nicht von einem »dritten Tempel«. Der Rote Platz in Moskau ist 80 000 m² groß, Herodes' Tempel umfasste 144 000 m². Der größte gefundene Stein der Umfassungsmauer ist 14 m lang, 4,6 m breit und 3,3 m hoch. Hochgerechnet wiegt er 574 t. Neben der Größenordnung war auch die Pracht unvorstellbar. Obwohl Herodes im jüdischen Volk eher verhasst war, erntete er für seinen Tempel Anerkennung: »Wer Herodes' Gebäude nicht gesehen hat, hat kein schönes Gebäude in seinem Leben gesehen« (Bab. Talmud Baba Bathra 4,1).

Doch wer war dieser Mann und was zeichnete ihn aus? Herodes wird vermutlich um 74 v. Chr. geboren. Seine Familie väterlicherseits sind Idumäer, die im Zuge der Makkabäereroberungen konvertierten. Seine Mutter ist Nabatäerin. Wer sich Herodes' Aussehen vorstellen will, sollte sich also eher an Beduinen orientieren. Sein Vater und Großvater besetzten führende politische Posten im Hasmonäerreich. Den ersten Job organisiert ihm sein Vater. Im Alter von 27 ist er Gouverneur in Galiläa. Bei einem Aufstand exekutiert er einen Rebellenführer, ohne auf das Urteil eines Gerichts zu warten. Dafür wird er vom Hohen Rat verurteilt und flieht nach Damaskus. Der Machkampf zwischen beiden Hasmonäerbrüdern mischt die Karten neu, Rom unterstützt Herodes. Um 40 v. Chr. kommt er mit 15 000 Söldnern wieder ins Land, belagert Jerusalem, scheitert und flieht im Wagen. Nach 15 km erwischen ihn seine Jäger. Durch ein Wunder überlebt er den nächtlichen Kampf und entkommt. Seine Mutter ist mit dabei und überlebt das Umkippen des Wagens. An dieser Stelle, so schwört er, wird er seine Grabstätte bauen. Sie steht bis heute und wird als Herodium bezeichnet.

Herodes wird vom römischen Senat zum König Judäas ernannt. Rom gewährt Judäa einen König, weil Herodes Roms Interessen vertritt. Nach drei Jahren gibt es keine Oppositionellen mehr, er hat alle umgebracht.

Besonders bibelkundig scheint Herodes nicht gewesen zu sein. Denn er kennt die Prophezeiungen über den Messias offenbar nicht. Als die Magier aus dem Morgenland, offensichtlich persische Sterndeuter, zu ihm kommen, fragt er den Hohepriester und die Schriftgelehrten, wo der Messias geboren werden soll. Wer die Schriften kennt, weiß die Antworten. Obwohl Herodes selbst vielleicht keinen Messias erwartet, erkennt er das Gefahrenpotenzial sofort. Die Messiaserwartung im Volk könnte einen anderen auf den Thron bringen. Zudem ist Herodes misstrauisch und impulsiv. Er leidet unter Verfolgungswahn. Drei seiner Söhne lässt er hinrichten, weil er denkt, sie würden seine Ermordung planen. Kaiser Augustus hatte ihm erlaubt, sie vor Gericht zu stellen. Als Augustus vom Todesurteil erfuhr, soll er gesagt haben, es sei besser, Herodes' Schwein zu sein als sein Sohn. Auch seine geliebteste Frau Mariamne – er hat zehn – lässt er umbringen.

Herodes' Kindermord zu Bethlehem ist außerbiblisch nicht bezeugt, aber eine solche brutale Reaktion würde nicht wirklich aus der Reihe seiner Gräueltaten fallen. In den letzten Lebensjahren wird er besonders brutal, in dieser Zeit befiehlt er die Tötung seiner Söhne. Er ist psychisch labil und versinkt in Depressionen.

JESUS WIRD GEBOREN

Szenenwechsel: Wir begleiten die hochschwangere Maria und ihren Mann Josef in das 150 km von Nazareth entfernte Bethlehem. Hier wird sie Jesus zur Welt bringen. Nicht nur Josefs Abstammung verbindet das Paar mit Bethlehem. Im ganzen Land wird die Bevölkerung für steuerliche Zwecke registriert. Zu jener Zeit gab es zwei Steuern: die Kopf- und die Bodensteuer. Für die Kopfsteuer konnte sich jeder in seinem Wohnort eintragen lassen. Für die Bodensteuer musste der jeweilige Grundstücksbesitzer zur Kommune gehen, in der sein Grundstück lag. Maria scheint also eigenes Land in Bethlehem besessen zu haben, sonst hätte sie nicht nach Bethlehem reisen müssen. In der antiken jüdischen Kultur besaßen Frauen nur in Ausnahmefällen Land. Die klassische Ausnahme waren Familien ohne Söhne und ohne Vater, so sagt es die Tora (4. Mose 27,8). Wenn das bei Maria der Fall war, hat sie ihren Vater wohl sehr früh verloren und ist wahrscheinlich als Halbwaise aufgewachsen. Mädchen heirateten üblicherweise, sobald sie schwanger werden konnten, meist mit ca. 12 Jahren. Ein früher Tod ihres Vaters würde erklären, weshalb sie vermutlich auch keine Brüder hatte.

Ich erinnere mich an die Reaktion einiger religiöser Studierender aus unserer Reiseleiterausbildung, als wir Jesu Stammbaum lasen. Josef stammt aus dem Haus Davids, stand da. »Wer ist Jesu Vater?«, hat jemand in den Raum geworfen. »Josef wohl nicht«, antwortete eine andere. »Dann können wir das Buch zumachen«, schlossen sie ab. Wenn Jesus kein Sohn Josefs ist, stammt Jesus nicht aus dem Haus Davids und ist somit irrelevant für die Messiasfrage, so die Logik. Was wir damals nicht bedacht haben, ist allerdings, dass sich ein Ehemann einer Frau ohne Vater und Brüder damals in den Stammbaum der Frau einschreiben lassen musste (4. Mose 27,8; 32,41; 1. Chronik 2,21-22; Nehemia 7,63). Dadurch wurde der Mann auch rechtlicher Sohn seines verstorbenen Schwiegervaters. Das heißt, Josefs Stammbaum ist eigentlich Marias. Damit wäre Jesu Abstammung aus dem Haus Davids geklärt.

Nach der Geburt Jesu bleibt die junge Familie noch 40 Tage in Bethlehem. Erst dann ist Maria wieder rein und darf im Tempel ein Opfer bringen. Damals konnte es bis zu 60 Tage dauern, bis eine Frau nach der Geburt wieder als rein galt. Das Paar zieht weiter nach Ägypten, wo sie vor Herodes sicher sind.

Jesus ist nicht im Winter geboren worden. Die Hirtenfelder aus der Geburtsgeschichte können wir uns zwischen Bethlehem und dem Herodium vorstellen, einer Gegend auf rund 700 m ü. NN. Zwischen November und März ist es hier zum Übernachten im Freien auch für Schaf- und Ziegenherden zu kalt. Wieso lokalisieren wir die Felder dort? Westlich von Bethlehem ist die Landschaft mediterran und voller Terrassenlandwirtschaft mit Plantagen, kein Weideland. Östlich

vom Herodium beginnt die Wüste. Besonders in den warmen Monaten, in denen man draußen übernachten kann, gibt es dort nicht genug Weidegras.

Bei Bethlehem gab es schon zur Zeit Jakobs einen Ort namens Migdal Eder, dt. »Herdenturm«. Der Prophet Micha verbindet diesen mit der Messiaserwartung (Micha 4,8). Die Mischna erzählt, dass von hier besonders gern Opfertiere in den Tempel gebracht wurden (Mischna Scheqalim 7,4). Jesu Geburt in dieser Gegend hat als »Lamm Gottes« eine besondere Symbolik. Jonatan ben Usiel war im selben Alter wie Jesus und ebenfalls Galiläer. Er übersetzte einige Bibelbücher ins Aramäische. Bei der Erwähnung von Migdal Eder in der Tora (1. Mose 35,21) bezeichnete er diesen Ort als »der Ort, aus dem sich der Messias in der Endzeit offenbaren wird«.

Zurück zu Herodes: Der plante nicht nur seine eigene Grabstätte akribisch, sondern auch seine Beerdigung. Der Beerdigungszug begann in seinem Jerichoer Winterpalast und führte hinauf zum Herodium. Dort warteten im Hippodrom zahlreiche Rabbinerschüler, um seinen letzten Willen zu erfüllen. Er befahl, sie alle zu ermorden, damit sich das Volk an seinem Todestag nicht freute. Die Soldaten führten diesen Befehl am Ende nicht aus. Es war 4 v. Chr., weshalb Jesus spätestens um 4 v. Chr. auf die Welt kam. Forscher schränken den Zeitraum der Geburt Jesu auf 8–4 v. Chr. ein. Einiges spricht für das Jahr 7 v. Chr. Nach Herodes' Tod scheint die akute Gefahr für Josef und Maria vorbei zu sein und sie ziehen zurück nach Nazareth. Jesus ist vielleicht 3–4 Jahre alt.

Judäa wird nach Herodes' Tod römische Provinz, ohne König. Das Land wird zwischen dreien seiner Söhne aufgeteilt, einen vierten Teil bekommt ein anderer. Deswegen spricht die Bibel von den »Vierfürsten«. Wie um uns zu verwirren, heißen Herodes' Söhne auch Herodes. Zum Glück haben sie alle einen Zweitnamen. In der Bibel wird dieser allerdings nicht immer verwendet, sodass man den Eindruck hat, es gehe immer nur um einen Herodes. Um König Herodes von seinen Söhnen zu unterscheiden, nannte man ihn im Nachhinein Herodes den Großen. Jesus wuchs im Gebiet von Herodes Antipas auf. Über das Verhältnis zwischen Jesus und ihm werden wir noch sprechen.

Herrschaftsgebiet des Antipas
Cäsarea Philippi
Golan
Galiläa
Kapernaum
Betsaida
Magdala
Tiberias
Zippori
Nazareth
Hippos
Gadara
Herrschaftsgebiet des Philippus
Cäsarea Maritima
Dekapolis
Sebaste
Apollonia
Sichem
Samarien
Antipatris
Jaffa
Provinz Judäa
Peräa
Lydda
Emmaus
Jericho
Aschdod
Jerusalem
Aschkelon
Bethlehem
Judäa
Herrschaftsgebiet des Antipas
Gaza
Hebron
Arad

EXKURS:

Jesus war im Rabbinertum verwurzelt

Wie oft habe ich gehört, Jesus hätte Gebote aufgelöst, z. B. dadurch, dass er die Arbeit am Sabbat für erlaubt oder die Speisegebote für unwichtig erklärte. Und das behaupten sowohl Juden als auch Christen. Aber es ist nicht nur so, dass Jesus keine Gebote aufgelöst hat, er hat auch keine Gebote übertreten, kein einziges Mal. Wer anderes behauptet, kennt die jüdischen Quellen nicht gut genug.

Die Zugehörigkeit der Evangelien zur damaligen rabbinischen Literatur geht so weit, dass wir fast zu allen Zitaten Jesu Paralleltexte finden. Bevor wir uns das genauer ansehen, möchte ich betonen, dass das nicht die Bedeutung der Evangelien mindert. Im Gegenteil. Ich bin überzeugt, dass man vieles aus den Evangelien nur im Kontext verstehen kann. Verstehen ist unser Ziel.

JESUS ALS KIND

Um Jesu Familienhintergrund besser einordnen zu können, sollten wir in die Zeit seiner Geburt zurückgehen. Schon vor der Geburt wird Maria vom Engel Gabriel gesagt, wie sie ihren Sohn nennen soll. Der Wortstamm des vorherbestimmten Namens bedeutet »Errettung«. Jesus ist die griechische Variante, die weder er noch sein Umfeld nutzte. Jeschua ist sein vollständiger Name, eine Variante von Jehoschua, was in vielen Fremdsprachen zu Josua wurde. Jeschua war kein seltener Name. Während heute gefühlt jeder zehnte Jude über 60 Abraham, Mose und David heißt, war es damals verpönt, die Namen der wichtigsten biblischen Personen zu vergeben. Umso häufiger waren Namen aus der »zweiten Reihe« der Bibel, darunter auch Josua. Aus Josua entwickelten sich mehrere Varianten, unter anderem auch Jeschua', der eigentliche Name Jesu. Im galiläischen Dialekt wurden Kehllaute allerdings nicht ausgesprochen (Bab. Talmud Megilla 24.2), wie das a' am Ende von Jeschua'. Wahrscheinlich wurde Jesu Name in seinem eigenen Dialekt und im Dialekt seiner Jünger (Matthäus 26,73) also Jeschu ausgesprochen. So spricht man den Namen auch heute im Hebräischen aus, wenn man über Jesus redet. Die Form Jesus ist die Anpassung des Namens ins Griechische.

Wenn man die Frage stellt, wann Jesus zum ersten Mal im Tempel war, lautet die häufigste Antwort: »Mit 12 Jahren.« Er war viel früher dort, im Alter von höchstens zwei Monaten, als ihn seine Eltern zur Auslösung und zum Opfer in den Tempel brachten.

Beschneidung

Wer detailorientiert liest, stellt fest, dass Jesus seinen Namen bei seiner Beschneidung bekam (Lukas 2,21), wie jeder jüdische Junge auch heute noch. Als Abschluss der Beschneidung wird das Baby hochgehalten, während der Beschneider oder ein Segengeber laut den Satz sagt: »Sein Name wird in Israel heißen …« (nach Rut 4,14). Dann flüstern die Eltern den Namen ins Ohr oder reichen einen Zettel, der Beschneider bzw. Segengeber sagt ihn laut und es gibt einen Applaus. Man hat erst einen »Namen in Israel«, wenn man im Beschneidungsbund ist.

Die Auslösung ist ein Gebot (Exodus 13,13), das auch heute zeremoniell gefeiert wird. Dazu braucht man einen Priester oder einen Leviten, der heute durch jemanden mit dem Nachnamen Cohen oder Levi ersetzt wird. Er hält das Kind und fragt den Vater, was ihm lieber ist, den Sohn abzugeben oder ihn gegen fünf Silberschekel (fast 100 g) auszulösen. Die ganze Verwandtschaft kommt, es gibt ein Festessen. Die Auslösung konnte man auch zu Jesu Zeiten schon überall feiern. Unter frommen Juden war es üblich, dafür in den Tempel zu gehen. Jesus wurde also in ein eher frommes Elternhaus hineingeboren. Bei derselben Gelegenheit bringt Maria zwei Turteltauben als Opfer, Vögel aus der Familie der Tauben, die im Mittelmeerraum sehr weit verbreitet sind.

Opfern nach einer Geburt

Die Darbringung eines Opfers nach einer Geburt war Sache der Mutter (3. Mose 12,1-8). Nach der Geburt eines Sohnes wartete die Mutter 40 Tage, bis sie ein Opfer brachte, nach der Geburt einer Tochter wartete sie 80 Tage. Zwei Opfer wurden dargebracht, ein Brand- und ein Sündopfer. Als Brandopfer sollte ein Lamm geopfert werden, als Sündopfer eine Turteltaube oder eine Taube. Wer sich das Lamm nicht leisten konnte, durfte stattdessen auch eine Turteltaube oder eine Taube bringen. Über die Frage, weshalb Mütter nach der Geburt Sündopfer bringen mussten, diskutierten Rabbiner. Manche Rabbiner spannten den Bogen zur Geburt als Evas weitervererbter Bestrafung (1. Mose 3,16). Rabbi Schimon Bar Jochai (1-2. Jh. n. Chr.) schlägt vor: »weil Mütter bei der Geburt schwören, dass sie ihren Mann nie wieder gebrauchen werden« (Nidda 31,2). Gelacht? Willkommen in der rabbinischen Welt.

Auch danach ist Jesu Tempelbesuch mit 12 Jahren sehr wahrscheinlich nicht der nächste. Wie es Juden geboten ist (Exodus 23,17), ging auch seine Familie bis zu dreimal im Jahr zum Tempel in Jerusalem (Lukas 2,41). Ein bestimmter Besuch Jesu in Jerusalem ist durch den ausführlichen Bericht in der Bibel (Lukas 2,42-52) bekannt. Dabei haben ihn seine Eltern auf ihrer Rückreise nach Nazareth in Jerusalem vergessen. Wie konnte das passieren? Jesus kannte die Strecke von Nazareth nach Jerusalem wie alle anderen sehr gut. Oft lief man dorfweise zusammen. Jugendliche liefen vorneweg, im besten Fall bis zum abgemachten Pausenplatz – Brunnen, Baum, Kreuzung. So kann man eher verstehen, wie das Fehlen Jesu erst nach einer Tagesreise auffiel. Dass er mit 12 schon mit »Lehrern« auf dem Tempelplatz diskutierte, hat eine symbolische Bedeutung. Mit 13 werden jüdische Jungen gebotspflichtig. Das ist spätestens seit dem 2. Jh. n. Chr. so (Mischna Avot 5,21). Wir wissen zwar nicht, wie lange Bar-Mizwa-Zeremonien schon in der Form gefeiert werden wie heute, aber das Prinzip der Einweihung in die Religionspraxis und -schrift kann nicht neu sein. Ein 12-Jähriger, der sich schon vor der Einweihung gut auskennt, ist ein *Illui,* so etwas wie ein Herausragender. So nannte man später Genies in der rabbinischen Welt, oft mit einem phänomenalen Gedächtnis und einer außerordentlichen Zitierfähigkeit.

RABBINER IST NICHT GLEICH RABBINER

Die »Lehrer« aus der Geschichte des 12-jährigen Jesus im Tempel sind sicher *Chachamim*, dt. »Weise«. Bislang habe ich grundsätzlich das Wort »Rabbiner« gebraucht, um die Sache nicht zu verkomplizieren, aber jetzt sollten wir genauer unterscheiden. Heute wird man Rabbiner, nachdem man eine längere Ausbildung mit mehreren Prüfungen absolviert hat. Das war nicht immer so. Das Wort »Rabbi« ist aus dem Aramäischen entlehnt und bedeutet so was wie »Herr« oder »Erhabener«. In der jüdischen Geschichte tauchte der Titel im 1. Jh. n. Chr. auf. Formal erhielten ihn anfänglich *Dajanim*, Richter im Religionsgericht, einem der wichtigsten Organe des Hohen Rates. Sie waren befugt, sich an der Festlegung von Todes- oder Bußstrafen und des Monatsanfangs zu beteiligen. Zeitgleich wurden allgemein angesehene Toralehrer als Zeichen der Würdigung mit Rabbi angesprochen, wie es bei Jesus der Fall zu sein scheint. Solche Rabbiner durften Entscheidungen über Speisen- und Reinheitsgebote treffen. Es reichte, dass sie sich in der Halacha auskannten. Es gab mehrere rabbinische Titel mit klarer Hierarchie. Ein Rabbi im babylonischen Exil hieß *Rav*. Der Präsident des Hohen Rates hieß *Rabban*, wie z. B. Gamaliel der Alte, Paulus' Lehrer und Verteidiger der Urgemeinde. »Größer als Rav – Rabbi, größer als Rabbi – Rabban, größer als Rabban – sein Name« (Tosefta Edujot 83,44). Die Namen der allerwichtigsten Rabbiner des 1. Jahrhunderts erscheinen titellos, weil ein Titel für ihre Größe nicht ausreicht.

Bei Rabbinern der Antike sprechen wir immer von *Chasal*, eine Zusammensetzung der Anfangsbuchstaben der Worte *Chachamejnu Sichronam Livracha*, dt. »Unsere Weisen, möge ihre Erinnerung gesegnet sein«. Das Chasalzeitalter beginnt im 3. Jh. v. Chr., endet im 6. Jh. n. Chr. und wird in Epochen unterteilt. Die Epochen werden nach der Bezeichnung der jeweiligen religiösen Autoritäten Israels benannt. Die ersten 200 Jahre waren die Epoche der *Sugot*, dt. »Paare«, weil damals immer zwei Weise an der geistlichen Spitze saßen. Einer war der *Nassi*, d. h. Präsident des Hohen Rates, der andere der *Av Beit HaDin*, Gerichtsvorsitzender im Hohen Rat. Fünf Paare gab es. Nicht immer haben sie sich vertragen. Das bekannteste Paar ist das letzte, Hillel und Schammai, deren Diskussionen und Aussagen auch bei Jesus eine Rolle spielen.

Nach ihnen begann die Epoche der *Tannaiten*, aramäisch »Lehrer«. Durch sie entstand die Mischna. Die Sprache des Chasalzeitalters nennt man Chasalsprache oder mischnisches Hebräisch. Die Unterausprägung zwischen 200 v. Chr. und 200 n. Chr. wird als tanaaitisches Hebräisch bezeichnet. Jesus und die Jünger lebten im Umfeld dieser Sprache. 128 Tannaiten werden in der Mischna erwähnt. War Jesus Tannait? Dafür hätte er Teil des religiösen Systems sein müssen, was er nicht war. Aber er lebte in der Tannaitenzeit und gehörte in diese Welt. Hätte er sich für den Weg in die religiöse Institution entschieden, wäre er bestimmt Tannait geworden.

Aber ein *Chacham*, ein Weiser, war er sehr wohl. So stellt ihn der Historiker Flavius Josephus vor: »In jener Zeit trat Jesus auf, ein weiser Mann …«[10] »Weiser Mann« ist offensichtlich die Übersetzung von *Chacham*, ein Toralehrer, Ausleger und geistlicher Anführer, eben ein Teil Chasals. Josef war laut Übersetzungen Zimmerman. Im griechischen Text steht *Tekton*, was genauer »Baumeister« wäre. Baumeister arbeiteten auch mit Holz, aber im holzarmen Israel doch hauptsächlich mit Stein. So wie es aussieht, kannte sich auch Jesus in diesem Beruf gut aus. Er gebraucht mehrfach Bilder aus der Bauwelt. Bauberufe waren unter Rabbinern besonders angesehen. Als eine komplexere Frage aufkam, »suchten sie einen Tischler oder einen Sohn eines Tischlers« (Aboda Zara 50,72).

DIE STRÖMUNG, DIE JESUS AM MEISTEN PRÄGTE

In der jüdischen Gesellschaft, in der Jesus lebte, gab es vier Hauptströmungen. Wie bei heutigen Parteien war auch damals nicht jeder Bürger Mitglied einer dieser Parteien. Die wenigsten sind es. Aber fast jeder ordnet sich einer gewissen Ausrichtung zu, für die eine Partei steht. Drei der damaligen Strömungen kennen wir schon: die Sadduzäer, die Pharisäer und die Essener. Um 6 n. Chr. kam die neue Bewegung der Zeloten als vierte dazu. Zeloten töteten römische Soldaten, aber auch Sadduzäer und gemäßigte Pharisäer. In den jüdischen Quellen findet man kaum ein gutes Wort über sie, sie werden eher als Hooligans dargestellt.

Welche dieser vier Strömungen hat Jesus am meisten geprägt? Die gewalttätigen Zeloten und die elitären Sadduzäer können wir schnell ausschließen. Einige Begriffe, die Jesus verwendet, haben auch die Essener verwendet. Er muss einige ihrer Texte gekannt haben.

Jesus und die Essener hatten Gemeinsamkeiten

Den Begriff »Arme im Geist« kennen wir aus der Bergpredigt (Matthäus 5,3). In der Bibliothek, die offensichtlich Essener im 1. Jh. n. Chr. in Qumran am Toten Meer versteckten, finden wir den erklärenden Zusammenhang: »... und die für den Herrn Armen werden reich ...« (Testamente der 12 Patriarchen, Juda 25,3). Mit »Arme im Geist« waren Menschen gemeint, die für ein gotterfülltes Leben bewusst auf Reichtum verzichteten. Die Unverträglichkeit zwischen der Hingabe an Gott und das Kapitalvermögen betont auch Jesus (Matthäus 6,24). In der Hymnenrolle aus Qumran wird das Kapitalvermögen verachtet. In derselben Schriftrolle erscheint ein Text (1QHa 4,27-29), der den Worten Jesu sehr ähnelt, die er bei einem Freudenausbruch sagte (Matthäus 11,25-27). Diese Schriftrolle wurde vor Jesu Zeit geschrieben. In der Gemeinderegelrolle aus Qumran wird geschildert, wie man im Ritualbad durch den Heiligen Geist von Sünden rein wird (Gemeinderegelrolle II26-III12) – ähnlich wie es Menschen sahen, die zur Taufe des Johannes kamen (Matthäus 3,5-6).

Aber ein Essener war er dadurch nicht. Die Essener waren Separatisten und lebten nur unter ihresgleichen – was Jesus ganz klar nicht tat.

Für christliche Ohren hört sich es nicht plausibel an, aber Jesu Orientierung passt zu den Pharisäern. Bei christlichen Bibellesern haben Pharisäer einen schlechten Ruf. Kein Wunder nach den vielen Auseinandersetzungen, die Jesus mit ihnen hatte. Die Auseinandersetzungen gab es, aber das heißt nicht, dass Jesus nicht selbst pharisäisch geprägt war. Am heftigsten streitet man eben innerhalb der Familie.

AUF MOSES STUHL

An einer Stelle kritisiert Jesus die Pharisäer dafür, dass sie große Quasten tragen (Matthäus 23,5). Erinnerst du dich noch? Das waren die Schnürchen, die man zur Erinnerung an Gott tragen sollte. Jesus kritisiert nicht das Tragen der Quasten, das ein Gebot ist, sondern die Motivation dahinter. Wer große Quasten trägt, will gesehen werden, und diese Haltung disqualifiziert sie für Jesus, nicht ihre Quasten. Selbst trägt er auch Quasten: Viele Kranke »baten ihn, dass sie nur die Quaste seines Gewandes anrühren dürften; und alle, die ihn anrührten, wurden völlig gesund« (Matthäus 14,36). Wunderst du dich, dass bei dir in diesem Vers »Saum« steht und nicht »Quasten«? Fast alle Übersetzungen folgen Luther und tauschen Jesu Quasten gegen einen »Saum«, wissentlich oder unwissentlich. Wenn es aber um Kritik an den Pharisäern geht, bleiben sie doch bei »Quasten«. Im griechischen Urtext erscheint das gleiche Wort an beiden Stellen. Im guten Fall lag es Luther am Herzen, die biblische Situation für die Leser seiner Zeit verständlich zu machen. Im schlechten Fall wollte er das »zu jüdische« Bild Jesu vertuschen. So oder so, wir sollten sorgfältig hinhören, was Jesus genau kritisiert.

Dass Jesus in der Öffentlichkeit mit Rabbi angesprochen wurde, verrät seine Einordnung ins pharisäische Milieu. In den anderen Strömungen gab es diese Ansprache nicht.

Seine Positionierung gegenüber den Pharisäern beginnt Jesus mit den Worten: »Auf Moses Lehrstuhl haben sich die Schriftgelehrten und die Pharisäer gesetzt« (Matthäus 23,2). Damit bestätigt er das Selbstverständnis der Pharisäer als richtig. Sie sehen sich nämlich als die Fortsetzung der geistlichen Kette seit Mose (Mischna Avot 1,1).

Mosestuhl

Der Mosestuhl ist nicht nur eine Metapher. In einigen antiken Synagogen wurden prächtige Stühle aus Stein gefunden, die von Forschern als Mosestühle interpretiert werden. Sie nehmen an, dass sie besonders ehrenwerten Gemeindegliedern dienten. Einer der bekanntesten Mosestühle wurde in der Synagoge von Chorazin am See Genezareth gefunden, einer Stadt, in der Jesus Wunder tat.

Jesus hat die halachischen Regeln im Visier und vergleicht sie mit schweren Lasten, die die Pharisäer auf die Schultern der Menschen legen (Matthäus 23,4). Diese Kritik gab es auch unter Pharisäern selbst: In einer Diskussion über sieben Arten von Pharisäern kennt der Jerusalemer Talmud den »Schulter-Pharisäer, der die Lasten der Gebote auf die Schulter der Menschen lädt« (Jer. Talmud Sota 5,5).

DAS LERNEN ODER DIE TAT

Jesus sagt unmissverständlich, dass er mit der Theorie der Pharisäer einverstanden ist, nicht aber mit deren ausbleibender Umsetzung: »Alles nun, was sie euch sagen, tut und haltet; aber handelt nicht nach ihren Werken! Denn sie sagen es und tun es nicht« (Matthäus 23,3). Hier berührt er eine der wichtigsten rabbinischen Kontroversen der damaligen Zeit: Was hat Vorrang – *Talmud o Ma'asse*, dt. »das Lernen oder die Tat«? Unter »Tat« versteht man das Halten der Gebote im sozialen Bereich wie »Wohltätigkeit« und »Gnadentaten«. Eigentlich alles, was zur Nächstenliebe gehört. Wie Jesus betonten die Weisen, die Belohnung für die Taten sei für die kommende Welt vorgesehen. Für sie waren sowohl das Lernen als auch die Tat wichtig, sie waren sich nur nicht einig, was wichtiger sei. Eine Diskussion aus dem 1. Jh. n. Chr. macht es deutlich: »Was ist größer? Lernen oder Tat? Rabbi Tarfon sagte: Die Tat ist größer. Rabbi Akiva sagt: Größer ist das Lernen. Alle antworteten und sagt'en: Größer ist das Lernen – denn das Lernen bringt Taten hervor« (Sifrei Dvarim 41). Manche Rabbiner waren anderer Meinung: »Wer lernt, um zu lehren, wird lernen und lehren. Wer lernt, um zu tun, wird lernen, lehren, halten und tun« (Mischna Avot 4,5). Theorie bleibt ohne Tat nur Theorie. Jesus ist ein Verfechter der Tat.

DIE UNTERGRUPPE DER CHASSIDIM

Diese Einstellung Jesu und die Art seines Wirkens helfen uns, seine Verortung in einer Untergruppe innerhalb der pharisäischen Welt der Weisen zu erkennen, den *Chassidim*. Achtung, die Bedeutung dieses Begriffs hat sich im Laufe der Jahrtausende gewandelt. Die chassidischen Juden von heute sind etwas anderes. Das Wort *Chassid* kommt mehrfach in der Bibel vor. Ins Deutsche wurde es mit »fromm« übersetzt. Der Wortstamm bedeutet »Gnade«. Ein *Chassid* ist jemand, der im Gnadenbund Gottes lebt. Die Ersten, die sich so nannten, waren makkabäische Rebellen. Im Tannaitenzeitalter wurden manche Weisen *Chassidim* und »Menschen der Taten« genannt. Sie bildeten eine nicht besonders große Gruppe am Rande der Weisenwelt, die durch ausgeprägtes Engagement in der Gesellschaft auffiel. Ihre Autorität bekamen sie nicht von der Institution, sondern durch ihre Beliebtheit und ihr Charisma. Sie waren Verfechter der Taten und betonten die Notwendigkeit der Sozialgebote, darunter das Erlassjahr, die Nächstenhilfe, Krankenheilung, Krankenbesuch und Trost von Todestrauernden. Zudem wurde den Chassidim oft eine übernatürliche Kraft zugesprochen, mit der sie Wunder taten. All das trifft besonders auf Jesus zu.

Es gibt keine Halacharegeln, die Chassidim zugeschrieben werden, aber mehrere Ausdrücke in der rabbinischen Literatur belegen ihre Tätigkeit auch in diesem Bereich. Oft verließen sie den Halacharahmen hin zu einer strengeren Deutung. In der Bergpredigt fällt Jesu strengere Auslegung auf. Er sagt: »Jeder, der eine Frau ansieht, sie zu begehren, hat schon Ehebruch mit ihr begangen in seinem Herzen« (Matthäus 5,27 28). Im Talmud finden wir: »Jeder, der seinen Nächsten in der Öffentlichkeit beleidigt, [gilt,] als ob er Blut vergossen hat« (Bab. Talmud Baba Metsia 58,2). Zur Aussage Jesu: »Wer aber sagt: Du Narr!, wird der Hölle des Feuers verfallen sein« (Matthäus 5,22) gibt es eine talmudische Parallelstelle: »Drei Sünden führen zum ewigen, höllischen Feuer: Ehebruch, Beleidigung in der Öffentlichkeit und Verleumdung« (Bab. Talmud Baba Metsia 58,72).

AGGADA

Die Chassidim sind in der rabbinischen Literatur zwar nicht als Halacha-Entscheider dargestellt, dafür aber als *Baalei Aggada*, dt. »Aggada-Haber«. Schon mal gehört? Jesu Art, Toraverse auszulegen, ist ein klassischer *Midrasch* nach Art der Pharisäer.

Midrasch

Das Wort *Midrasch* ist vom Wortstamm für »suchen« abgeleitet, suchen nach Antworten. Zwei Midrascharten werden unterschieden: Halacha und Aggada. Während die *Halacha* der gesetzliche Teil der Toraauslegung ist, ist *Aggada*, dt. »Erzählung«, der nichtgesetzliche Teil. Die Aggada-Midraschim genießen größere Auslegungsfreiheit und dienen zur Vermittlung tiefgründiger Botschaften in Sachen Moral, Gerechtigkeit und Weisheit. Die meisten sind über 2000 Jahre alt.

Im Feld der Aggada waren vor allem Weise mit literarischem Talent tätig. Im Mittelpunkt ihrer Predigten standen Bibelverse, umrahmt von Gleichnissen, Metaphern, Erzählungen und Zitaten, aber auch eigenen Einstellungen zum Glauben und zur Moral sowie Auseinandersetzungen mit Andersdenkenden. Klingt das bekannt? Bei Jesus finden wir viele solcher Auslegungen. An einigen Stellen zitiert er auch aus bestehenden Aggada-Midraschim. »Und wenn deine Hand dir Anlass zur Sünde gibt […] dein Fuß dir Anlass zur Sünde gibt […] dein Auge dir

Anlass zur Sünde gibt […]« (Markus 9,43-47) ist z.B. eine Anspielung auf: »›Du sollst nicht Ehebrechen‹ steht mit vier Buchstaben, da Ehebruch durch Hand, Fuß, Auge und Herz geschieht« (Midrasch Schemot 20). Meistens predigt Jesus aber eigene Aggada-Midraschim, die er mit großem literarischem Talent selbst verfasst. Mit diesen sind die Evangelien gefüllt.

Im Rabbinertum entwickelte sich eine eigenartige Sprachwelt mit Gleichnissen mit einem typischen Aufbau, Wortschatz und Stil. Jesu Gleichnisse entsprechen diesen. Die Wichtigkeit der Gleichnisse betont er selbst. Manche seiner Gleichnisse waren in ähnlicher Form auch in anderen rabbinischen Kreisen bekannt, vielleicht auch generell in der Öffentlichkeit. Ein gutes Beispiel finden wir im aggadareichen Halacha-Midrasch Sifrei Dvarim: »Ein Gleichnis von einem König, der einen Acker hatte und diesen verpachtete. Die Pächter fingen an, diesen [Acker] für sich zu nehmen und zu bestehlen. Er nahm ihn ihnen weg und gab ihn ihren Söhnen, die anfingen, noch böser zu sein als die Ersten. Er bekam einen Sohn und sagte ihnen: Geht aus meinem [Acker], es geht nicht, dass ihr in ihm bleibt, gebt mir ihn, damit ich ihn verkaufen kann« (Sifrei Dvarim 312,1). Erkannt? Das Gleichnis von den Weingärtnern, das Jesus auf dem Tempelplatz erzählte, nur dass es bei ihm eine Fortsetzung gibt und die Moral eine andere ist.

Auch das Vaterunser, das Jesus als Gebet lehrt, ist dem jüdischen *Kaddisch* ziemlich ähnlich, einem der wichtigsten jüdischen Gebete. Ursprünglich wurde dieses Gebet nach einem Aggada-Unterricht gesprochen.

WUNDER

Die Vollmacht, Wunder zu tun und insbesondere zu heilen, wurde nicht als Hokuspokus verstanden. In der rabbinischen Literatur gibt es viele Erzählungen über Wunder. Die rabbinische Terminologie ist hier wichtig. Große und übernatürliche Wunder, wie die Öffnung des Schilfmeers, wurden als *Nes* bezeichnet. Wunder der Chassidim nannte man *Mofet*. Sie waren verhältnismäßig verbreitet und gehörten zur Führung der Jüngerschaft durch ihren Chassid. Nicht wenige

Chassidim nannte man *Baalei Mofet*, dt. »Wunder-Täter«. Sie bekamen ihre Fähigkeit von Gott, weil er sie dazu bestimmt hatte. Jesus sprach es an: »Wenn ich aber durch den Finger Gottes die Dämonen austreibe …« (Lukas 11,20) und begründete seine Vollmacht mit einem Begriff aus der Tora, dem »Finger Gottes«. Es war nicht Mose, der die Plagen in Ägypten bewirkte, es war »der Finger Gottes« (Exodus 8,15). Er tue die Wunder nicht selbst, sagte Jesus, sondern Gott durch ihn.

BAT-KOL, DIE HIMMLISCHE STIMME

Seine besondere Beziehung zu Gott hat Jesus schon als Kind gespürt. Das zeigen seine Aussagen als 12-Jähriger auf dem Tempelplatz. Bestätigt wurde sie ihm bei seiner Taufe durch eine Stimme aus dem Himmel. Unter Nichtjuden eher weniger bekannt ist, dass die Stimme aus dem Himmel eine erklärende Übersetzung des jüdischen Begriffs *Bat-Kol* ist, wörtlich »Stimmtochter«. Die himmlische Stimme ist nach jüdischem Verständnis eine bestimmte Ebene der Kommunikation Gottes mit Menschen. Die höchste Stufe ist die Begegnung von Angesicht zu Angesicht, die zweite das direkte Reden Gottes, die dritte die Prophetie, die vierte der Heilige Geist und die fünfte die himmlische Stimme. Nach rabbinischem Verständnis blieb sie nach dem Prophetiezeitalter bestehen (Bab. Talmud Joma 9,2). Eine himmlische Stimme wurde zur Zeit des Zweiten Tempels immer wieder gehört. Verstanden wurde sie als eine Art Echo der göttlichen Stimme, vom Heiligen Geist getragen. Wichtig: *Ruach* bedeutet sowohl »Geist« als auch »Wind«, sodass man sich ein Getragenwerden wie vom Wind gut vorstellen kann. Im Chasalzeitalter sprachen himmlische Stimmen immer Juden an, wobei die Themen manchmal auch auf andere Völker bezogen waren. Gehört hat sie jeweils nur der Angesprochene. Manchmal sprachen sie Bibelverse, die die aktuelle Situation des Angesprochenen betrafen. Die Worte an Jesus sind aus den Evangelien bekannt: »Dieser ist mein geliebter Sohn, an dem ich Wohlgefallen gefunden habe« (Matthäus 3,17). Nicht allen Lesern fällt auf, dass Jesus einen Vers aus Jesaja hört: »Siehe, mein Knecht, den ich halte, mein Auserwählter, an dem meine Seele Wohlgefallen hat« (Jesaja 42,1). Die Ausdrücke für »Geliebter Sohn« und »Auserwählter« im griechischen Bibeltext wurden synonym gebraucht. Mit Sicherheit erkannte Jesus den Vers und kannte auch seine Fortsetzung: »Ich habe meinen Geist auf ihn gelegt, er wird das Recht zu den Nationen hinausbringen [...] Und ich behüte dich und mache dich zum Bund des Volkes, zum Licht der Nationen, blinde Augen aufzutun, um Gefangene aus dem Kerker herauszuführen und aus dem Gefängnis, die in der Finsternis sitzen« (Jesaja 42,1.6-7). Es ist die Verkündigung über Gottes Knecht, der Recht und Licht bringt.

MESSIASTAGE

Wozu nutzte Jesus seine Erwählung, die ihm die himmlische Stimme an der Taufe zusprach? Er verkündete das Himmelreich, die Herrschaft Gottes auf Erden. Rabbiner haben sich mit der Frage beschäftigt, wie die Messiastage aussehen. Kommt der Messias auf übernatürliche Weise zur Welt und stellt sie auf den Kopf oder bleibt die Realität bestehen, nur dass Israel von der Fremdherrschaft befreit und das Königreich wiederhergestellt wird? Jesus bekennt sich klar zur reellen Form: »Das Reich Gottes kommt nicht so, dass man es beobachten könnte« (Lukas 17,20-21). Rabbiner waren unterschiedlicher Meinung, was mit der Tora und der Halacha an den Messiastagen passieren würde. Zur Tora äußert sich Jesus unmissverständlich: »Bis der Himmel und die Erde vergehen, soll auch nicht ein Jota oder ein Strichlein von dem Gesetz vergehen, bis alles geschehen ist. Wer nun eins dieser geringsten Gebote auflöst und so die Menschen lehrt, wird der Geringste heißen im Reich der Himmel« (Matthäus 5,18-19). Mit *Jota* ist *Jod*, der kleinste Buchstabe in der hebräischen Schrift gemeint. Das Strichlein ist seine kleine Spitze an seiner linken Seite. Im Talmud finden wir eine Diskussion über die Zulässigkeit einer Gebetsriemenrolle: »Sogar das Fehlen des Tüpfelchens eines Jota macht sie ungültig« (Bab. Talmud Menahoth 34,1).

JESUS UND DIE GEBOTE

Lass uns einmal genauer anschauen, was allgemein als Gebotsverstöße Jesu wahrgenommen wird. Ein häufiges Beispiel ist das Händewaschen vor dem Essen (Markus 7,3). Als Erster verpflichtete König Salomo zum Händewaschen, aber nur, wenn man Opferfleisch anfasste. Um die Zeitenwende wurde die Pflicht auf das Anfassen von Hebopfern erweitert, bis die Chasal sie auch auf das Essen von Brot erweiterten. Sie sagten, dass man nach dem Essen die Hände waschen müsse und vor dem Essen waschen dürfe (Tosefta Berakhot 5,14). Die Evangelien nennen die Regel zu Recht eine »Überlieferung der Ältesten«, weil sie kein Gebot ist, sondern eine Halacha. Jesus lenkt die Diskussion in eine andere Richtung: »Nicht was in den Mund hineingeht, verunreinigt den Menschen, sondern was aus dem Mund herausgeht, das verunreinigt den Menschen« (Matthäus 15,11). Das ist korrekt. Beweis: Wenn man Unreines gegessen hat, muss man sich nicht reinigen. Jesus führt hin zum eigentlichen Sinn der Gebote und ordnet die pharisäischen Weisheiten in den richtigen Bezugsrahmen: Was ist eigentlich Reinheit und wozu ist sie vorgeschrieben? Einige Jahrzehnte später wird Rabban Jochanan Ben Sakkai, der Präsident des Hohen Rates, sagen: »Nicht der Tote verunreinigt und nicht das Wasser reinigt, sondern der Wille Gottes« (Midrasch Kahana 4,24).

Oft wird auch das Ährenpflücken der Jünger am Sabbat als Gebotsverstoß verstanden. Das war eine bekannte Kontroverse: »Es ist am Sabbat auch erlaubt, abgefallene Ähren mit der Hand zu mahlen, nicht nur zwischen den Fingern« (Bab. Talmud Shabbath 128,1). Irgendwo musste festgelegt werden, wann das Zerreiben zur Arbeit wird. Sobald Werkzeuge im Spiel sind, z. B. ein Mörser, ist es Arbeit. Das sahen alle Rabbiner so. Manche waren strenger. Für sie ähnelte schon das Zerreiben mit der Hand zu sehr der Bewegung einer Handmühle. Wer Jesus hier die Auflösung der Sabbatgebote unterstellt, kennt die Kontroverse nicht, genauso wenig die Aussagen anderer Rabbiner, wie: »Euch ist der Sabbat gegeben, nicht ihr dem Sabbat« (Mechilta de Rabbi Jischmael 31,14).

In der Synagoge seiner Kritiker fragte Jesus, ob es erlaubt sei, am Sabbat »das Leben zu retten oder zu verderben« (Markus 3,4). Hier spielte er auf ein geflügeltes Sprichwort an: »Wer einen einzigen Menschen verderben lässt, lässt die ganze Welt verderben, und wer einen einzigen Menschen rettet, rettet die ganze Welt« (Mischna Sanhedrin 4,5). Philon von Alexandria, ein Zeitgenosse Jesu, zitiert diesen Satz als bekanntes jüdisches Sprichwort. Jesus fragte nicht, ob es erlaubt sei, am Sabbat zu retten, sondern wo Heilen aufhört und wo Retten beginnt. Heilungen können auf das Sabbatende warten, sie sind nicht akut. Aber Rettungen erlauben den Sabbatbruch! Dieses Prinzip gilt auch heute. Israelische Rettungswagen und Krankenhäuser arbeiten am Sabbat weiter. Jesus heilte bei dieser Gelegenheit einen Menschen mit einem gelähmten Arm. Heute kann ein solcher Mensch fast normal leben. Damals war man zur Armut verurteilt. Ist diese Heilung keine Rettung? Auslegungssache. Und wie heilte Jesus ihn? Mit seinem Wort. Worte sind am Sabbat erlaubt.

ZWISCHEN DEM MENSCHEN UND SEINEM NÄCHSTEN

Neben der Rolle der Reinheits- und Sabbatgebote beziehen sich Jesu Aussagen auch auf das rabbinische Verständnis von Moral, Strafe und Belohnung. Im Judentum werden die Gebote in zwei Kategorien unterteilt: »Gebote zwischen dem Menschen und seinem Nächsten« und »Gebote zwischen dem Menschen und dem Ort«. Mit »Ort« ist Gott gemeint. Trotz der umständlichen Begriffsformulierungen geht es um eine einfache Unterscheidung: Sozial- und Ritualgebote. Dieses Feld ist ein wichtiges Diskussionsthema unter Rabbinern. Lass uns versuchen, Jesu Aussagen im Kontext dieser Diskussionen anzuschauen.

Rabbi Abbahu sagte: »Ein Regentag ist größer als der Tag der Auferstehung der Toten, da die Auferstehung für Gerechte ist, und der Regen hingegen für Gerechte wie auch Böse« (Bab. Talmud Taanith 7,1). Jesus sagte: »Er lässt seine Sonne aufgehen über die Bösen und über die Guten und lässt regnen über Gerechte und Ungerechte« (Matthäus 5,45). Der Tannait Elasar Ben Asarja sagte: »Sünden zwischen dem Menschen und seinem Nächsten [...] wird Jom Kippur nicht sühnen, bis man seinen Nächsten zufriedenstellt« (Mischna Joma 8,9). Demnach muss man sich erst aufrichtig beim Nächsten entschuldigen, danach wird Gott diese Sünden vergeben können. Jesus ist gleicher Meinung (Matthäus 6,14-15). Manche Formulierungen sind wortgleich: »Seid barmherzig, wie auch euer Vater barmherzig ist« (Mechilta des Rabbi Jischmael 15,2 u. Lk 6,36). Zwei Generationen vor Jesus sagte Hillel der Alte: »Richte deinen Nächsten nicht, bis du in seiner Lage bist« (Mischna Avot 2,4). Jesus spielte auf die bekannte Aussage an (Lukas 6,37). Die Nächstenliebe spielte in der rabbinischen Welt eine wichtige Rolle, z. B.: »Du solltest deinen Nächsten lieben und darfst deinen Feind nicht hassen« (Avot de Rabbi Natan 26). Jesus weitete sie deutlich aus (Matthäus 4,44; 5,23; 6,14-15).

Ein Höhepunkt der Diskussion über Nächstenliebe ist das Gleichnis vom barmherzigen Samariter. Jedes Mal, wenn die Reiseroute über die Jerichoer Straße führt, fährt man an dem Ausfahrtsschild »Barmherziger Samariter« vorbei. Der kirchlichen Tradition nach stand hier die Herberge aus dem Gleichnis. Erstaunlich, wie ein Gleichnis archäologische Spuren hinterlassen kann. Hunderte Male durfte ich Auslegungen von Pfarrern und Pastoren dazu hören. Alle sprachen über Nächstenliebe und die einstige Spannung zwischen Juden und Samaritern. Die Auslegungen waren gut, aber fast alle verfehlten einen essenziellen Punkt, weil sie den halachischen Hintergrund nicht sahen. Wer dem überfallenen Juden nicht half, waren ein Priester und ein Levit. Sie unterlagen besonderen Reinheitsvorschriften, besonders wenn sie in Kontakt mit Toten kamen. Sie hatten Angst, dass ihnen der Verletzte unter der Hand starb, und standen vor einem Dilemma: Was ist wichtiger, Ritual- oder Sozialgebote? Damals eine jüdische Kontroverse, zu der Pharisäer Jesu Meinung hören wollten. Jesus beantwortete die Frage mit der Gleichstellung beider Gebotsgruppen und fasste zusammen: »An diesen zwei Geboten hängt das ganze Gesetz und die Propheten« (Matthäus 22,40). Auch hier spielte er auf Hillels berühmte Aussage an. Die Geschichte ist ein Klassiker, den man kennen sollte. Sie heißt »Die Tora auf einem Bein«: »Es kam ein Konvertierungswilliger zu Schammai und wollte von ihm hören, worum es in der gesamten Tora gehe, aber bitte kurz, solange er auf einem Bein stehen könne. Der strenge

Schammai reagierte verärgert. Die Tora sei wie ein Gebäude und es gebe kein einzelnes Gebot, auf dem sie stehen könne, wie auch kein Gebäude auf nur einer Stütze stehen könne. Dann ging der Heide zum offeneren Hillel, der ihm antwortete: Was dir verhasst ist, das tu deinem Nächsten nicht – [das ist die gesamte Tora] und der Rest ist Auslegung – gehe und studiere« (Bab. Talmud Shabbath 31,1). Jesu Anspielung: »Alles nun, was ihr wollt, dass euch die Leute tun sollen, das tut ihr ihnen auch. Das ist das Gesetz und die Propheten« (Matthäus 7,12).

FROMM HEISST NICHT KLEIN

Manche der in diesem Kapitel zitierten Rabbiner waren Zeitgenossen Jesu. Vielleicht kannte er einige von ihnen direkt, indirekt mit Sicherheit. Wenn man ihm und ihnen zuhört, wird es unübersehbar: Jesus war Teil dieser geistlichen Welt. Einmal wurde mir vorgeworfen, ich würde Jesus auf einen frommen Juden reduzieren wollen. Unsinn. Was ich will, ist, Jesus möglichst gut zu verstehen. In seinem Leben war er nun mal kein weiser Chinese, kein geheimnisvoller Indianer und kein tüchtiger Schwede, sondern ein frommer Jude im Judäa des Zweiten Tempels – und zwar ein pharisäisch geprägter Chacham, Chassid, Baal Aggada und Baal Mofet. Falls du die Bedeutungen dieser hebräischen Begriffe vergessen hast – nicht schlimm, du kannst dieses Kapitel noch einmal lesen. Jesus arbeitete nicht mit chinesischer, indianischer oder schwedischer Mythologie, sondern mit Midrasch Aggada und der Halacha. Er zitierte keine fernen Weisheiten, sondern die Tora, Propheten und Rabbiner. Macht ihn das kleiner?

Jesu letzte Woche auf Erden

Lass uns noch ein letztes Mal in diesem Buch auf eine gedankliche Reise gehen. Wir möchten Jesus in seiner letzten Woche auf Erden begleiten.

SABBATENDE, 8. NISSAN

Bethanien. Gegen 18:30 Uhr sind schon drei Sterne am Himmel zu sehen, der Sabbat ist vorbei. Der Kalender zeigt den 8. Nissan an.

In welchem Jahr war die Kreuzigung?

Auf diese Frage antworten Forscher unterschiedlich. Einige historische Begründungen sprechen für das Jahr 30 n. Chr. Wenige Forscher errechneten das Jahr 32 n. Chr. und moderne Astronomen kamen auf das Jahr 33 n. Chr. Nach dem heutigen jüdischen Kalender wäre das Jahr 33 n. Chr. das einzige, in dem der Pessachabend des 14. Nissan an einem Freitag war, wobei wir wissen, dass es in der Antike mehr als einen jüdischen Kalender gab.

Marta serviert nun das Abendessen, das wir »vierte Mahlzeit« nennen. Drei Mahlzeiten muss es jeden Sabbat geben, schreibt die Halacha vor. Einmal am Freitagabend zum Sabbatbeginn, einmal nach dem Gottesdienst am späten Vormittag und einmal noch vor dem Sonnenuntergang. Die vierte Mahlzeit ist schon nach Sabbatende. Bis Mitternacht ist es erlaubt, mit dieser Mahlzeit den »Sabbat in seinen Ausgang zu begleiten«, lautet der Brauch. Danach ist der Sabbat eindeutig vorbei. Der Sonntag beginnt auch mit der Dunkelheit, weil die jüdischen Tageseinheiten von Abend zu Abend andauern, so wie es in der Schöpfungsgeschichte steht: »Und es wurde Abend, und es wurde Morgen, ein Tag« (1. Mose 1,5). Weil schon der erste Werktag begonnen hat, sind weltliche Themen wieder erlaubt. Jesu Jünger Judas hat darauf gewartet und spricht über Finanzen. Über Geld spricht man am Sabbat nämlich nicht. In wenigen Tagen wird dieser Judas Jesus für Geld verraten.

Gerade haben sie auf jeden Fall Brot auf dem Tisch. Selbst wenn man nicht mehr als ein olivengroßes Stück hat, muss Brot auf dem Tisch sein, schreibt die Halacha für die vierte Mahlzeit vor. Aber in den kommenden Tagen wird die gesamte Sauerteigware aus den Häusern entfernt werden. Pessach kommt und man darf kein Krümelchen Sauerteig im Haus haben.

Sie gehen schlafen. Morgen, am 9. Nissan, wird Jesus direkt in die Höhle der Löwen gehen, in den Tempel. Am Freitag derselben Woche, am 14. Nissan, wird der Pessachabend sein, an dem Jesus sterben wird.

SONNTAG, 9. NISSAN

Nach dieser Nacht ist es so weit, Jesus betritt Jerusalem. Er lässt ein Fohlen aus Betfage holen, einem kleinen Nachbardorf 1 km entfernt direkt auf dem Weg nach Jerusalem. So geht Sacharjas Prophetie in Erfüllung (Sacharja 9,9). 600 m nach den letzten Häusern von Betfage erreicht er den Ölberggipfel. Vor ihm liegt die gesamte Stadt in ihrer Pracht, davor das Kidrontal. Der gewaltige Tempel liegt wie eine Krone im Mittelpunkt der Aussicht, dort will er hin. Dahinter wohnen Priester und andere Reiche in Palästen, unten links einfaches Volk. Die drei hohen Türme hinter der Stadt verraten, wo Herodes' Palast ist. Dort wird sich der römische Statthalter Pilatus über die Feiertage aufhalten.

Wegen der Feiertage war in den letzten Tagen viel Verkehr auf den Fernwegen. Von überall kommen die Menschen nach Jerusalem. Die Unterkünfte sind voll, die ersten Zelte rund um die Stadt schon aufgeschlagen. Auch am Ölberg, auf den mit Gras bewachsenen Terrassen zwischen den Olivenbäumen, haben die ersten Familien ihren Zeltplatz gesichert.

Die Nachricht über Jesu Ankunft breitet sich schnell in der ganzen Stadt aus. Nach Lazarus' Auferweckung wollen viele Jesus sehen. In dieser Zeit der Unterdrückung ist es höchste Zeit für Erlösung. Wie es Brauch ist, segnet man die an-

kommenden Pilger mit dem Psalmzitat »Gesegnet sei, der kommt im Namen des HERRN« (Psalm 118,26). Andere Worte dieses Psalms bekommen an diesem Tag eine besondere Bedeutung: »Aus der Bedrängnis rief ich zum HERRN […] Was könnte ein Mensch mir tun? […] Alle Nationen hatten mich umringt […] Klang von Jubel und Errettung ist in den Zelten der Gerechten […] Dies ist das Tor des HERRN [… du] bist mir zur Rettung geworden […] Dies ist der Tag, den der HERR gemacht hat! Seien wir fröhlich und freuen wir uns in ihm! Ach, HERR, hilf doch! Ach, HERR, gib doch Gelingen!« »Hilf doch, errette bitte« lautet *hoschia na*, in den Übersetzungen »Hosianna« geworden. Als Zeichen der Würdigung breiten Menschen Kleider auf der Straße aus. Das macht man bei hohen geistlichen Autoritäten. Als Zeichen nationaler Befreiung werden Palmwedel in die Hand genommen, so wie zur Zeit des Makkabäeraufstandes. Jesus wird wie ein Prophet auf dem Weg vom Ölberg in die Stadt empfangen, wie ein König, wie ein Messias. Die Volksmenge liebt ihn und ist voller Erwartung.

Vielleicht erinnert sich Jesus an seine eigene Kindheit, als er die Kinder zwischen den Zelten spielen sieht. Wie oft war er hier mit seiner Familie. Ihn schmerzt die Zukunft. Er weiß, was diese Stadt bald erwartet. In 40 Jahren wird der brutale Krieg der Römer als Antwort auf den jüdischen Widerstand alles vernichten. Unschuldige samt Kindern werden leiden und sterben, Zehntausende werden gekreuzigt werden, nur ein Trümmerhaufen wird bleiben. Voller Liebe für sein Volk weint Jesus über die kommende Katastrophe.

Das Haus Katros

1900 Jahre nach Jerusalems Zerstörung, über die Jesus prophezeite, wurde das Haus der sadduzäischen Priesterfamilie Katros gefunden. Aus dieser Familie stammte Kaiphas, der zur Zeit der Kreuzigung Hoherpriester war. Während sich andere Hohepriester beim römischen Statthalter über ihre Gegner beschwerten, gingen die Briefe der Katros direkt nach Rom. Kaifas wurde zusammen mit Pilatus um 36 n. Chr. entlassen und starb einen gewöhnlichen Tod. Sein Sarkophag wurde ebenfalls gefunden. Selbst dieser Familie haben die guten Beziehungen zu den Römern nicht geholfen. Die abgeschnittenen Armknochen einer 25-jährigen Frau im Haus der Familie sind Zeugnisse römischer Gewalt. Ein gefundener Speer im Raum zeigt, dass sie sich wehren wollte, doch das Schwert des Soldaten war schneller. Das Haus wurde in Brand gesteckt wie die restliche Stadt – und ist heute ein Museum.

Auf halber Höhe hält Jesus am Ölberghang an, die goldenen Zacken an der Oberkante des Heiligtums glänzen vor ihm im Sonnenlicht. Es ist Herodes' Neubau, mit dessen Errichtung vor fast 50 Jahren begonnen wurde. An manchen Teilen wird hier immer noch gebaut. Der Tempelkomplex vor Jesu Augen ist eine überwältigende Anlage. 10000 Bauarbeiter arbeiteten unter Herodes daran, 1000 von ihnen waren umgeschulte Priester, weil man sonst das Heiligtum nicht hätte bauen können. Denn nur Priester durften den heiligen Bereich betreten.

Jesus verkündet Jerusalems Zerstörung, wie es die Zerstörungspropheten einst taten. Rund 40 Jahre später wird die Stadt zerstört sein und das jüdische Volk wird die Souveränität in seiner Heimat für die nächsten 1900 Jahre verlieren.

Vom Ölberg geht Jesus direkt zu seinem Ziel, auf den Tempelplatz. Nach den Vorschriften reinigt er sich und kleidet sich wie alle Tempelbesucher in Weiß, bevor er durch den südlichen Haupteingang den Tempelplatz betritt.

Zu den zwei Doppeltoren führt eine breite Treppe hinauf, auf der man seit den Ausgrabungen in den 1990er-Jahren wieder laufen kann. Die Stufen sind ab-

wechselnd schmal und breit, so können Tiere kaum hochsteigen. Auch Menschen werden dadurch gezwungen, langsam zu gehen. Sie können sich so auf das geistliche Erlebnis konzentrieren. An dieser Treppe steigt Jesus vom Fohlen ab. Vor gut 30 Jahren wurde er in den Armen seiner Mutter über diese Treppe in den Tempel gebracht. Das Eingangstor führt in einen unterirdischen Gang. Die Kuppeln an der Decke sind mit Gold verziert. Am Ende des Ganges wird es leuchtend hell, die letzten Stufen führen zum Tempelplatz. Wer oben angekommen ist und sich hier umdreht, sieht die Königliche Stoa.

Die Königliche Stoa

Das dreistöckige Gebäude von 185 x 38 m bot an heißen Tagen Schatten und bei Regen Schutz. 162 Säulen im Durchmesser von 1,45 m trugen die gewaltige Konstruktion. Hier saßen Weise und lehrten die Tora. Der 12-jährige Jesus saß einst sehr wahrscheinlich hier und diskutierte mit ihnen. Das ganze Areal war ein Anbau und galt daher nicht als heilig. Deswegen durften hier Geldwechsler und Verkäufer von Opfertieren tätig sein und Nichtjuden das Areal besuchen. Auf einem Teil dieser Fläche steht heute die Al-Aksa-Moschee, die nur für Muslime zugänglich ist. Unterhalb des Areals wurde ein Holzschild ausgegraben, auf dem *Korban* steht, dt. »Opfer«. Nebenan lag eine Steinkonsole mit einer Tischplatte und mehreren Münzen. Die freigelegten Räume müssen ein Laden für Opfertiere und eine Wechselstube gewesen sein.

In der Königlichen Stoa angekommen, wirft Jesus die Verkäufer und Geldwechsler raus. Er zitiert Jesaja und Jeremia und kritisiert damit den Tempelmissbrauch. Die Opfertiere vertreibt er mit Peitschenschlägen auf den Boden. Sie sind frei und bald überflüssig. Falls er weiter in Richtung Heiligtum geht, muss er am *Sorag* vorbei.

Sorag

So nannte man eine niedrige Mauer zwischen dem weltlichen und dem heiligen Bereich auf dem Tempelplatz. Durch die Durchgänge in der Mauer durften Nichtjuden sowie nach Kontakt mit einem Toten unrein gewordene Juden nicht weitergehen. Schrifttafeln warnten vor einer Todesstrafe bei unerlaubtem Weitergang. Für den Fall eines solchen unerlaubten Weitergangs erlaubten die Römer den Juden, die Todesstrafe zu verhängen, selbst wenn der Verurteilte römischer Staatsbürger war, berichtet Flavius Josephus.[11] Historiker hielten diese Information lange Zeit nicht für wahrheitsgemäß. Inzwischen wurden zwei der originalen Schrifttafeln gefunden. Josephus' Info war korrekt.

Am Abend kehrt Jesus die 3 km nach Bethanien zurück. Dort ist es vor allem nachts für ihn sicherer.

MONTAG, 10. NISSAN

Die Reibungen mit den Pharisäern waren nicht immer angenehm, aber in akute Gefahr kommt Jesus erst, als er sich mit den Hohepriestern und Schriftgelehrten anlegt.

Die Hohepriester

Zeitgleich amtierte immer nur ein Hohepriester. Unter der Bezeichnung »Die Hohepriester« waren auch ehemalige Hohepriester und prominente Vertreter anderer Priestergeschlechter eingeschlossen. Laut Josephus waren es die ersten Zehn des Hohen Rats.

Schriftgelehrte

Die Entwicklung dieses Berufes von der Zeit des Vereinten Reiches bis zur Zeit Esras haben wir bereits geschildert. Zur Zeit Jesu gab es mehrere Arten von Schriftgelehrten. Auf dem Land waren sie weiterhin Schreiber und Lehrer. In Städten kopierten sie Torabücher, Gebetsriemen- und Haussegenrollen neben weltlichen Dokumenten und verkauften sie. Ihr Zentrum war jedoch der Tempel. Sie waren die Buchhalter des Tempelvermögens, der Steuern und Abgaben. Dort schrieben sie neben Torarollen auch Briefe samt Anordnungen ans jüdische Exil. Einige Mitglieder des Hohen Rats waren Schriftgelehrte. Den Richtern des Hohen Rats standen Schriftgelehrte als Protokollführer zur Verfügung. Schriftgelehrte verdienten nur wenig, stammen aber aus dem reichen Adel, viele von ihnen aus Priesterfamilien. Nur Reiche konnten sich so einen schlecht bezahlten Beruf leisten. Im Volk hatten sie den Ruf, arrogant zu sein.

Die Hohepriester brauchen die Schriftgelehrten für die Verwaltung des Tempels. Die Schriftgelehrten brauchen die Hohepriester für dessen Führung. Und beide brauchen den Tempel für ihre Existenz. Jesu Kritik gegen den Tempelmissbrauch trifft sie direkt. Aus ihrer Perspektive hetzt er das Volk gegen sie auf. Den »Point of no Return« erreicht Jesus am Montag, als er das Gleichnis von den Weingärtnern auf dem Tempelplatz erzählt. Dabei ist Gott der Herr des Weinbergs, der Weinberg ist Israel und die bösen Weingärtner sind die Hohepriester und die Schriftgelehrten. »Und sie fürchteten das Volk, denn sie erkannten, dass er dieses Gleichnis auf sie hin gesagt hatte« (Lukas 20,19). Sie entscheiden: Jesus muss weg! In der Öffentlichkeit können sie ihm nichts antun, aber sie warten auf eine passende Gelegenheit.

DIENSTAG BIS DONNERSTAG, 11.–13. NISSAN

Die kommenden Tage verbringt Jesus wohl meistens auf dem Tempelplatz und lehrt. Vor allem in Gleichnissen offenbart er seine Lehre. Die Nächte verbringt er am Ölberg, vielleicht bei Freunden in Bethanien oder unter den vielen Pilgern zwischen den Olivenbäumen. Die Stadt hat gewöhnlich 30 000 bis 50 000 Einwohner und über die Pilgerfeste kommen noch ein bis zwei Millionen Pilger dazu. Selbst wenn man das Geld für eine Unterkunft hat, reichen die Kapazitäten nicht aus. Überall stehen Zelte. Umgeben von den zeltenden Menschen kann Jesus kaum etwas passieren.

DONNERSTAGABEND BIS FREITAGMORGEN, 13.–14. NISSAN

Es ist schon Donnerstag. Gegen 17:45 Uhr beginnt der 14. Nissan. Die meisten werden nach der pharisäischen Auslegung heute Abend das Passahlamm essen, so auch Jesus und die Jünger. Jesus hält sich an die Halacha, das Passahlamm innerhalb der Stadtmauer zu essen (Sifrei Dvarim 72,10). Die Gefahr nimmt zu. Jesus schätzt richtig, dass seine Gegner ihn noch vor dem Feiertag gefangen nehmen wollen. Während des Feiertags kann das Gericht des Hohen Rates nicht tagen. Sie müssen es vorher erledigen.

Das Gericht des Hohen Rates

Eins der Organe des Hohen Rates war das Gericht. Für gewöhnliche Todesstrafen mussten 23 Mitglieder an der Verhandlung teilnehmen. Für Todesstrafen bei schwerwiegenden Taten war die Teilnahme aller 71 Mitglieder des Hohen Rates obligatorisch. Als schwerwiegende Taten galten »falsche Prophetien« oder »Verführung zum Götzendienst«. Mit den Gerichtsregeln beschäftigen sich mehrere Kapitel der Mischna (Mischna Sanhedrin 6-11).

Wieso hält sich Jesus an die Halacha und bleibt in Jerusalem? Warum essen sie das Passahlamm nicht in Bethanien? Erinnerst du dich an die Auslegung der Israeliten aus der Zeit, in der die Stiftshütte in Schilo stand? Dort haben wir mitbekommen, wie es erlaubt war, das Opferfleisch der »leichten Opfer«, zu denen auch das Pessach-Opfer zählt, überall zu essen, wo das »Lager Israels« war. In Schilo galt als »Lager Israels« jeder Ort, von dem man die Stiftshütte noch sehen konnte. Später in Jerusalem legte man aus, das »Lager Israels« sei überall innerhalb der Stadtmauer (Maimonides, Halachot Maase HaKorbanot 10,5). Das Opferfleisch mussten sie sowieso im Tempel zubereiten, das ist ein Gebot (5. Mose 16,7). Dieses Gebot besagt auch, dass man erst am Morgen wieder nach Hause oder zur Unterkunft zurückkehren darf. Rabbiner beschäftigten sich damit im Detail (Sifrei Al Dvarim 180-181), sodass eine klare Praxis entstand. Geopfert wurde auf dem Tempelplatz, gegessen innerhalb der Stadtmauer und erst am Morgen verließ man die Stadt. Jesus hält sich daran, auch wenn er weiß, dass es für ihn lebensgefährlich ist, über Nacht in Jerusalem zu bleiben.

Die Jünger fragen Jesus, wo sie Pessach feiern können. Du musst bedenken, Pessach zu feiern ist keine reine Spaßparty. Es ist ein Gebot. Sowohl für die Jünger als auch für Jesus ist es selbstverständlich, dass sie heute Pessach feiern werden. Nur wo? Jesus schickt die Jünger Petrus und Johannes zur Zubereitung des Passahlammes in den Tempel. In der Stadt sollen sie einen Mann nach einem Raum für das Festmahl fragen, der einen Wasserkrug trägt. Männer tragen keine Wasserkrüge, Wasserholen ist Frauenarbeit. Außer bei Essenern, weil sie in einer Gemeinschaft ohne Frauen leben. Das Feiern des Pessachmahls bei Essenern hat zwei Vorteile. Erstens: Bei ihnen ist die Gefahr für Jesus wahrscheinlich am geringsten. Ins Essenerquartier werden die Hohepriester ihre Wachen wohl nicht schicken, die Priester und die Essener sind zutiefst verfeindet. Zweitens: Die Essener haben einen anderen Kalender. Ihr 14. Nissan fällt nach ihrer Rechnung auf einen anderen Tag. Dadurch werden sie heute nicht Pessach feiern und es wird bei ihnen freie Räume geben, in denen Jesus und die Jünger feiern können. Und vielleicht gibt es einen weiteren Grund für die Entscheidung, zu den Essenern zu gehen. Ihr Quartier liegt am Berg Zion, wo auch ein Grabmal für König David verehrt wird. Schließt Jesus als Davidssohn hier einen Kreis?

Petrus und Johannes finden den Raum, besorgen ein Lamm und bringen es in den Tempel. Nicht jeder opfert ein ganzes Lamm. Man schließt sich in *Chavurot*, dt. »Gruppen«, zusammen. Das Mischna-Traktat Pesachim berichtet ausführlich darüber. Die Gruppengröße ist so beschränkt, dass jeder ein Stück vom Fleisch bekommt, mindestens so groß wie eine Olive. Es können mehrere Dutzend Menschen pro Lamm sein, wenn nicht mehr. Die Gruppe schickt Vertreter in den Tempel. Petrus und Johannes vertreten die Gruppe Jesu. Mit rund 3 500 m^2 Freifläche reicht der Tempelhof nicht für alle Vertreter gleichzeitig aus und sie werden in drei Phasen eingelassen. Die letzte Phase nennt man »die Faule«. Schächten dürfen normalerweise nur Priester, aber an Pessach ist es allen erlaubt, weil die Priester die Arbeit in diesem Umfang nicht alleine bewältigen können. Petrus und Johannes sammeln jetzt das Blut in einem besonderen Behälter aus Silber oder Gold und reichen es einem Priester. Die Priester reichen die Behälter aller Opfernden in einer Menschenkette weiter bis zum Altar. Dort wird das Blut auf den Altar gegossen. Danach hängen Petrus und Johannes das Lamm an einen der Haken an der Wand. Falls kein Haken mehr frei ist, nehmen sie einen Holzstab und legen ihn auf ihre Schultern. Die Haut, Fettteile und die Innereien bringen sie zum Altar und legen alles ins Feuer. Am Holzstab aufgespießt wird das Lamm nun gebraten. Holz von Granatapfelbäumen wird bevorzugt, weil es bei Hitze keine Flüssigkeiten absondert. Flüssigkeiten könnten zu einem Verstoß gegen das Gebot führen, das Fleisch allein durch Feuer zuzubereiten (Exodus 12,8). Metallspieße sind verboten, weil sie sich erwärmen und das Fleisch von innen garen würden. Allein das Feuer darf das Fleisch garen. Während der Opferungszeit singen Leviten die Lobpreispsalmen 113–118. Mit dem zubereiteten Lamm gehen Petrus und Johannes nun zu ihrer Gruppe, die wohl am Berg Zion auf sie wartet.

Das Opferfleisch wird erst dann gegessen, wenn man vom Essen schon satt ist (Bab. Talmud 70,1) Es ist sicher schon kalt. Das Brotbrechen und ein Segensspruch, wie Jesus es macht, gehören zu jedem Festtags- und Sabbatessen bei Juden dazu – auch heute noch (heb. Kiddusch). Jeder kennt den Segensspruch. Auch der Segen über den Wein und das anschließende Trinken aus demselben Becher sind bis heute selbstverständliche Bräuche am jüdischen Tisch. Doch die Bedeutung, die Jesus dem Brot und dem Wein gibt, ist neu und wird zum christlichen Abendmahl. Das abschließende Loblied ist nicht irgendeines.

Hallel

An Pessach sagen wir bis heute das *Hallel Schalem*, dt. »ganzes Loblied«. Es besteht hauptsächlich aus den Psalmen 113-118. Die letzten Verse aus Psalm 118 werden zweimal wiederholt, darunter auch »Der Stein, den die Bauleute verworfen haben, ist zum Eckstein geworden« (Psalm 118,22) und »Bitte, HERR, errette bitte« (heb. *Hosianna*; Ps 118,25; eig. Übers.). Beide Verse spielen eine Rolle in der letzten Woche Jesu (Matthäus 21,9.42).

Die Zeit läuft ab. Jesus bereitet seine Jünger auf die besondere Form seines Messiastums vor. Auch sie erwarten die nationale Erlösung, die Befreiung von der römischen Fremdherrschaft. Mit politischen Aussagen war er immer vorsichtig. Doch jetzt äußert er sich politisch: »Die Könige der Nationen herrschen über sie, und die Gewalt über sie üben, lassen sich Wohltäter nennen. Ihr aber nicht so! Sondern der Größte unter euch sei wie der Jüngste und der Führende wie der Dienende« (Lukas 22,25-26). Hebräische Ohren hören eine Anspielung auf Isaaks Segen an Jakob: »Völker sollen dir dienen und Völkerschaften sich vor dir niederbeugen! Sei Herr über deine Brüder, und vor dir sollen sich niederbeugen die Söhne deiner Mutter!« (1. Mose 27,29). Jakobs Bruder Esau wird auch Edom genannt und ist der Stammvater dieses Volkes. Wegen Edoms Funktion als Israels Zerstörer in den Büchern der Propheten wurde zu Jesu Zeit Edom eine der jüdischen Bezeichnungen für Rom. Josephus versucht sogar, Roms Abstammung von Edom zu erklären. Damit gibt Jesus einen entscheidenden Hinweis: Die Erlösung ist nicht durch einen militärischen Sieg gegen Rom zu erringen, sie wird auf einer anderen Ebene geschehen.

Nach dem Ende des Pessachmahls bleibt nur noch das Abwarten. In diesen Stunden möchte Jesus beten. Zum Beten hat er einen Lieblingsort am Ölberg, zu dem er immer wieder kommt. Vielleicht ist es der geschätzte Gebetsort (Jer. Talmud Berakhoth 4,4), an dem sich König David vor Gott niederwarf (2. Samuel 15,32). Kann es sein, dass Jesus wieder einmal einen Kreis als Davidssohn schließen möchte?

Die 30-minutige Strecke zum Ölberg können sie zurücklegen, ohne durch die großen Straßen gehen zu müssen. Weil die Essener glaubten, dass man Jerusalem mit WC-Bedürfnissen nicht verunreinigen dürfe, verließen sie die Stadt durch ein bestimmtes Tor an ihrem Quartier, wenn sie auf Toilette gehen wollten. Dessen Fundamente kann man heute sehen. Durch diese eher unauffällige Öffnung in der Stadtmauer kann er die Stadt unbemerkt verlassen.

Über das Hinnomtal kommen sie zum Kidrontal, durch Felder und Haine am unmittelbaren Stadtrand, bis zum Grundstück *Gat Schmanim*, dt. »Ölpresse« und in den Übersetzungen »Gethsemane«. Bis heute ist das Gebiet voller Olivenhaine. In seinem berühmten Gebet sagt Jesus hier: »Wenn es möglich ist, so gehe dieser Kelch an mir vorüber!« (Matthäus 26,39). Es ist der Taumelkelch aus Jesaja: »Erhebe dich, Jerusalem, die du aus der Hand des HERRN den Becher seines Zornes getrunken! Den Kelch, den Becher des Taumels, hast du getrunken, hast ihn ausgeschlürft […] Verwüstung und Zusammenbruch, Hungersnot und Schwert – wie könnte ich dich trösten? […] Siehe, ich nehme aus deiner Hand den Taumelbecher, den Kelch, den Becher meines Zorns; du wirst ihn nicht mehr länger trinken« (Jesaja 51,17-22). Der Kelch symbolisiert das göttliche Gericht. Jesus nimmt es auf sich.

Verhaftet wird Jesus von der Tempelgarde, Sicherheitsleuten, die dem Hohenpriester unterstellt sind. Sie bringen ihn ins Haus des Hohepriesters Kaiphas.

Kaiphas' Haus

Heute wird eine Kirche namens »Hahnenschrei« als Kaiphas' Haus besucht. In deren Keller wird sogar ein »Gefängnis« gezeigt, das eigentlich einem damaligen Stall entspricht. Ein Privatgefängnis im Haus des Hohepriesters ist eher eine unrealistische Wunschvorstellung der Bauherren dieser Kirche. Wo sie steht, war damals ein gewöhnliches Wohngebiet der Mittel- bis Unterschicht. Priester waren Bestverdiener und gehörten zur Oberschicht. Im Untergrund des heutigen Jüdischen Viertels kann man durch einige Häuser des damaligen Priesterquartiers gehen und einen Eindruck vom Reichtum der Priester bekommen. Viel wahrscheinlicher ist es, dass Jesus hierhin gebracht wurde als in den Keller der Hahnenschreikirche.

Im Haus von Kaiphas wird Jesus durch Wachen der Tempelgarde misshandelt. Verhüllt soll er weissagen, wer ihn geschlagen hat. Damit ziehen sie die Prophetie ins Lächerliche. Das unterstreicht ihre Zugehörigkeit zu den Sadduzäern, die die Prophetie ablehnen, wie wir bereits wissen. Kein Wunder, der Tempel ist fest in sadduzäischer Hand.

Kaiphas ist berechnend, sein Ziel ist klar: Jesus muss sterben. Theatralisch zerreißt er seine Kleider, ein traditionelles Zeichen der Todestrauer. Ohne ordentliches Verhör stachelt er alle Anwesenden an, die sowieso aus seinen eigenen Kreisen kommen, Priester und Schriftgelehrte. Auch Kaiphas' Schwiegervater, der ehemalige Hohepriester Chanan Ben Schet, in den Übersetzungen »Hannas«, ist dort. Viel Überzeugungskraft muss Kaiphas nicht leisten, es ist auch in ihrem Interesse, Jesus loszuwerden. Wenn es von diesen Leuten abhinge, würden sie ihn gleich hinrichten. Aber es hängt nicht nur von ihnen ab. Sie brauchen das Gericht des Hohen Rates, und zwar in der vollen Konstellation von 71 Mitgliedern.

FREITAG, 14. NISSAN

Am Morgen wird Jesus »in ihren Hohen Rat« (Lukas 22,66) geführt, d.h. in den Gerichtshof. Insgesamt gibt es drei Gerichtshöfe auf dem Tempelplatz, zwei »kleine« und einen »großen«. Alle sind Organe des Hohen Rates. In den beiden kleinen sitzen 23 Richter, im großen 71. Neue Anklagen kommen zum »Kleinen Gericht«, das in einem Gebäude hinter einem der Tempelplatzeingänge tagt. Falls keine Entscheidung gefällt werden kann, geht der Fall weiter ins nächste »Kleine Gericht«. Dieses Gericht tagt in einem Raum am Eingang des Heiligtumshofes. Wenn auch dort keine Entscheidung möglich ist, kommt der Fall vors Große Gericht. Schwerwiegende Verbrechen gehen direkt vors Große Gericht und können nur dort behandelt werden. Das ist aus der Perspektive der Ankläger bei Jesus der Fall. In den Evangelien wird das Große Gericht unterscheidend als »der ganze Hohe Rat« (Matthäus 26,59) beschrieben.

Todesstrafen und die Gasit-Halle

Das Große Gericht konnte Todesstrafen nur dann verhängen, wenn die Verhandlung in der Gasit-Halle auf dem Tempelplatz stattfand (Bab. Talmud Aboda Zara 8,2). Im Jahr 30 n. Chr. verließ der Hohe Rat die Gasit-Halle (Synhedrin 41,1) und konnte so keine Todesstrafe mehr verhängen. Vermutlich fand die Kreuzigung

Jesu nach diesem Umzug statt, denn aus dem biblischen Bericht erfahren wir, dass selbst der ganze Hohe Rat bei Jesus keine Todesstrafe verhängen konnte. Deswegen brauchten sie die Römer dafür.

Im Gericht antwortet Jesus vorsichtig. Er weiß, dass sie ihn hinrichten lassen werden. Seine Antwort: »Von nun an aber wird der Sohn des Menschen sitzen zur Rechten der Macht Gottes« (Lukas 22,69) ist eine Anspielung auf zwei Psalmen: »Deine Hand sei über dem Mann deiner Rechten, über dem Menschensohn, den du dir hast stark werden lassen« (Psalm 80,18), und: »Setze dich zu meiner Rechten, bis ich deine Feinde gemacht habe zum Schemel deiner Füße!« (Psalm 110,1). Damit bestätigt Jesus, er sei der Messias. Sein Tod wird ihn zu Gott führen. Der »Menschensohn« ist eine Gestalt, die mit der Endzeit in Verbindung gebracht wird (Daniel 7,13-14). Wenn der Menschensohn kommt, wird er die ganze Welt ewig regieren. Eines Tages, sagt Jesus damit, wird er in dieser Gestalt wiederkommen.

Auch wenn Jesu Ankläger ihn für einen »falschen Messias« halten, eine Todesstrafe gäbe es nur für einen »falschen Propheten«. Manchmal hört man die Auslegung, Jesus habe sich Gott gleichgestellt durch diese Antwort oder durch andere Äußerungen, was Gotteslästerung sei. Das sagt man, wenn man die jüdische Rechtsauslegung nicht kennt. In der Tora gibt es einige Verbote der Gotteslästerung, die mit dem Tod bestraft werden müssen – allerdings durch Gott selbst und nicht durch ein Gericht. »Gott wirst du nicht fluchen« (Exodus 22,27; eig. Übers.) ist das einzige Verbot, für dessen Übertretung die Todesstrafe durch ein Gericht verhängt werden konnte. Hier scheitern fast alle Übersetzungen interpretierend und verwenden den Begriff »Lästerung«, der im Judentum so nicht bekannt ist. Verflucht hat Jesus Gott nicht. Es kann aber schon gut sein, dass die angedeutete Gleichstellung Jesu mit Gott der Tropfen war, der das Fass zum Überlaufen brachte.

Das Gericht kann Jesus nicht zum Tod verurteilen. Ihre einzige Möglichkeit ist, seine Hinrichtung von den Römern zu verlangen. Sie haben Glück. Heute werden die Römer sowieso einige Menschen exekutieren, wie nicht selten an jüdischen Festtagsabenden. Sie werden das auf ihre Art tun – durch Kreuzigungen.

Von Kaiphas' Haus wird Jesus zu Herodes' Palast geführt, einem entzückenden Prachtkomplex am Jaffator. »Und sie gingen nicht hinein in das Prätorium, damit sie sich nicht verunreinigten, sondern das Passahmahl essen könnten« (Johannes 18,28), wird berichtet. Hatten sie das Passahlamm nicht schon gegessen? Die Sadduzäer noch nicht. Sie würden es am Nachmittag schlachten. Ein weiteres Zeichen für Jesu Anklage durch die sadduzäische Tempelpriesterschaft.

Jetzt steht Jesus direkt vor Pilatus. Wie jeder Jude hat auch Jesus über seine Grausamkeit schon mehrfach gehört.

Pontius Pilatus

Zu Amtsbeginn stellte Pilatus Kaiserbildnisse in Jerusalem auf, was kein Statthalter aus Respekt für das Bildnis-Verbot aus der Tora zuvor tat. Kaiser Tiberius musste selbst die Demontage anordnen. Die Tempelschätze hat Pilatus für den Bau eines Aquäduktes beschlagnahmt, was für breite Proteste sorgte. Pilatus setzte Soldaten ein und gab ihnen grünes Licht für alles, was ein Massaker auf dem Tempelplatz zur Folge hatte. Einmal ließ er das Blut einiger Galiläer mit dem Blut von Schlachtopfern vermischen (Lukas 13,1). Die samaritanischen Jünger eines angeblichen Messias befahl er an der Stelle zu ermorden. In seiner Schrift »Gesandtschaft an Gajus« bezeichnet Philon von Alexandria, Philosoph und Zeitgenosse von Pilatus, den Statthalter Pilatus als arrogant und hartnäckig. Demnach nahm Pilatus Bestechungsgelder an, beutete Menschen aus, folterte, vergoss Blut ohne Gericht und war ein grausamer Tyrann.

Für Pilatus stellt Jesus kein Problem dar. Was die Ankläger aus der Fassung bringt, kann er nicht nachvollziehen. Für ihn ist das Kindergartenkram, Unsinn der Juden. Sobald Pilatus von Jesu galiläischer Herkunft hört, schiebt er die Angelegenheit zu Antipas. Während Pilatus im konfiszierten Herodespalast residieren darf, muss sich Herodes' Sohn mit dem alten Makkabäerpalast begnügen. Dieser lag wahrscheinlich in der Nähe der heutigen Klagemauer. 20 Minuten bergab muss Jesus durch die Stadt geführt werden. Alle sind mit den Vorbereitungen des Feiertags beschäftigt. Antipas kennt Jesus als denjenigen, der ihn öffentlich beleidigt hat, und freut sich, ihn in die Hände zu bekommen. Doch Jesus bietet ihm keine Angriffsfläche. Wieder sind es die Hohepriester und die Schriftgelehrten, die Jesus heftig beschuldigen. Antipas schickt ihn wieder zu Pilatus. Vielleicht war es ein Zeichen für Antipas' Unterordnung. Er hatte den Thronanspruch, aber als Statthalter hatte Pilatus die Obermacht. Das Verhältnis der zwei war nicht gerade freundschaftlicher Natur und eine solche Unterordnung könnte es verbessern. Jesus muss den Weg zum Herodespalast wieder hochlaufen.

Die Kreuzigung ist an diesem Tag eine besondere. Anlässlich des Freiheitsfestes wird der römische Statthalter einen Verurteilten freigeben. Ab jetzt ist nicht mehr die Frage, wer gekreuzigt, sondern wer freigelassen wird. Zusammen mit Jesus gibt es noch drei Verurteilte, einer davon ist Barabbas. Barabbas ist ein Volksheld, weil er an einem Aufstand beteiligt war. Es sieht so aus, als hätte er einen Römer ermordet. Er ist also ein Terrorist, vielleicht ein Zelot.

Lass uns versuchen, das Gefüge zu verstehen. Wen will Pilatus freilassen? Jesus natürlich, er ist für ihn harmlos. Wen will er keineswegs freilassen? Den politisch motivierten Terroristen Barabbas. Wen wollen die Hohepriester und die Schriftgelehrten tot sehen? Jesus, der ihnen ein Dorn im Auge ist. Wen wollen sie freilassen? Sie haben keine Präferenz, aber hier ergibt sich eine besondere Gelegenheit für sie. Sie sind im Volk generell unbeliebt, nicht nur, weil sie reich sind. Ihnen wird Korruption und Kollaboration mit der römischen Besatzung vorgeworfen. Nicht ohne Grund. Sie brauchen den römischen Schutzschirm. Solange die politische Lage stabil ist, bleibt alles, wie es ist. Ihr Tempel und ihre elitären Posten sind gesichert. Die Römer brauchen sie auch. Solange sie als religiöse Autoritäten das Volk ruhig halten, bleibt die römische Vorherrschaft ungestört. Die Freilassung eines zum Tode Verurteilten ist für die Hohepriester und Schriftgelehrten eine Gelegenheit, zwei Fliegen mit einer Klappe zu schlagen. Sie können dem Volk zeigen, wie sie den obersten Römer im Land, Statthalter Pilatus, dazu zwingen, gegen seinen Willen zu handeln. Damit würden sie ihre »Treue« zum Volk demonstrieren. Außerdem ist Barabbas ein Volksheld. Jesus durchblickt das Zusammenspiel und bleibt passiv, Pilatus kapituliert.

Die Evangelien berichten von der Misshandlung Jesu durch Soldaten (Markus 15,16-19). Warum tun sie das? Als Römer haben sie mit der ganzen Sache doch nichts zu tun. Aber warum sollten sie es nicht tun, wenn Blut erlaubt ist? Sie sind junge Männer ohne Eltern oder Frau in der Nähe. Sie setzen Jesus eine Dornenkrone auf und legen ihm ein Purpurgewand an, wie bei einem König.

Königsspiel

An einigen Stellen im Römischen Reich wurden Spuren des Spiels *Basileus* gefunden, dt. »Königsspiel«. Vermehrt kommen sie auf Pflastersteinen in der Nähe römischer Kasernen vor. Soldaten spielten es in ihrer Freizeit. Für das Spiel wurde auf dem Boden eine Rosette und eine Tafel markiert, außerdem brauchte man Würfel und eine Königspuppe. Puppen hat man bis jetzt nicht gefunden, aber Markierungen fand man in Jerusalem mehrere und Würfel aus Tierknochen auch. Die Königspuppe wurde geschlagen und am Ende »getötet«. Jetzt haben sie einen lebenden »König«.

Mit dem Kreuz läuft Jesus vom Herodespalast bis Gulgoltha, in den Übersetzungen »Golgatha«, dt. »Schädelstätte«, wo er gekreuzigt wird. Dieser Weg ist ziemlich eben und 400 m lang, wenn man die traditionelle Lokalisierung von Golgatha in der Grabeskirche annimmt.

Grabeskirche als Ort der Kreuzigung

Es gibt Orte in Jerusalem, an denen die Vorstellung eines Felsengrabes leichter fällt, aber historisch gibt es für keinen anderen Ort so gute Argumente. Laut Eusebius von Cäsarea nutzte die Urgemeinde den Ort bis 66 n. Chr. als Kultstätte. Um 135 n. Chr. wurde ein Aphroditetempel hier gebaut, vielleicht aus dem Wunsch heraus, die christliche Stätte der römischen Religion anzueignen. Einige Jahrzehnte später brachten Christen den Ort immer noch mit dem Ort der Kreuzigung in Verbindung, lehrt Melito von Sardes' Bericht »Peri Pascha«. Um 326 n. Chr. wurde hier eine Kirche gebaut. Man hat sich für diese Stelle entschieden, obwohl man dafür den Aphroditetempel kostspielig abreißen musste und unweit Freiflächen vorhanden waren. Die christliche Tradition erzählt vom »Gerichtstor« 100 m nordwestlich, an dem schriftliche Kreuzigungsurteile hingen. Zur Zeit Jesu lag das Areal außerhalb der Stadtmauer. Die wahrscheinliche Erklärung für den Namen Schädelstätte ist das Aussehen des Geländes. Hier gab es einen Steinbruch aus dem 9. Jh. v. Chr. und die Felsenformation erinnerte wohl an einen Schädel. Der Steinbruch ist bis heute im Untergrund der Kirche zu sehen. Nahe jüdische Grabeshöhlen aus der Zeit Jesu zeigen, dass in der Nähe begraben wurde. Am Golgathafels in der Grabeskirche wurde 1986 ein rundes Loch mit 11,5 cm Durchmesser gefunden. Ein solches Loch könnte als Konsole einen 2,5 m langen Stamm halten.

Kreuze gibt es wahrscheinlich auf Vorrat und das Holz ist schon getrocknet. Sonst würde ein 2–2,5 m langes Kreuz mehr als 40–50 kg wiegen und wäre nicht mehr zu tragen. Aber auch so ist es eine sehr schwere Last, die Jesus tragen muss. Sobald er Herodes' Palast verlässt, kommt er am Jaffator vorbei. Hier kommt gerade Simon von Kyrene von seinem Feld zurück in die Stadt und muss beim Tragen helfen. Die schlaflose Nacht, der terrorisierende Prozess und die Gewalt haben Jesus erschöpft.

Ein Kreuzigungsnagel

1900 Jahre nach der Kreuzigung Jesu wurde in Nordjerusalem ein Sarkophag mit dem eingravierten Namen Jehochanan Ben Chagakol gefunden. Drinnen lag ein 18 cm langer Nagel mit Fersenknochenstücken und Olivenholz dran. Die archäologische Untersuchung ist lehrreich. Ein einziger Nagel wurde durch beide aneinanderliegende Fersen geschlagen. Die Beinknochen dieses Jehochanans, der zwischen 20-30 Jahre alt wurde, waren durch Schläge gebrochen. Wie es an den Händen bzw. den Armen gemacht wurde, wissen wir nicht genau, weil es keine weiteren Funde im Sarkophag gab.

Jesu letzte Worte sind laut drei der Evangelien Psalmenverse: »Mein Gott, mein Gott, warum hast du mich verlassen?« (Psalm 22,2) und »In deine Hand befehle ich meinen Geist« (Psalm 31,6). Auch heute ist es das, was ein Jude im Regelfall macht, wenn er weiß, dass sein Tod nahekommt. Er spricht Psalmen.

Bis zum Wochenfest

Der Tod Jesu ist ein sehr wichtiges Ereignis im Neuen Testament. Die Auferstehung ist noch wichtiger. Beide Ereignisse sind mit biblischen Festen verwoben und bei beiden hat der Zeitpunkt eine Bedeutung. Diese Bedeutung sollten wir bewusst wahrnehmen.

OMER-ZÄHLUNG

Die Omer-Zählung ist in christlichen Kreisen eher weniger bekannt. So nennen wir die sieben Wochen zwischen Pessach und dem Wochenfest. Im jüdischen Kalender erscheint an jedem Tag in diesem Zeitraum neben dem Datum auch die laufende Zahl der Omer-Zählung. Der »1. Omer«, an dem die Zählung beginnt, ist ein besonderer Tag, der Tag der Erstlingsgarbe. »Garbe«, ein Getreidehalmbündel, heißt auf Hebräisch *Omer*. Daher bekam die Zählung ihren Namen. Noch während der Wüstenwanderung verpflichtete Gott Israel zum Gebot der Erstlingsgarbe (3. Mose 23,10-11). Man sollte von der ersten Ernte des Jahres ein Opfer bringen. Man brachte Gerste, weil sie zu dieser Zeit geerntet wird. Nach dem Gebot muss der Tag der Erstlingsgarbe am »Tag nach dem Sabbat« nach Pessach sein. Aber Achtung – unter Sabbat verstehen wir nicht nur den Wochentag, in jüdischen Begriffen »Schöpfungssabbat«, sondern auch jeden Feiertag, an dem man ruhen muss. Pessachabend ist immer am 14. Nissan und der Pessach-Feiertag immer am 15. Nissan. So ist der Tag der Erstlingsgarbe immer am 16. Nissan, egal, was für ein Wochentag er ist.

Sadduzäer sahen es anders

Für die Sadduzäer war der »Sabbat« nur der Wochentag. Sie warteten immer auf den ersten Samstag nach Pessach und feierten den Tag der Erstlingsgarbe am folgenden Sonntag. Dieser Unterschied sorgte für Spannungen. Pharisäer provozierten Sadduzäer mit Vergnügen (Bab. Talmud Menahot 10,3).

Sieben Wochen mal sieben Tage macht 49 Tage. Der Folgetag, der 50. Tag nach dem Tag der Erstlingsgarbe, ist das Wochenfest. Aus dem griechischen Wort für 50 entstand das deutsche Wort »Pfingsten«. In einigen Bibelübersetzungen heißt das jüdische Wochenfest so, aber das jüdische Wochenfest und das christliche Pfingsten sind nicht dasselbe. Das jüdische Wochenfest ist viel älter. Was feiern Juden am Wochenfest?

WOCHENFEST

Am Wochenfest, immer am 6. Sivan, musste man Speisopfer bringen. Anders als am Tag der Erstlingsgarbe wurde am Wochenfest Weizen gebracht – es liegt in der Zeit der Weizenernte in Israel. Neben der Weizenernte wurde – und wird immer noch – am Wochenfest die Toragabe gefeiert, weil nach der rabbinischen Auslegung die Tora am 6. Sivan am Berg Sinai gegeben wurde. Wie kommt man darauf? Im dritten Monat nach dem Auszug (Exodus 19,1) lagerte Israel am Berg Sinai. Der dritte Monat ist Sivan. Die hebräische Formulierung »im Monat« steht für den Monatsanfang. Drei Tage haben die Israeliten nach der biblischen Angabe am Berg Sinai gewartet und drei Tage haben sie sich vorbereitet. Also kam Mose am 6. Tag vom Berg zurück – mit der Tora. Dass die Weizenernte und die Toragabe zusammenhängen, ist kein Zufall. Der Weizen symbolisiert die Grundlage für den Leib, die Tora symbolisiert die Grundlage für den Geist. »Wenn es kein Mehl gibt, gibt es keine Tora: Wenn es keine Tora gibt, gibt es kein Mehl« (Mischna Avot 3,17), heißt es in der Mischna. Ein hungriger Mensch kann sich nicht mit Geistlichem beschäftigen, bedeutet das. Aber ohne die Tora wird man keinen Segen erhalten und hungrig bleiben, wird in der Botschaft ergänzt.

WIESO AN DEN FESTEN?

Jesus ist am Pessachvorabend gestorben. Paulus spannt den Bogen zwischen dem Pessachlamm und Jesus: »Denn auch unser Passahlamm, Christus, ist geschlachtet« (1. Korinther 5,7). Das Judentum bringt das Passahlamm nicht direkt in Verbindung mit Erlösung, auch nicht mit Sündenvergebung. Petrus zieht eine solche Parallele: »Denn ihr wisst, dass ihr nicht mit vergänglichen Dingen […] erlöst worden seid […], sondern mit dem kostbaren Blut Christi als eines Lammes ohne Fehler« (1. Petrus 1,18-19). »Ohne Fehler« unterstreicht die Anspielung auf das Pessachgebot, ein Lamm ohne Fehler zu nehmen (Exodus 12,5).

Auferstanden ist Jesus am Tag der Erstlingsgarbe. Auch das spricht Paulus an: »Nun aber ist Christus aus den Toten auferweckt, der Erstling der Entschlafenen« (1. Korinther. 15,20). Die Auferstehung ausgerechnet am Tag der Erstlingsgarbe bedeutet viel. So wie die Erstlingsgarbe ein Hoffnungszeichen für die gesamte Ernte ist, ist die Auferstehung Jesu ein Hoffnungszeichen für die Auferstehung aller.

Am 40. Omer ist Jesus in den Himmel aufgefahren. Die biblische Bedeutung dieser Vollzahl ist selbstredend. Nach 40 Tagen war die Sintflut vorbei, nach 40 Jahren ging die Wüstenwanderung zu Ende, 40 Tage lang war die Versuchung Jesu und 40 Tage nach der Kreuzigung war Jesu Zeit auf Erden vollbracht.

Am Ende der Omer-Zählung versammelte sich auch die Urgemeinde in Jerusalem, wie alle anderen Juden, um das Wochenfest zu feiern. Ausgerechnet als sie die Gabe der Tora feierten, kam die »Gabe des Heiligen Geistes« (Apostelgeschichte 2,38). Das verstand damals jeder Jude.

GEGENWART UND Zukunft

Wir werden es noch sehen

Bringen wir es auf den Punkt: Juden sagen, Jesus sei ein falscher Messias, Christen glauben, Jesus sei der Messias. Wieso kann Jesus in jüdischen Augen nicht der Messias gewesen sein? Die Antwort ist einfach: Weil vieles, was nach der Ankunft des Messias passieren sollte, bei Jesus nicht passiert ist – die Toten sind noch tot, es gibt keinen neuen Tempel, es werden weiterhin Kriege ausgefochten und nicht alle haben Gott erkannt.

Und jetzt die etwas weniger einfache Erklärung. Dafür müssen wir uns in den Austausch zwischen Jesus und Johannes dem Täufer versetzen. Johannes lässt Jesus fragen: »Bist du der Kommende, oder sollen wir auf einen anderen warten?« (Lukas 7,19). Er erwartet den Messias jeden Moment und will wissen, ob Jesus tatsächlich der Messias ist. Jesus bestätigt indirekt, er sei der Messias, indem er auf eine Jesajaprophetie anspielt und sie dann deutet. Für Leser, die die jüdischen Begriffe nicht kennen, mag Jesu Erklärung wie eine Codesprache wirken. Wir entziffern sie Schritt für Schritt: »Was seid ihr in die Wüste hinausgegangen anzuschauen?« (Matthäus 11,7). Johannes taufte in der Wüste. »Ein Rohr, vom Wind hin und her bewegt?« (Matthäus 11,7). Ein Rohr steht in rabbinischen Gleichnissen für eine sich stets anpassende Person, die immer überlebt, aber keinen Halt hat. Johannes der Täufer ist sicher nicht so ein Mensch. Er hat Antipas öffentlich kritisiert, weil er die Frau seines Halbbruders heiratete, obwohl sie formal nicht geschieden war – ein Verstoß gegen ein Verbot aus der Tora. Für diese Kritik zahlte Johannes mit dem Leben. »Oder was seid ihr hinausgegangen zu sehen? Einen Menschen, mit weichen Kleidern bekleidet? Siehe, die weiche Kleider tragen, sind in den Häusern der Könige« (Matthäus 11,8). Wer den Messias als klassischen König erwartet, irrt sich. Jesus spricht die Messiasfrage an, weil viele hofften, Johannes würde sich als Messias erweisen. »Oder was seid ihr hinausgegangen zu sehen? Einen Propheten?« (Matthäus 11,9). Jesus fragt seine

Zuhörer, was Johannes' Funktion war. Er antwortet selbst darauf: »Ja, sage ich euch, und mehr als einen Propheten. Dieser ist es, von dem geschrieben steht: ›Siehe, ich sende meinen Boten vor deinem Angesicht her, der deinen Weg vor dir bereiten wird‹. Wahrlich, ich sage euch, unter den von Frauen Geborenen ist kein Größerer aufgestanden als Johannes der Täufer« (Matthäus 11,9-11). »Von Frauen Geborener« ist eine rabbinische Bezeichnung für Mose. Auch der Ausdruck »aufgestanden« ist Mose vorbehalten: »Und es stand in Israel kein Prophet mehr auf wie Mose« (5. Mose 34,10). Damit schließt Jesus das Prophetenzeitalter von Mose bis Johannes ab. Und was fängt jetzt an? »Der Kleinste aber im Reich der Himmel ist größer als er« (Matthäus 11,11). Jetzt fängt das Himmelreich an, die Messiastage haben begonnen. An dieser Stelle weist Jesus auf eine sehr bestimmte Prophetie hin. Wenn man sie versteht, versteht man klar, wie er Johannes' Rolle sieht, aber auch seine eigene. Die meisten Übersetzer übersahen den Bezug. Im Hebräischen fällt es sprachlich aber schnell auf, dass Jesus über einen Vers aus Micha spricht. Hier die zutreffendste Übersetzung: »Von der Zeit Johannes des Täufers an bis heute wird dem Reich, in dem der Himmel regiert, Gewalt angetan, doch die Menschen drängen sich mit aller Gewalt hinein« (Matthäus 11,12; NeÜ). Über diesen Vers spricht Jesus: »Herauf zieht der Durchbrecher vor ihnen her; sie brechen durch und durchschreiten das Tor und gehen durch es hinaus; und ihr König schreitet vor ihnen her, und der HERR an ihrer Spitze« (Micha 2,13). Bei Micha geht es um die Befreiung Israels, das wie eine Schafherde im Gehege ist. Jesus sagt, Johannes sei der Durchbrecher, er selbst ist Israels König, d.h. Gesalbter, Messias. Als solcher führt er die Schafe bzw. Israel durch die Öffnung, die Johannes durchbrach. Jesus befreit und erlöst sie, angeführt von Gott an ihrer Spitze. Jesus bejaht, dass Johannes der wiedergekommene Elia ist. Gemäß der Prophetie am Ende des Maleachibuches muss Elia vor dem »Tag des Herrn« kommen.

Dann kann also die Endzeit beginnen, oder? Eben nicht. Johannes der Täufer sieht zwei Abschnitte im Heilsplan: bis zur Messiasankunft und nach ihr. Deswegen erkundet er sich so gespannt, ob Jesus der Messias ist. Wenn ja, würde nach seiner Einteilung die endzeitliche Erlösung direkt beginnen. Jesus sieht aber drei

Abschnitte des Heilsplans: von Mose bis Johannes, die Messiastage und ein weiteres Kapitel danach. Jesus bestätigt sein Messiassein, aber die Messiastage sind nicht gleich die Endzeit. Diese wird erst im dritten Abschnitt kommen. Wann, weiß nur Gott (Matthäus 24,36). Die endzeitliche Erlösung verbindet Jesus mit seiner eigenen Wiederkunft (Johannes 14,3).

Man kann verstehen, warum die unterschiedlichen Vorstellungen des Heilsplans für Spannungen zwischen Jesus und Johannes dem Täufer sorgten. Johannes konnte bestimmt nicht verstehen, worauf Jesus wartete, wenn er der Messias war. Diesen Unterschied gibt es bis heute zwischen Christen und Juden. Christen sehen die Aufteilung des Heilsplans wie Jesus, Juden wie Johannes. Wenn man das akzeptiert, schrumpft die Spannung in der Messiasfrage. Wenn es soweit ist und der Messias kommt, werden wir noch sehen, wer es richtig verstanden hat.

Wer nicht an Wunder glaubt, ist kein Realist

Heute führt der Hauptzugangsweg nach Israel durch den Luftraum. Den ersten Blick auf das Land wirft man fast immer aus der Vogelperspektive. Erst in den letzten 10 Minuten des Landeanflugs ist überhaupt Land zu sehen und gleich ist man mittendrin im pulsierenden Zentrum des Landes. Die gesamte Küstenebene wirkt urban, hochmodern. Hochhäuser, Autobahnen, Züge. Dieser Anblick wirkt nicht gerade »biblisch«. Wie verträgt sich die Modernität mit dem ehrwürdigen Erbe aus biblischen Zeiten? Dieser Kontrast könnte beim ein oder anderen Besu-

cher, besonders beim ersten Besuch, eine gewisse Spannung auslösen. »Geistlich« und »modern« harmonieren in unseren Köpfen selten.

Halten wir kurz inne und schauen auf die Realität. 1867 reiste der amerikanische Autor Mark Twain durch das Land und schrieb in seinem Buch »Die Arglosen im Ausland«: »Kommen Sie nach Galiläa, diese unbevölkerten Wüsten, diese rostfarbenen Hügel der Unfruchtbarkeit [...] Palästina sitzt in Sack und Asche, verwüstet und hässlich – es ist ein unwirkliches Land.«[12] Drei Generationen später erklärten dort 600 000 Juden ihre Unabhängigkeit. Israel ist im Staatsformat des 20. Jahrhunderts wiederauferstanden. Drei weitere Generationen später habe ich die Zeilen dieses Buches geschrieben. Zu dieser Zeit, im Jahr 2021, leben 14 Mio. Menschen im Land (Palästinensische Autonomiegebiete eingeschlossen). Wirtschaftlich liegt Israel heute auf dem Niveau westeuropäischer Länder. Im Humanentwicklungsindex der Vereinten Nationen liegt Israel vor Ländern wie Luxemburg, Frankreich, Belgien, Finnland und Österreich. Im Vergleich zu ihnen hatte Israels Wirtschaft viel weniger Zeit, um diesen Entwicklungsstand zu erreichen. Im Gegensatz zu Israel liegen diese Länder inmitten eines in den letzten drei Generationen friedlichen und prosperierenden Gebietes. Trotz der vielen Kriege, des immerwährenden Konfliktes mit den Arabern, der Belastung durch andauernde Einwanderung und seiner kleinen und trockenen Fläche stieg Israel in wenigen Jahrzehnten so stark auf. Israels Entwicklung ist ein kleines Wunder in der Geschichte der Menschheit. Wer hätte gedacht, dass der Enkel eines jüdischen Viehhändlers, der beispielsweise am Hochrhein lebte, zusammen mit dem Enkel, sagen wir eines jüdischen Goldschmiedes aus Sanaa im Jemen, im Land ihrer Vorväter Hochtechnologie an Weltkonzerne verkaufen würde? Dass ihre Muttersprache Hebräisch sein würde, eine Sprache, die seit dem Ende des 2. Jh. n. Chr. nicht mehr als Alltagssprache gesprochen wurde? Wer hätte gedacht, dass die Kinder von Einwanderern überwiegend aus Ländern ohne demokratische Tradition eine Demokratie aufbauen würden, obwohl sie wenige Gemeinsamkeiten verbinden? Dass 2000 Jahre nachdem die Juden die Souveränität in ihrer Heimat verloren haben, in alle Welt zerstreut waren und nur in Ausnahmefällen sicher lebten, eine der stärksten Armeen der Welt aufbauen und sich selbst verteidigen würden?

Die Propheten. Sie haben es nicht nur gedacht, sie haben es auch geschrieben und vorhergesagt. Nicht nur die Rückführung des Volkes ins Land und dessen Aufbau haben sie prophezeit. Auch die bittere Realität, die die Juden in über 2000 Jahre in der Diaspora gelegentlich erlebt haben, haben sie prophezeit – und zwar als Israel noch durch die Wüste wanderte, bevor es überhaupt ein eigenes Land hatte: »Und der HERR wird dich unter alle Völker zerstreuen von einem Ende der Erde bis zum andern Ende der Erde. Und du wirst dort andern Göttern dienen, die du nicht gekannt hast, weder du noch deine Väter – Göttern aus Holz und Stein. Und unter jenen Nationen wirst du nicht ruhig wohnen, und deine Fußsohle wird keinen Rastplatz finden. Und der HERR wird dir dort ein zitterndes Herz geben, erlöschende Augen und eine verzagende Seele. Und dein Leben wird in Gefahr schweben, du wirst dich Nacht und Tag fürchten und deines Lebens nicht sicher sein« (5. Mose 28,64-66).

EIN NEUES LEBEN

Ich wurde 1982 in Israel geboren. Zehn Jahre vorher hatten meine Eltern ihre Heimat in Ungarn verlassen. Beide wurden im jüdischen Krankenhaus in Budapest geboren und wuchsen in dieser Stadt auf. Ihre Familien gehörten der Mittelschicht im Großstadtbürgertum an. Für mich als Kind war es selbstverständlich, dass sie nach Israel gekommen waren. Zwar waren bei den meisten Kindern die Großeltern die Einwanderer und bei mir die Eltern, aber letzten Endes stammten alle Familien aus dem Ausland.

Erst als ich am eigenen Leib erfuhr, was es bedeutet, die eigene Heimat zu verlassen, habe ich meinen Vater gefragt, weshalb er sich dazu entschieden hatte. Er war die treibende Kraft bei dieser Entscheidung gewesen, viel mehr als meine Mutter. »Ihr hattet doch sicher kein schlechtes Leben in Budapest gehabt«, fügte ich hinzu. »Schlechtes Leben« wäre kein wirklich passender Begriff, erklärte mein Vater. Sie besaßen die gleichen Rechte und Pflichten wie alle anderen Ungarn, sie genossen die gleiche Bildung und hätten so gut wie alle Berufschancen gehabt.

»Aber wir gehörten nie ganz dazu«, erzählte er. »Du konntest nie wissen, was der Nächste über dich denkt, sobald er wusste, dass du Jude bist. Wir haben unsere Herkunft immer versteckt, spürten immer eine latente Unruhe und litten unter einer beständigen Angst. Wir haben uns für unsere jüdische Herkunft geschämt und wurden nie ganz angenommen.« Sie lebten in einem Identitätskonflikt, verursacht durch die europäische Gesellschaft, in der sie lebten. »Wir sind nach Israel gekommen, damit unsere Kinder ohne diese Ängste und inneren Konflikte aufwachsen. Damit sie mit selbstverständlichem Stolz zu dieser Nation gehören. Damit sie als freie Menschen leben können.« Dafür bin ich ihnen zutiefst dankbar.

Noch zwei Generationen vor mir war es verpönt, dem »israelischen Projekt« den Rücken zu kehren. Ins Ausland zu gehen war eine Art nationaler Verrat. Meine Generation sieht es nicht mehr so. Israel ist inzwischen so selbstverständlich geworden, dass du dazugehörst und trotzdem die freie Wahl hast, wann und wo du leben willst. Das »Projekt« ist »fertiggestellt« und wir sind ein Land wie jedes andere.

Fast. Wir sollten nicht vergessen, wie privilegiert wir sind. Privilegiert, in einer Zeit zu leben, die die Belohnung nach einer 2000-jährigen Krise ist. Den vielen Generationen unserer Vorfahren in der Diaspora ging es mal besser, mal schlechter. Herren über sich selbst waren sie aber praktisch nie. Sie blieben abhängig vom Wohlwollen ihrer Gastgebervölker. Obwohl Juden sich teilweise vor ihren Gastgebervölkern in den jeweiligen Ländern angesiedelt hatten, gehörten sie schlussendlich nie ganz dazu. In Ungarn z. B. verewigt eine Inschrift den Zollstationsleiter und Synagogenvorsteher Cosmius. Dieser Jude lebte im 3. Jh. n. Chr. Vermutlich ging der Synagogenvorsteher nicht allein in die Synagoge, sondern leitete sie für die lokale jüdische Bevölkerung – rund 700 Jahre vor der Ankunft ungarischer Stämme in der Region. Dennoch blieben Ungarns Juden, wie die Juden in allen anderen Ländern, immer eine Art »Gäste auf Probe«. Ihre Gastgebervölker tolerierten sie manchmal. Manchmal aber auch nicht. Je nach Ort und Zeit musste ein Jude in der Diaspora ständig damit rechnen, dass er morgen fliehen muss. Oder heute. Selbst für seine leibliche Sicherheit konnte keiner garantieren. So viele Generationen sehnten sich nach einer Errettung, nach einer Erlösung, nach der Wiederherstellung der einstigen Nation in ihrer historischen Heimat. Die Erlösung und die Rückführung ins Land waren in jüdischen Augen immer eng miteinander verbunden. Schon im Morgengebet sprachen Juden täglich die Bitte aus, das Volk »aus den vier Enden der Erde zu sammeln« und »in unser Land zu führen«. Direkt im Anschluss baten sie Gott darum, wieder in Jerusalem zu wohnen, wie er es versprochen hat, dort den Thron Davids rasch aufzurichten und die Stadt wiederaufzubauen, diesmal für die Ewigkeit.

Die jüdische Erwartung einer geistlich-nationalen Wiederherstellung ist in Verheißungen der Propheten verankert. Jesaja tröstet sein Volk und verspricht die künftige Heimkehr (Jesaja 43,5-6), Jeremia sieht es ähnlich (Jeremia 16,15; 32,37) und Hesekiel stellt Hoffnung in Aussicht (Hesekiel 34,12-13). Amos prophezeit Leistungsstärke nach der Rückführung und eine dauerhafte Bleibe (Amos 9,14-15).

Nicht alles aus den Rückführungsprophetien ist in Erfüllung gegangen. Israel ist nicht vollendet. Seine Gründung war und ist vielen Menschen im Nahen Osten noch immer ein Dorn im Auge. Für die Araber im Land, die Palästinenser, ist Israels Staatsgründung eine nationale Katastrophe, die jeder Mensch eigentlich nachvollziehen können müsste. Diese Situation sorgt für Konflikte, die schon ein Jahrhundert lang andauern, mal stärker und mal schwächer. Auch im nichtarabischen Ausland gibt es Stimmen der Unzufriedenheit über die politische Situation. Selbst innerhalb der israelischen Gesellschaft gibt es kritische Stimmen mit Schuldzuweisungen an den eigenen Staat. Andererseits: Es wäre ein Jammer für die Demokratie, wenn es sie nicht gäbe. In der Tat können die Zionisten stolz auf ihre phänomenalen Errungenschaften sein. Nur ein Ziel hat der Zionismus nicht erreicht: in wahrem Frieden mit seinen Nachbarn zu leben. Ohne zu urteilen, woran es genau liegt – dieses Ziel wurde nicht erreicht. Noch nicht, denn Jesaja verheißt: »Und der Fremde wird sich ihnen anschließen, und sie werden sich dem Haus Jakob zugesellen« (Jesaja 14,1). Auf der Menora vor der Knesset wird Sacharja zitiert: »Nicht durch Macht und nicht durch Kraft, sondern durch meinen Geist« (Sacharja 4,6) – als Absichtserklärung. Leider war das bislang unmöglich.

Ohne in einen Streit zu rutschen, ob Israels Staatsgründung mit der verheißenen Wiederherstellung gleichzusetzen ist, und ohne auf den jahrtausendealten theologischen Begriff des »wahren Israels« einzugehen – gegenüber dem, was in den letzten gut 100 Jahren in und mit Israel passiert ist, kann man kaum gleichgültig bleiben.

ES IST WAHR GEWORDEN

Im Gespräch mit einem israelischen Archäologen haben wir festgestellt, dass seine und meine Großeltern im gleichen Land geboren wurden. Seine Familie stammt aus Österreich, meine aus Ungarn, als es noch Österreich-Ungarn gab. Unsere Großväter waren im selben KZ, beide in Mauthausen. Dann haben wir uns ein Gedankenspiel erlaubt. Wir haben uns vorgestellt, wie beim Zählapell im KZ ein Häftling zum anderen ging und ihm sagte: »Pssst. Ich muss dir etwas sagen: Es ist zwar Januar 1945 und wir gehen gerade durch die Hölle, aber in viereinhalb Jahren werden wir einen eigenen Staat haben. Der Judenstaat wird bald im Land unserer Väter ausgerufen werden und wenige Jahre später wird der Davidstern, der uns als rechtlose Juden kennzeichnet, in blauer Farbe die Flügel der Kampfjets einer der fähigsten Luftwaffen der Welt dekorieren. Glaubst du mir?« Der angesprochene Häftling wäre wahrscheinlich von Typhus ausgegangen. »Ich weiß«, setzte sich in unserem Gedankenspiel der erzählende Häftling fort, »du kannst mir nicht glauben, aber ich muss dir noch etwas sagen: Wir werden es beide überleben. Wir werden beide Kinder und Enkelkinder haben. Mein Enkel wird im Judenstaat Archäologe und dein Enkel wird dort Reiseleiter werden. Mit Schweizern, aber auch mit Deutschen und Österreichern wird er dort sein, wo mein Enkel ausgraben wird. Keine Angst, die Kinder und Enkel der Deutschen und Österreicher werden nicht so sein wie die, die uns hier gerade bewachen. Mein Enkel und dein Enkel werden im Gedankenspiel über uns sprechen und eines Tages wird dein Enkel das alles in einem Buch über das Land der Bibel aufschreiben. Auf Deutsch, natürlich, für einen deutschen Verlag. Ich weiß, dass du mir nicht glaubst, aber glaube mir. Es ist wahr.« Es ist wahr.

Manchmal ist die Realität stärker als jede Vorstellung. Das gilt ganz besonders für das letzte »jüdische Jahrhundert«. Im Sinne der Worte der biblischen Propheten erwachte ein Volk, kehrte in seine uralte Heimat zurück und baut sie immer noch tatkräftig und erfolgreich auf. Ein echtes Wunder. Israels erster Premierminister David Ben Gurion drückte es so aus: »Wer nicht an Wunder glaubt, ist kein Realist«.

EPILOG

Auf einer längeren Autofahrt mit einem Freund hatten wir Zeit, über Gott und die Welt zu reden. Er war Pastor und sagte mir am Ende: »Weißt du, ich habe das Gefühl, ich verschreibe seit Jahren Menschen das ›Medikament Jesus‹; aber wenn ich mit dir spreche, verstehe ich zum ersten Mal die genauen Wirkstoffe.« Ich denke nicht, dass ich eine einzige Sache über Jesus weiß, die nur mir allein bekannt ist. Die Frage ist eher die des Umfelds. In frommen jüdischen Kreisen wäre vieles aus der Materie bekannt und würde schnell verstanden werden, aber dort ist das Neue Testament tabu. In frommen christlichen Kreisen steht Jesus im Mittelpunkt, aber die geistliche Welt, aus der er kam und in der er wirkte, ist eher unbekannt. Bei den meisten Juden hört die Kenntnis über Jesus mit dem Bild eines Unruhestifters auf. Manche Christen wollen lieber weniger von der jüdischen Identität Jesu wissen, aber auch bei Denominationen ohne judenfeindliche Gefühle sind die Kenntnisse oft eher dürftig. Dafür kann man weder Juden noch Christen die Schuld zuweisen. Die reflexartige jüdische Reaktion auf das Neue Testament resultiert aus einer Wurzel der Angst. Keine Institution hat Juden so viel Leid, Mord und Totschlag zugefügt wie die Kirche. Die uralte Judenfeindlichkeit, die schon bei heidnischen Griechen begann, wurde von Kirchenvätern im 4. und 5. Jahrhundert massiv verstärkt. Spätere Akteure wie Martin Luther wurden gefährlich judenfeindlich, nachdem Juden auf ihre Lehren nicht so reagierten, wie sie gewünscht hatten. Das Erbe des Judenhasses trägt Europa mit sich, mal mehr und mal weniger bewusst. Juden spüren das, wenn sie es zugeben. Für Juden sind Christen in erster Assoziation Verfolger. Es sind die, die uns in der Geschichte erhängten, verbrannten und vergasten, oft im Namen Gottes. Wenn Jesus »Verursacher« dieses Hasses ist, will man von ihm nichts hören. Das ist eine natürliche Reaktion.

Die fehlenden Kenntnisse über die rabbinische Welt unter Christen sind ebenfalls ein natürliches Ergebnis der Geschichte. Dass Christen überhaupt Zugang zur biblischen Schrift bekamen, war ein Fortschritt. Nachdem Juden jahrhundertelang von Priestern und Pfarrern als Gottesmörder dargestellt wurden, ist schon das Aufhören mit dieser Verteufelung ein gutes Zwischenergebnis. Auszüge aus der Mischna oder dem Talmud im kirchlichen Gottesdienst kann keiner erwarten. Als Reiseleiter hatte ich mehrfach das Vorrecht, mit theologischen Hochschulen unterwegs zu sein. Mich hat es überrascht, wie dünn der Einbezug der antiken rabbinischen Welt bei manchen ist. Aber wir sind auf dem richtigen Weg. In vielen christlichen Gemeinden lassen Berührungsängste nach und werden durch Neugier und Erkenntnis ersetzt. Solche Veränderungen beeinflussen wiederum Juden. Wenn sie Christen begegnen, die sie weder hassen noch missionieren wollen, lässt das Misstrauen nach. Ohne Angst entsteht ein Dialog, der uns alle befruchtet.

DANKSAGUNG

Danke Boppi (Andreas Boppart) für die Tritte. Ohne ihn hätte ich noch geglaubt, eines Tages würde ich Zeit haben, um Bücher zu schreiben; vom SCM-Verlag Annalena Pabst für die offene Tür und Anna Müller für die einfühlsame Redaktionsarbeit. Ohne sie hättest du nur die Hälfte von diesem Buch verstanden. Rahel Dyck für den guten Schliff. Jacob Thiessen für die Antworten; Benjamin Kilchör für das prüfende Auge; Detlef Kühlein für die Motivationsspritzen; Daniel und Simone Siddiqui von Surprise Kultour AG für die Unterstützung; Jonas Woiwode für die Freundschaft und Einblicke; meinen Eltern für die Grundlagen; meinen Kindern für das Verzichten und Akzeptieren und meiner Frau Sarah, ohne die das Buch nie entstanden wäre.

ENDNOTEN

1 Pixner, Bargil, Mit Jesus durch Galiläa nach dem fünften Evangelium, Corazin Verlag 1998, S. 7.
2 Die Schreibweise der Mischna-Traktate folgt der Tabelle des WiBiLex, https://www.bibelwissenschaft.de/wibilex/das-bibellexikon/lexikon/sachwort/anzeigen/details/mischna/ch/28f5906cc96c9c833564487ecd3aea59/, abgerufen am 01.07.2020.
3 Die Schreibweise der Talmud-Sektionen folgt der deutschen Übersetzung von Lazarus Goldschmidt, Berlin 1929–1936.
4 Geyer, P.: Itinera Hierosolymitana saeculi IIII-VIII, CSEL 39, Wien 1898, S. 20.
5 Onomastikon des Eusebius, Melamed-Ausgabe Nr. 805, S. 150.
6 Kitchen, Kenneth, Das Alte Testament und der Vordere Orient, Brunnen 2008, S. 447.
7 Flavius Josephus, Jüdische Altertümer IV, 5.
8 Ebd., 4.7.
9 Ebd., 8.13.
10 Flavius Josephus, Jüdische Altertümer XVIII 3,3.63.
11 Flavius Josephus, Jüdische Kriege VI, 2.4.
12 Twain, Mark, The Innocents Abroad (1881), zitiert in: Philister – oder: Die große Täuschung, Ramon Bennett, Arm of Salvation 1995, S. 164.

BILDNACHWEIS

S. 89: www.istockphoto.com/ leospek
S. 98: www.istockphoto.com / MissKylaAnn
S. 116: Altar auf dem Berg Ebal, © Hoshvilim - Own work, CC BY-SA 4.0, https://commons.wikimedia.org/w/index.php?curid=69864987, abgerufen am 01.07.2020.
S. 158: Michmaspass mit den prominenten Felsen in der Enge, © Binyamin Tourism / Shachar Cohen.
S. 235: Mosestuhl, © Ricardo Tulio Gandelman, Rio de Janeiro/Brasilien, https://commons.wikimedia.org/w/index.php?curid=30192256, abgerufen am 01.07.2020.
S 277: unsplash.com / Shai Pal

© Assaf Zeevi:
S. 14: Zugvogelstraßen; S. 15: Durchgangsland zu der Zeit Abrahams; S. 16: Durchgangsland zu der Zeit Jesu; S. 17: Die Struktur des Landes; S. 20: Die Regionen des Landes; S. 23: Jahresniederschläge; S. 24: Die Klimazonen Israels; S. 26: Das biblische Wegenetz Israels; S. 30: Die wichtigsten Orte im Leben der Erzväter; S. 32: Der Weg gegen Sonnenuntergang; S. 42: Wüste Negev nahe Sinai; S. 64: Zisternen von Dotan; S. 67: Die wichtigsten Städte der Kanaaniter; S. 72: Weiden in der Wüste; S. 73: Beduinenzelt; S. 76: Stationen der Wüstenwanderung des Volkes Israel; S. 81: Felsenmalerei am Berg Karkom; S. 89: Landschaft in der Nähe des Roten Meeres; S. 94: Die verschiedenen Verheißungsgrenzen; S. 98: Berg Nebo; S. 105: Die Landnahme nach dem Buch Josua; S. 106: Kanaanäische Stadtmauer von Sichem; S. 107: Zyklopenmauer in Hebron; S. 111: Fußstätte Argaman; S. 116: Altar auf dem Berg Ebal; S. 123: Vermuteter Ort der Stiftshütte in Schilo; S. 126: Dieser Stein könnte Josuas Stein der Bundeserneuerung sein; S. 128: Ausgewählte Schauplätze aus dem Richterbuch; S. 133: Tel Sichem mit Baal-Brit-Tempel; S. 142: Orte aus der Geschichte Sauls; S. 146: Typische Landschaften im Osten Benjamins; S. 148: Michmaspass mit den prominenten Felsen in der Enge; S. 150: Das Gebiet der Philister; S. 155: Die wichtigsten Orte im Leben Davids; S. 158: Annabäume im Elatal; S. 168: Tunnel zur Wasserquelle, der Schacht der Eroberung Jerusalems; S. 175: Das Reich Davids; S. 178: Die Königreiche Israel und Juda; S. 184: Jerobeams Heiligtum in Dan; S. 185: Heiligtum in Bethel; S. 186: Israelitischer Bau in Tirza; S. 189: Ahabs Elfenbeinhaus in Samaria; S. 194: Altar von Beerscheba; S. 209: Juda nach der Rückkehr aus Babylon; S. 215: Der jüdische Staat der Makkabäer; S. 220: Herodes' Reich; S. 221: Herodespalast in Cäsarea; S. 224: Hirtenfelder bei Bethlehem; S. 226: Das Land nach Herodes' Tod; S. 235: Mosestuhl; S. 248: Bei Gethsemane am Ölberg; S. 251: Treppe zum Tempeleingang; S. 264: Überreste des Herodespalastes (unten); S. 277: Ballungsraum Tel Aviv; S. 280: Zwei Familienaufnahmen im Abstand von 40 Jahren. Links: Mein Vater als Kind und meine Großmutter, 1944, Budapester Ghetto. Rechts: Mein Vater und ich, 1984, Israel. Auf den ersten Blick ähneln sich die Bilder, für die Juden hat sich das Leben in diesen 40 Jahren jedoch um 180 Grad gewendet.